CHINA
ENTERPRISE DEVELOPMENT
REPORT 2016

中国企业发展报告
2017

国务院发展研究中心企业研究所

中国发展出版社
CHINA DEVELOPMENT PRESS

图书在版编目（CIP）数据

中国企业发展报告 2017／国务院发展研究中心企业研究所编著．北京：中国发展出版社，2017.1
ISBN 978-7-5177-0640-3

Ⅰ.①中… Ⅱ.①国… Ⅲ.①企业发展—研究报告—中国—2017
Ⅳ.①F279.2

中国版本图书馆 CIP 数据核字（2017）第 000479 号

书　　名：中国企业发展报告 2017
著作责任者：国务院发展研究中心企业研究所
出 版 发 行：中国发展出版社
（北京市西城区百万庄大街 16 号 8 层　100037）
标 准 书 号：ISBN 978-7-5177-0640-3
经　销　者：各地新华书店
印　刷　者：北京市庆全新光印刷有限公司
开　　本：787mm×1092mm　1/16
印　　张：18.75
字　　数：261 千字
版　　次：2017 年 1 月第 1 版
印　　次：2017 年 1 月第 1 次印刷
定　　价：88.00 元

联 系 电 话：（010）68990630　68990692
购 书 热 线：（010）68990682　68990686
网 络 订 购：http：//zgfzcbs.tmall.com//
网 购 电 话：（010）88333349　68990639
本 社 网 址：http：//www.develpress.com.cn
电 子 邮 件：bianjibu16@vip.sohu.com

专家委员会（按姓氏笔画为序）

编辑委员会

序言

Preface

“年年岁岁花相似，岁岁年年人不同”。在这辞旧迎新之际，一年一度的《中国企业发展报告》又与业界朋友见面了。今年报告的结构与以往大致相同，但内容紧跟时代变化的步伐，从不同角度生动刻画了中国企业在国际政治经济形势错综复杂和国内经济进入新常态、经济下行压力明显加大的背景下顽强拼搏、奋力前行的身影。

从国际看，过去的一年国际政治经济波诡云谲、颇不平静，给世界经济带来了很大不确定性。英国脱欧对统一了货币而财政政策并不统一的欧盟似乎正带来连锁反应。在经济复苏乏力和难民问题与恐怖主义袭击纠缠的双重影响下，欧盟一体化的前景堪忧。美国总统大选特朗普的胜利出乎很多人的意料，但反映了全球化利益格局分配不均、美国贫富差距加大与社会矛盾激化的深层次矛盾。国际原油价格在2016年里也是大落大起，年初每桶曾跌破30美元，而在岁末欧佩克与非欧佩克国家联合达成减产协议后又一举冲破50美元。以谷歌人工智能“Alpha Go”击败人类世界围棋冠军为标志，更是预示着新一轮技术革命的大幕已然拉开。

从国内看，过去一年我国经济的下行压力较大，民间固定资产投资增速下滑，产能过剩和需求结构升级的矛盾依然突出，经济增长的新动力尚未完全形成，金融风险亦有所积聚，尤其是一二线城市房地产价格的飙升对实体经济产生了明显的挤压效应。

面对错综复杂的国内外环境，在以习近平同志为核心的党中央坚强领导下，我们积极适应和引领经济发展新常态，坚持稳中求进工作总基调，坚持新发展理念，以推进供给侧结构性改革为主线，适度扩大总需求，坚定推进改革，加快经济发展方式转变和经济结构调整，妥善应对风险挑战，引导形成良好社会预期，经济社会保持平稳健康发展，实现了“十三五”良好开局。

中央高度重视激发企业的活力，出台了系列政策措施。国有企业改革不断深化，2016年先后出台了7个专项配套文件，国企改革“1+N”文件体系已经完成，国资委还会同有关部门出台了36个配套文件，国企改革进一步推进至操作阶段；与此同时，党中央国务院继续大力支持非公经济与中小企业发展，在坚持“两个毫不动摇”的基础上，于11月正式发布了《中共中央国务院关于完善产权保护制度依法保护产权的意见》，这是党和国家保护各种所有制经济组织和公民财产权的重大宣示与庄严承诺，其影响与意义深远。

从企业表现来看，实体经济依然在艰难转型中，促进我国经济长远健康发展的新动力正在逐渐形成。过去一年，中国企业发展亮点纷呈，例如：中国企业创新再攀新高度，以中国中车、华为等为代表的一大批中国企业将创新作为提升核心竞争力的关键，不断加大研发力度，有些领域已经从“跟跑”走到了“领跑”；互联网新兴产业继续保持了迅猛的发展势头，例如在“双十一”的购物狂欢中，仅阿里巴巴平台的销售额就达到1207亿元人民币；中国企业“走出去”的步伐明显加快，投资并购亦从以资源为重点转向以先进技术和品牌为重点。商务部的数据显示，1～11月，我国境内投资者共对全球164个国家和地区的7555家境外企业进行了非金融类直接投资，累计实现投资10696.3亿元人民币（折合1617亿美元，同比增长55.3%）。据外媒报道，中国企业仅2016年上半年就收购了37家德国高科技公司，价值约110亿美元。

展望2017年，我们既充满乐观，也保持谨慎。一方面，2017年是我国实施“十三五”规划的重要一年，是供给侧结构性改革的深化之年，中央经济工作会议已经为2017年的经济工作指明了方向，在保持稳健中性货币政策的同时，实施更加积极有效的财政政策，坚持以推进供给侧结构性改革为主线，适度扩大总需求，着力防控资产泡沫，同时保持人民币汇率在合理均衡水平上的基本稳定；具体而言是四大重点工作：深入推进“三去一降一补”，深入推进农业供给侧结构性改革，着力振兴实体经济，促进房地产市场平稳健康发展。各位企业家在振兴实体经济、深化国有企业混合所有制改革、加强产权保护制度建设、保护企业家精神等方面会看到更多的措施。另一方面，2017年的国际政治经济形势充满了很多不确定性，美国候任总统已经表现出与前任差异巨大的执政思路，德国、法国、印度等许多国家都进入大选年，广大企业家要对各国政情变化对经济带来的不确定性早做预案，特别要高度关注美国的国内政策调整对全球经济可能造成的影响。

最后，我衷心希望各位企业家继续发扬大胆创新、敢于担当、奋勇拼搏的精神，在新的一年里取得更大的成绩！

是为序。

李伟

国务院发展研究中心主任

目录

前言 Foreword

每年的这个时候，我们都要写这本《中国企业发展报告》；每年的这个时候，我们都要认真思考在即将过去的一年里国家发生了哪些大事、要事；每年的这个时候，我们都要全面盘点各类企业一年来的进步与发展、机遇与挑战、困难与问题、方向与出路。这是我们的工作，也是我们的责任。国务院发展研究中心企业研究所是专门研究企业改革与发展政策的决策咨询机构，既要为国家服务，也要为企业服务。

2016 年是我国全面建成小康社会决胜阶段的开局之年，也是推进供给侧结构性改革的攻坚之年。尽管世界经济复苏缓慢，国际贸易和投资疲弱，贸易保护主义抬头，全球经济处于“低增长陷阱”边缘，但我国经济发展依然交出了令人满意的成绩单。在以习近平同志为核心的党中央坚强领导下，我们积极适应和引领经济发展新常态，坚持全面深化改革，坚持创新驱动发展，实现了“经济运行保持在合理区间”、“加快经济发展方式转变和经济结构调整”等目标，预计全年国内生产总值增速在 6.7% 左右。

企业是创造财富的主体，企业发展环境的改善为今年经济发展创造了良好条件。一是供给侧结构性改革逐步取得实效。去产能工作紧紧抓住“僵尸企业”这个牛鼻子，有关部门严格执行环保能耗安全等相关法规标准，推动企业兼并重组，妥善处置企业债务，妥善安置职工，据工业和信息化部统计，前三季度钢铁煤炭去产能完成全年目标的 80%。去库存采取了因城因地施策方针，全国各地制定了差异化的政策，重点解决三四线城市房地产库存过度的问题。去杠杆采取了多方面的措施，包括加大股权融资力度、支持企业按照市场化方式实施债转股、加强企业债务约束等等，这些措施有助于降低经济运行的风险。降成本正在逐步落实，国务院制定了降成本的工作方案，提出将从税费负担、融资成本、制度性交易成本、人工成本、用地成本、物流成本、资金周转效率、内部挖潜等八个方面着手，着实降低实体企业成本负担，有关部门已经出台的政策红包包括：全面推开营改增试点全年减轻企业和个人负担将超过5000亿元，实施煤电联动、推进电力直接交易、完善两部制电价用户基本电价执行方式等每年可减少企业电费支出约1500亿元，下调非居民用天然气价格每年可减轻用气行业企业负担约430亿元，清理规范涉企收费包括清理进出口环节收费、降低银行卡刷卡手续费和征信服务收费标准、取消部分涉企经营服务收费等每年可减轻企业负担约540亿元。补短板方面的投资力度不断加大，脱贫攻坚、灾后水利建设薄弱环节、城市排水防涝设施、软硬基础设施等建设加快，一些薄弱领域投资均呈较快增长。二是简政放权改革激发了“大众创业、万众创新”的热情，经济发展新动能不断形成。李克强总理提出2016年要再完成三个“削减”，分别是再削减国务院部门行政审批事项和中央指定地方实施行政审批事项50项以上，削减国务院部门设置职业资格比例达到70%以上，削减一批生产许可证、经营许可证和资质认定，中央层面核准企业投资项目削减比例要达到90%以上。李克强总理明确提出衡量简政放权改革成效三大标准：一要看改革后企业申请开办的时间压缩了多少，二要看投资项目审批提速了多少，三要看群众办事方便了多少。这一系列改革，为企业“松了绑”、为群众“解了绊”、为市场“腾了位”，也为廉政“强了身”，极大激发了市场活力和社会创造力。全国上下大众创业万众创新热情空前高涨，新增市场主体持续快速增长，据国家工商总局统计，2016年前三季度，全国新登记市场主体1211.9万户，比去年同期增长13.7%，平均每天新登记超4万户。

2017年，随着全面深化改革和创新驱动战略的推进，我国经济将加快从速度规模型向质量效益型转变。根据2016年12月中央经济工作会议的部署，我国将深入推进“三去一降一补”，根据新情况新问题完善政策措施，推动五大任务有实质性进展；大力振兴实体经济，坚持以提高质量和核心竞争力为中心，扩大高质量产品和服务供给；深化国企国资改革，加快形成有效制衡的公司法人治理结构、灵活高效的市场化经营机制。将混合所有制改革作为国企改革的重要突破口，按照完善治理、强化激励、突出主业、提高效率的要求，在电力、石油、天然气、铁路、民航、电信、军工等领域迈出实质性步伐，同时加快推动国有资本投资、运营公司改革试点；大力促进民营经济发展，加强产权保护制度建设，加强对各种所有制组织和自然人财产权的保护，甄别纠正一批侵害企业产权的错案冤案，保护企业家精神，支持企业家专心创新创业。中央的部署将为我国各类企业的发展创造更好的环境。

国务院发展研究中心企业研究所长期跟踪研究中国企业发展的新环境、新问题，《中国企业发展报告2017》是国务院发展研究中心企业研究所对2016年中国企业发展状况的总结和对2017年中国企业发展趋势的判断。《报告》坚持“用事实说话、对历史负责、对未来预判”的指导方针，立足于客观、具体、准确的数据和调查，力求能够较为全面、真实地反映过去一年来中国企业发展与改革的新情况、新特点、新问题、新挑战，能够较为深入、准确地分析即将来临的一年可能面临的新形势、新趋势、新机遇，以便为政府的政策和企业的发展战略提供参考。

《报告》包括“中国企业发展环境：2016年回顾与2017年展望”、“国有企业改革与发展”、“中小企业发展”、“企业跨境投资”、“中小成长型公司的创新发展”、“中国制造业上市企业创新能力评价”和“企业经营者调查”共七章。其中，第一章由贾涛、张永伟、张哲、朱舜楠、刘柱撰写；第二章由梅雄、张林、项安波撰写；第三章由王继承撰写；第四章由亓长东、马晓白撰写；第五章由范保群、吴宇晨撰写；第六章由袁东明、周健奇、赵龙、马淑萍、廖博撰写；第七章由李兰撰写。

由于时间紧、任务重，《报告》难免存在不少缺点甚至出现谬误，我们诚恳地希望各位读者批评指正。

马骏

2016年12月

第一章 企业发展环境：2016 年回顾与 2017 年展望

1.1　2016 年回顾

1.1.1　2016 年国际经济环境回顾

刚刚过去的 2016 年是国际政治经济颇不平静的一年。

在西方世界，至少有两件大的国际政治事件，对世界经济的格局与走势产生了重大而深远的影响。正如国际货币基金组织 IMF 在 2016 年 10 月《世界经济展望》中所说的，“政治紧张局势让发达经济体成为政策不确定性的焦点”。其一是英国脱欧，其二就是特朗普当选美国总统。

而作为全球经济发动机之一的中国，其经济增速的放缓亦较为深刻地影响了世界经济，2016 年各大国际组织和市场机构不断下调对全球经济增速的预测。环顾全球，只有加息后的美国，经济增长较为强劲，数据表现较为好看。国际原油市场本年度经历了 26 美元～56 美元之间的巨大震荡，在 2016 年 11 月 30 日欧佩克达成限产协议后国际油价暴涨，创造了八年来的最大周涨幅，国际油价突破 50 美元每桶，布伦特 2 月原油期货曾收于 56.09 美元/桶。国际大宗商品和波罗的海干散货指数（BDI 指数）也有了较为明显的回升。

（1）英国脱欧对欧盟一体化的未来提出了质疑

英国脱离欧盟，从历史与现实来看，恐怕早已埋下伏笔。

由于历史与地理原因，19 世纪晚期以来，英国一直奉行对欧洲大陆事务的不干预政策，被称为“光荣的孤立”。

而欧盟自身作为一个超越主权的联盟，虽然在大部分国家使用了统一货币欧元，建立了欧元区，但并没有建立统一的财政，各国在财政上仍然各自为政。各国国情的巨大异质性和责权利的不对等早已埋下了欧盟分崩离析的种子。在欧盟成立以后，英国并没有加入欧元区，仍然保留了英镑的独立发行权，这虽然有利于保持其出口竞争力，而且英国还拥有自主的财政政策，但这使英国很难真正加入欧洲大陆的事务处理，尤其是欧债危机的关键时期，由于各种利益分歧明显，英国这一传统强国逐步丧失其在欧盟中的地位与参与权。而近几年德国总理默克尔主导的欧盟接受难民一事，诸多的争议更加深了各国的不满和离心倾向。英国“脱欧”恐怕只是欧盟消亡的第一张“多米诺骨牌”。

2016 年 6 月 23 日，英国公投的最终投票结果显示，同意“脱欧”51.9%，共 1570 万人；同意“留欧”48.1%，共 1458 万人。按照投票结果，英国“脱欧”。

对于英国“脱欧”的影响，IMF 深刻地指出，“由于英国 6 月 23 日公投意外‘脱欧’，英国与其他 27 个欧盟成员国未来的贸易和金融关系变得不明确，由此产生的政治和经济不确定性抑制了整个欧洲的投资和就业。除了经济焦虑和其他因素的影响之外，英国‘脱欧’公投反映了对跨境移民的反感，此情绪助长了欧洲的民族主义，并对欧盟一体化的未来提出质疑。由于在吸纳大量逃离中东悲惨事件的难民过程中面临困难，这些趋势加剧。总体而言，整个欧洲大陆的离心政治力量使其难以保持经济改革，更谈不上推进改革。”①

英国“脱欧”引起了“多米诺骨牌”般的一系列连锁反应。据路透社 2016 年 6 月 25 日报道，英国公投决定脱离欧盟在整个欧洲大陆主张民粹主义的欧洲怀疑论政党中掀起了波澜，他们纷纷发声要求离开欧盟或放弃欧元货币。荷兰、丹麦、瑞典和法国的右翼和反移民政党要求进行脱欧公投，意大利的五星运动党称将会提议对是否继续使用欧元货币进行公投。

2016 年 12 月 4 日，意大利举行全民修宪公投。根据民调显示的公投结果，民众否定了修宪提案，意大利总理伦齐宣布辞职。人们担心，“五星运动”可能会取代如今执政的民主党，于是意大利就会顺理成章地朝着脱欧方向行进。如果意大利像英国一样脱欧，法国、瑞典、比利时脱欧的呼声也会更高，欧盟解体的风险就更大。《金融时报》的评论认为，意大利如今是欧元区内头号“危险”国家，比希腊更有可能退出欧元区。意大利处境艰难的银行业、围绕公投的政治疑虑，以及过去一段时间的经济混乱局面，都令意大利遭到投资者“抛弃”。如果意大利退出欧元区，短时间内将引发欧元区全面崩溃，恐引发史上最严重的“经济冲击”。

① 国际货币基金组织，《世界经济展望》中文概要，2016 年 10 月。

对于“脱欧”对英国带来的代价，众说纷纭。但对于英国的金融服务业而言，代价恐怕不小。根据一项由普华永道为伦敦金融城政府所作的调查，截至2016年3月31日，英国金融服务业去年贡献的总税金达到创纪录的714亿英镑（907.2亿美元），较上年同期增加7.4%，总额创下九年以来这项调查中的最高纪录。这凸显了英国公投决定脱欧所可能带来的潜在重大冲击。外界益发预期英国一旦脱欧后，该国银行将失去在整个欧盟自由销售服务的权利，促使部分银行搬迁至欧洲大陆。伦敦金融城政府政策主席Mark Boleat表示：“鉴于英国决定脱欧，这些新数据不但展现这个行业对政府税收的重大贡献，也有助于我们了解英国脱欧对金融服务业不同分项领域的潜在冲击”。尽管这是自报告开始九年以来最高的支付金额，但若以占政府财政收入的百分比来算，其11.5%的比重，仍低于2007年金融危机爆发前创纪录的13.9%水平，部分反映出后来的就业岗位流失。这项调查始于九年前，2016年的研究共有包括银行与保险公司在内的50家金融服务企业参与，提供各自2016年的英国缴税数据，这些公司聘雇的员工总数占该行业总人数的41.4%①。

然而，也许情况没有想象的那么糟糕。英国国家统计局（Office for National Statistics，以下简称ONS）公布的详细数据显示，英国脱欧公投后，经济稳步增长，企业投资增长也超出预期。2016年7～9月英国企业投资季度增长率为0.9%，高于此前路透社经济学家们预测的0.6%，而金融时报称此前普遍预期为企业投资将下降1%。同时，ONS确认，第三季度英国经济整体增长0.5%，主要是由于出口反弹和强劲的居民消费表现。经济整体表现好于多数经济学家的预期，但更大的挑战也许会在2017年出现。

总体而言，英国“脱欧”恐怕已是大概率事件，具体还要看英国最高法院的裁决。而“脱欧”对英国和欧洲乃至全球经济的长远影响，还有待进一步观察。

（2）共和党候选人特朗普当选美国总统

2016年的下半年尤其是11月份，围绕着美国大选，各种猜测层出不穷。然而，最终的大选结果是，没有从政经验、政策主张颇受争议的共和党候选

① 《英国金融业去年贡献税金达910亿美元，脱欧代价或太大》http://forex.hexun.com/2016-12-06/187213928.html

人、房地产大亨特朗普当选。凭借在关键州的超预期表现，唐纳德·特朗普一举锁定当选美国总统所需的 270 张选举人票。美国总统选举实行“选举人团”制度，各州根据人口比例分配不同的票数，总计有 538 张选举人票，能够获得 270 张及以上选举人票的候选人即可当选。

在计票过程中，特朗普和希拉里所获票数几度互相反超。据 NBC11 月 9 日的消息，特朗普拿下俄亥俄州、佛罗里达州、威斯康辛州、爱荷华州、佐治亚州后，又拿下宾夕法尼亚州的 20 票，以 274：218 战胜希拉里，即将成为美国历史上第 58 届、第 45 任总统。最后的结果显示，特朗普总共拿下了 306 张选举人票（Electoral Votes）、61201031 张大众选票（Popular Votes）；希拉里拿下了 232 张选举人票、62523126 张大众选票；从选举人票结果看，特朗普完胜。当选总统将于 2017 年 1 月 20 日在总统就职典礼上宣誓就职。

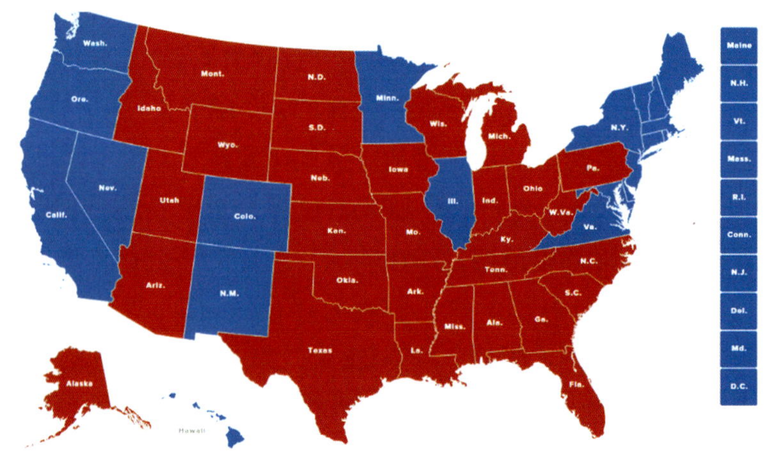

图 1.1　2016 年美国大选的选举人票分布结果

（蓝色州是民主党得胜，红色州是共和党得胜）

资料来源：http：//www. politico. com/2016 – election/results/map/president

特朗普 1946 年 6 月 14 日出生于纽约，1968 年从宾夕法尼亚大学沃顿商学院毕业后，进入其父的房地产公司工作，并在 1971 年开始掌管公司运营。在随后几十年间，特朗普开始建立自己的房地产王国。作为一个房地产大亨、亿万富豪，没有从政经验的特朗普的施政方针格外引人注意，也正是靠着这样的施政愿景，特朗普赢得了美国中下层人民尤其是中部摇摆州底层白人劳工的大力支持，将其推上了美国总统宝座。

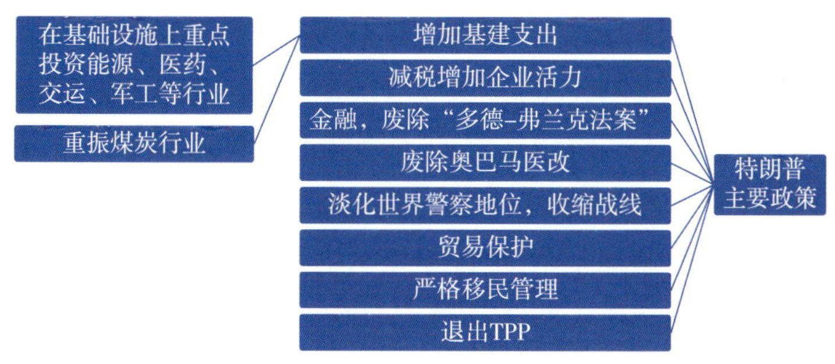

图 1.2 特朗普的主要政策框架

资料来源：申万宏源研究整理。

对于特朗普的胜选，各界的看法比较趋于一致。有人认为：特朗普的获胜再次证明当今世界反全球化、反建制派的民粹主义力量之强大，也对美国乃至世界未来之发展造成更大的不确定性，蒙上更大的阴影。此次选举中，特朗普显然不是在与希拉里斗争，而是与整个既有体制作斗争。这就是他口中所说的，无论是政治、经济，还是媒体都已经被建制派所控制，而他要做的就是把它们夺回来，归还给人民（We the people）。如果说如火如荼的“占领华尔街”和“茶党”运动，只是草根对当权者、建制派发出的警示的话，那么特朗普的胜出就是草根最终对精英的反叛。曾几何时，基层选民对两党精英趋之若鹜，对他们的竞选承诺深信不疑。然而，一旦当选后，他们就将承诺抛在脑后。不愿再被精英蒙骗的草根最终选择了政治“局外人”特朗普来实现他们期望的变革，至少他没有受到现有体制的“污染”。而希拉里的惨败实质上是精英和建制派的失败。特朗普的胜出暗合当前遍布全球的反全球化、反建制派的民粹主义思潮，凸显资本主义的发展方式遭遇前所未有的挑战。在经济上，从 2015 年美国国内强烈的反自由贸易之声，以及奥巴马政府两任期间“购买美国货”运动、“出口倍增计划”等，都预示着美国经贸政策转向保守，对全球化的态度或许更加谨慎。由此不难想象，美国转向经济民族主义和保护主义可能将是特朗普经济政策的重要特征①。

特朗普的胜选，也确实值得美国对现行政策和凸显的社会矛盾进行反思。

---

① 新浪国际天下周刊研究员张志新：《特朗普意外胜选只有这两大理由》，新浪新闻，2016 年 11 月 9 日。

可以说，在投票站里，浓缩着一个分裂、焦虑、渴望变革的美国。从深层原因看，特朗普赢在白人面对美国少数族裔人口不断增加而产生的身份焦虑危机，赢在美国贫富差距过大、中产阶级实际收入下降的严酷社会现实，赢在草根民众反金钱政治、反政治“作弊制度”的普遍不满情绪，也赢在充分利用影响力激增的社交媒体的竞选策略。在此背景下，他把“政治不正确”的言论作为激发与他有相似价值观的白人和其他族裔选民投票激情的重要法宝。

对于特朗普 2017 年正式执政后的政策走向及其影响，将在后文分析。

（3）2016 年的全球经济仍然复苏艰难

回顾 2016 年，全球经济仍然复苏艰难。在这一点上，国际货币基金组织（IMF）总裁拉加德的预测可谓老道。英国《每日电讯报》网站 2015 年 12 月 31 日报道称，拉加德说，美国加息、中国经济放缓和令人沮丧的全球贸易都将对 2016 年的增长前景产生影响。拉加德在德国《商报》上撰文说，增长将“令人失望且缺乏平衡”。自 2008 年的全球金融危机以来，世界经济仍然没有完全走出泥潭。

正如国务院发展研究中心原副主任侯云春同志所指出的那样，“当前和今后几年，全球经济仍然处于经济增长的低迷期、经济结构的深度调整期、新技术革命的酝酿期，以及经济秩序和全球治理改革的重塑期”。

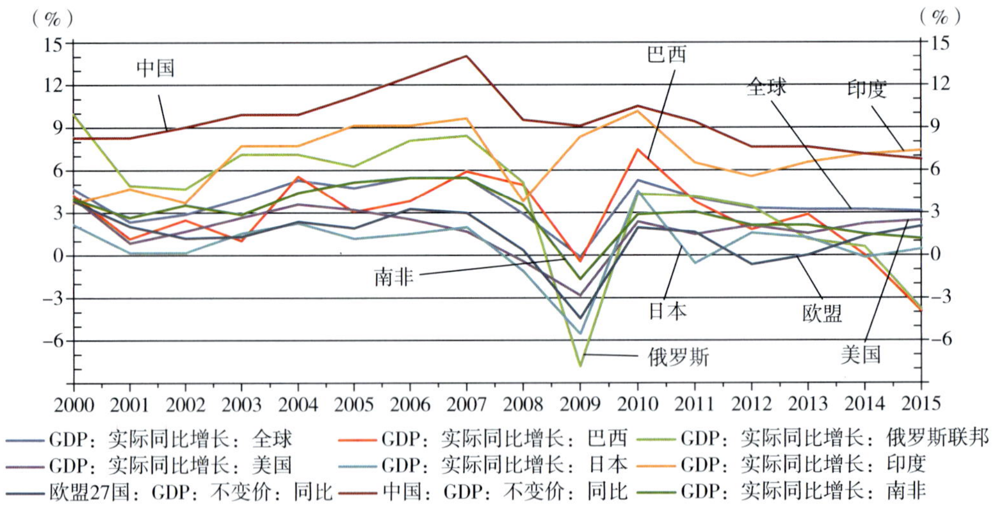

图 1.3　2000～2015 年全球主要国家和地区的 GDP 实际增长率

资料来源：Wind 资讯。

事实上，在过去的 2016 年里，国际组织多次下调了 2016 年的全球经济增速预期。

例如，国际货币基金组织在 2016 年 4 月 13 日的《世界经济展望报告》中将 2016 年全球经济增速预估从 3.4% 降低至 3.2%；在 7 月份的《世界经济展望》中又将 2016 年全球经济增长率下调了 0.1%，降为 3.1%；10 月份的预测则维持 3.1% 不变。

世界银行在 2016 年 1 月份时预测 2016 年全球经济增长为 2.9%，在 6 月发布新的《全球经济展望》报告时，又将 2016 年全球经济增长预期下调至 2.4%。

经合组织（OECD）2016 年 9 月 21 日发布报告，称“全球经济今明两年将艰难挣扎”，预计 2016、2017 两年全球经济增长率分别为 2.9% 和 3.2%，较 6 月份做出的预测均调低了 0.1 个百分点。OECD 在 2016 年 11 月 28 日发布最新的《全球经济展望》中，维持了 2016 年全球经济增长 2.9% 的预测，但对 2017 年的全球经济略显乐观，上调增速至 3.3%。

从近年来的数据看，几个全球经济主要指标一路走低，彰显出全球经济复苏仍然艰难，2016 年有可能是个最低点，OECD 预计 2017、2018 年指标有所好转。

如全球 GDP 的实际增长率，在 2004～2013 年的十年间平均为 3.9%，而 2014 年下降为 3.3%，2015 年下降到 3.1%，2016 年可能进一步下降到 2.9%。其中预计 OECD 国家 2016 年实际增长率为 1.7%，预计美国、欧元区、日本的 2016 年 GDP 实际增长率分别为 1.5%、1.7%、0.8%；非 OECD 国家 2016 年实际增长率预计为 4.0%，其中中国 2016 年预计为 6.7%。

失业率指标在 2014、2015、2016 年的一路走低，预示着经济正在慢慢好转，2016 年失业率预计进一步降低到 6.3%；通胀率的一路下滑，则显示出有通缩风险，2016 年预计为 1.0%。

值得注意的是，世界贸易实际增长率在 2004～2013 年的十年间，平均为 5.3%，2014 年降为 3.9%，2015 年进一步下降到 2.6%，2016 年预计仅为 1.9%。

具体如表 1.1 所示。

表 1.1　　OECD 对全球经济主要指标的最新预测（%）

	2004～2013 年平均	2014 年	2015 年	2016 年预计	2016 年第 4 季度预计
GDP 实际增长率					
全球	3.9	3.3	3.1	2.9	3.2
OECD 国家	1.6	1.9	2.1	1.7	1.8
美国	1.6	2.4	2.6	1.5	1.8
欧元区	0.8	1.2	1.5	1.7	1.6
日本	0.8	0.0	0.6	0.8	1.5
非 OECD 国家	6.6	4.6	3.8	4.0	4.3
中国	10.3	7.3	6.9	6.7	6.8
失业率	7.1	7.4	6.8	6.3	6.2
通胀率	2.0	1.6	0.7	1.0	1.3
世界贸易实际增长率	5.3	3.9	2.6	1.9	2.1

资料来源：OECD Economic Outlook，2016 年 11 月。

（4）国际原油价格低位大幅震荡

2016 年的国际原油市场可谓是巨幅震荡，经历了 26 美元～56 美元之间的宽幅波动。尤其是在 2016 年 11 月 30 日欧佩克达成限产协议后国际油价暴涨，国际油价一举突破 50 美元，一周暴涨超过 10%，创造了八年来的最大周涨幅。到 12 月底，布伦特原油期货高点曾收于 56 美元之上。2016 年 12 月 28 日，WTI2 月原油期货收涨 0.88 美元，涨幅 1.66%，报 53.90 美元/桶；布伦特 2 月原油期货收涨 0.93 美元，涨幅 1.69%，报 56.09 美元/桶。

欧佩克与非欧佩克会议则于 2016 年 12 月 10 日在维也纳召开，14 个非欧佩克的其他产油国应邀到会，希望在减产方面获得更大范围的合作，而这 14 个产油国总计生产全球约 1/5 的石油。目前受邀名单的 14 个国家为：墨西哥、阿曼、哈萨克斯坦、巴林、哥伦比亚、刚果、埃及、俄罗斯、特立尼达和多巴哥、土库曼斯坦、阿塞拜疆、玻利维亚、文莱与乌兹别克斯坦。随后，部分非欧佩克国家也同意减产。

由于全球经济低迷，需求不振，国际原油市场总体而言仍然供大于求，导致 2016 年国际原油价格长期在 50 美元一桶之下低位徘徊，使得高度依靠原油出口的经济体饱受打击。这就突出表现在欧佩克国家的石油收入锐减。卡塔尔《海湾时报》引述美国能源情报署（EIA）预测数据，2016 年欧佩克成员国石油收入约为 3410 亿美元，较 2014 年的 7530 亿美元骤减。据悉，2012 年其收入曾达到 9200 亿美元，2016 年仅为 2012 年的 1/3。

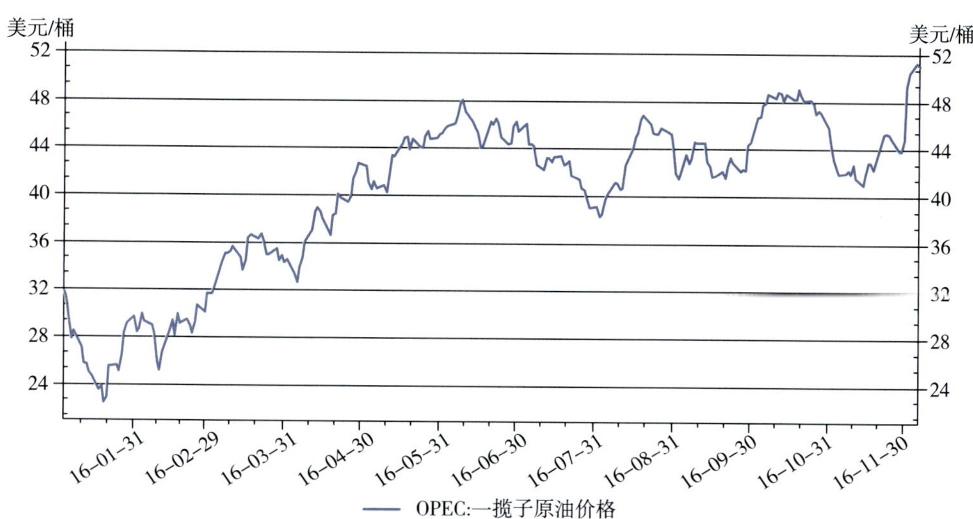

图 1.4　2016 年 OPEC 一揽子原油价格

在低油价下，“资源的诅咒”就充分暴露了出来，国民经济主要依靠石油出口的国家饱受重创，例如委内瑞拉的国民经济几乎陷入崩溃，就连世界“土豪”沙特也倍感压力。

近年来，委内瑞拉的经济表现可以说是一个“资源诅咒”的鲜活案例。委内瑞拉的资源其实非常丰富。据英国 BP 测算，委内瑞拉的石油储量超过 3000 亿桶，全球居首，沙特也只不过有 2600 亿桶，委内瑞拉简直就是浮在石油上的国家。天然气储量仅次于俄罗斯，全球第二。此外，还有数不清的铁矿石、铝土、煤炭、石灰岩、镍矿、黄金、钻石和铀。

然而，就是这样一个资源极大丰富的国家，近年来陷入恶性通货膨胀，可谓是民不聊生。委内瑞拉的通货膨胀从 2011 年开始就有失控的态势，通胀率已经由 2013 年的 43% 上升到 2015 年的 121%，预计未来几年将突破 30 倍。食品价格的大幅上涨对底层人民打击沉重，因为食品开支在他们的生活中占有最大的比例。在某咖啡馆里，2 元的玻利瓦尔被当作餐巾纸用，因为一张餐巾纸的价格是 5 块钱。2016 年初，IMF 预计委内瑞拉当年通胀率将升至 720%，居世界首位，经济将萎缩 8%。虽然后期 IMF 修改了此前的估计，但委内瑞拉的通货膨胀将持续恶化是不可避免的。此外，委内瑞拉央行表示，从 2016 年 12 月 15 日起发行面值 500 至 20000 玻利瓦尔的六种新货币。新货币的最大面值是现行货币最大面值（100 玻利瓦尔）的 200 倍。由于深陷经济危机，超高的通货膨胀水平几乎使得委内瑞拉货币变成废纸。按照官方汇率，当前 100 玻利瓦尔可兑换 15 美分；若是按照普遍使用的非官方汇率，100 玻利瓦尔仅仅相当于 2 美分。

那么，委内瑞拉这个遍地石油和黄金的国家怎么会到了如此境地？根本原因在于其严重畸形的经济结构。委内瑞拉 95% 的外汇收入来自石油销售，除此以外，国内几乎没有什么工农业，全部的生活用品包括食品都仰仗石油收入。而随着油价持续下跌，财政日益亏空，美元短缺，内外债务逐渐凸显，委内瑞拉已处在破产的边缘。

而依靠石油出口曾经“富得流油”的沙特，在 2016 年的低油价下也显得力不从心，遭遇了石油经济困境，甚至更换了任职长达 20 年的财政大臣。沙特 2015 年财政赤字高达近 1000 亿美元，2016 年仍面临严重财政赤字问题。为应对财政困难，沙特已采取暂停大型公共建设项目、削减财政补贴、发行债券以及降低国民薪金和福利等措施①。

低油价也给沙特敲响了经济单一化的警钟，沙特当局于 2016 年 4 月 25 日公布了“2030 愿景”（Vision 2030）计划。沙特的“2030 愿景”为沙特确定了三大愿景目标：阿拉伯与伊斯兰世界心脏、全球性投资强国、亚欧非枢纽。在经济领域，这份计划的目的是推进经济多元化，途径是改善商业环境、支持中小企业发展、国家投资、发展非石油产业、发展私营企业，特别是要发展采矿、制造、旅游休闲、金融投资等非油气产业，最终实现沙特国王萨勒曼宣称的目标：“到 2030 年，我们将不再依赖石油。”但沙特经济转型能否成功还有待观察。

（5）国际大宗商品价格和 BDI 指数有所回升

回顾 2016 年的国际大宗商品价格和波罗的海干散货指数（BDI），总体上看其在 2015 年底或 2016 年初进行了探底，在 2016 年里呈现出震荡上扬的走势，在一定程度上预示了全球经济可能正在探底回升。

以巴西 65% 铁矿石粉矿为例，在 2015 年 12 月 11 日跌至 39.5 美元/吨，随后开始震荡上行，到 2016 年 11 月，已经反弹至超过 90 美元/吨。截至 2016 年 12 月 7 日，巴西 65% 铁矿石粉矿的价格已经反弹至 94.60 美元/吨。

---

① 北京商报：《沙特新财政大臣获任命》，2016 年 11 月 2 日。

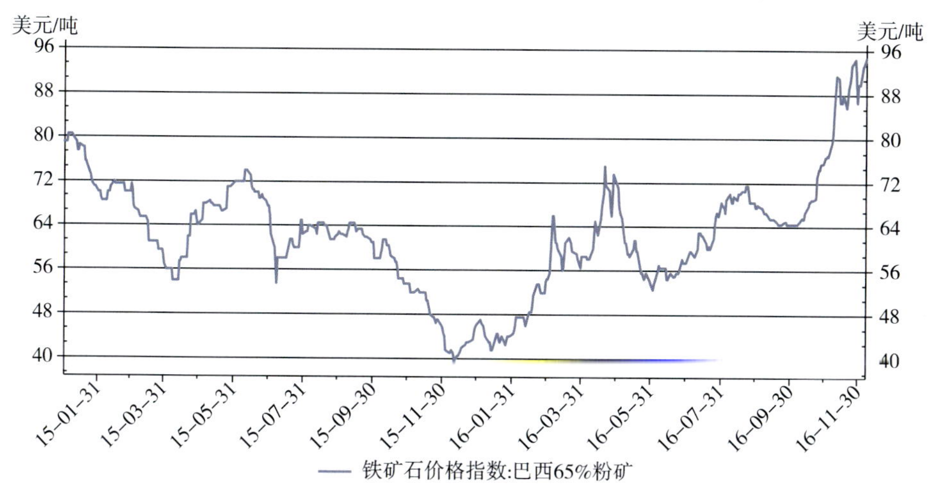

图 1.5　近两年来的巴西 65%铁矿石粉矿价格走势

再如，伦铜无论现货还是期货，都在 2016 年初跌至低位，随后震荡。2016 年 1 月 15 日跌至 4310.50 美元的低点。受特朗普当选美国总统扩大基础设施建设的预期提振，伦铜从 11 月初以来快速反弹，截至 12 月 7 日，伦铜已经反弹至 5903.50 美元/吨。

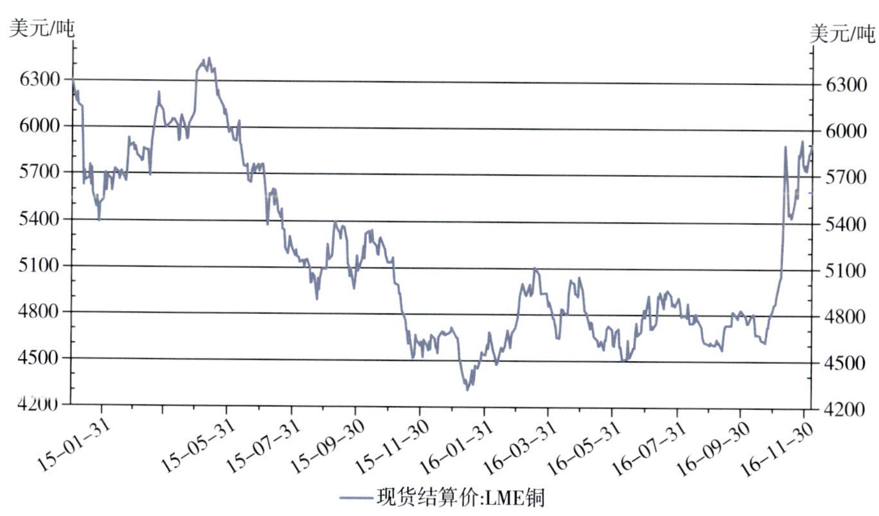

图 1.6　近两年来的 LME 铜的现货结算价走势图

而国际锌价的表现则更为抢眼，2016 年几乎翻了一倍。2015 年 LME 锌的价格从 2400 美元一吨一路下跌，到 2016 年 1 月 12 日跌至 1453.50 美元的低点，随后一路小跑，几乎直线上扬，截至 2016 年 12 月 7 日，锌价达到 2821.50 美元/吨，从低点算起涨幅高达 94%，几乎翻了一倍!

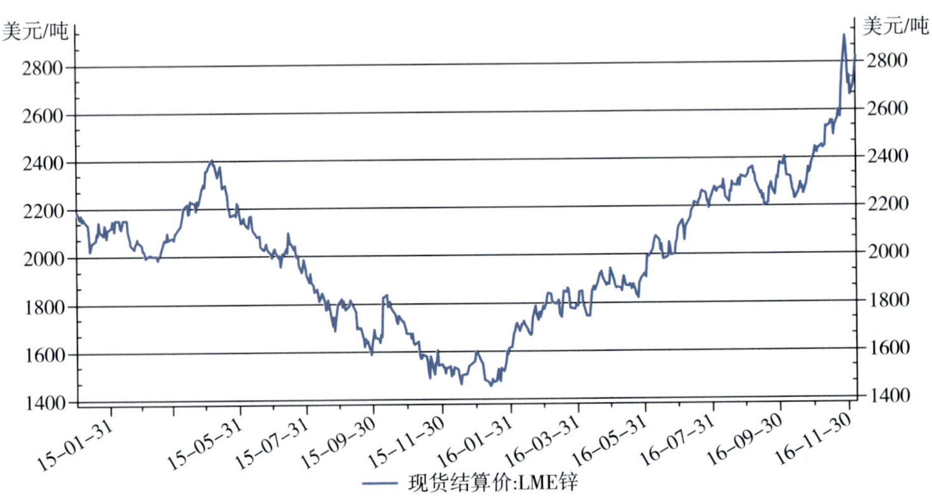

图 1.7 近两年来的 LME 锌的现货结算价走势图

反映世界贸易乃至世界经济景气度的波罗的海干散货指数（BDI）在 2016 年里也可谓是触底反弹。在 2015 年 8 月 5 日 BDI 曾经反弹到 1222 点，但随后就一路震荡下跌，到 2016 年 2 月初跌破 300 点，最低在 2 月 10 日、11 日连续两天处于 290 点的历史低位。随后一路反弹，到 2016 年 11 月 11 日重回 1000 点之上，在 2016 年 11 月 18 日曾摸到近期盘中最高点 1257 点。

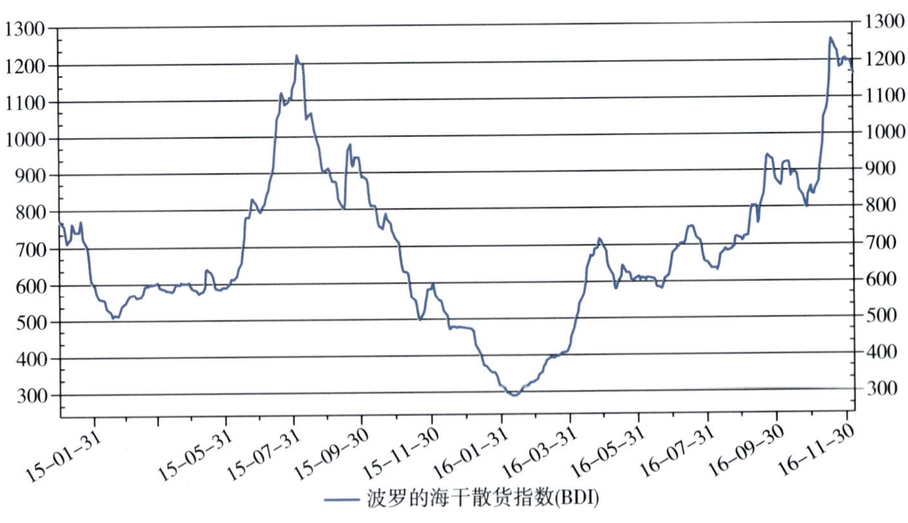

图 1.8 近两年来的波罗的海干散货指数（BDI）走势

1.1.2　2016 年国内经济总体运行平稳

2016 年是“十三五”的开局之年，是全面建成小康社会的决胜之年，也是中央全面深化改革取得重要进展的一年。相比 2015 年而言，2016 年经济总体运行平稳，总体增长与 2015 年持平，并呈现出企稳回升之势。

（1）2016 年国内经济总体运行平稳

2016 年经济整体增长速度继续放缓，延续了 2008 年金融危机以来的下滑态势，经济运行仍然面临重大下行压力。但与此同时，随着我国深化改革的不断推进，改革取得初步成效，需求结构、产业结构持续优化，就业水平有所提升，创新驱动经济增长方式转型释放增长潜能，市场活力和创造力全面激发，经济运行逐渐企稳。

①2016 年国内经济增长速度逐渐企稳。

自从 2008 年 GDP 增幅跌破 10% 以后，如果不考虑 2010 年由于经济刺激出现的短暂增长，我国 GDP 增幅连续下滑，截至 2015 年，GDP 增幅为 6. 9% 。2016 年继续延续了 2015 年的下滑趋势，2016 年前 3 个季度 GDP 增速平均为 6. 7% ，相比 2015 年继续下滑 0. 2% 。在全球经济复苏乏力的情况下，我国经济连续 6 个季度增幅保持在 6. 5% 到 7% 区间内，表现良好。

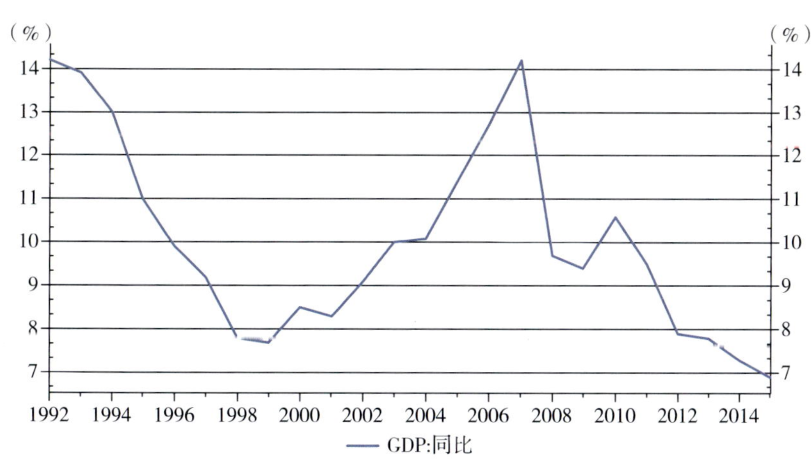

图 1.9　1992 ~ 2015 年我国 GDP 同比增速（%）

数据来源：国家统计局，wind 数据库。

②失业率与 2015 年持平，收入水平增幅放缓。

与经济增长企稳趋势相一致，2016 年的失业率在波动中逐渐趋于平稳，是 2012 年以来的最好水平。根据城镇登记失业率的月度数据变化情况来看（图 3），进入 2016 年以来，前 9 个月的失业率虽有波动，但整体保持在 4.04% ~4.05% 的区间内，总体与 2015 年保持稳定。

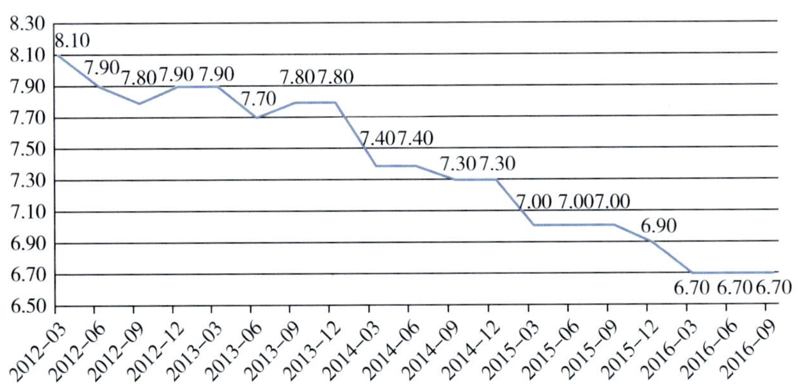

图 1.10　2012 年第 1 季度至 2016 年第 3 季度我国 GDP 增幅（%）

数据来源：国家统计局。

但是，从居民可支配收入增幅与 GDP 增幅的对比来看，进入 2016 年，城镇居民人均可支配收入的月度增幅以及农村居民人均收入增幅都有所下滑，且农村居民可支配收入的增幅已于第二季度开始，低于 GDP 增长速度。

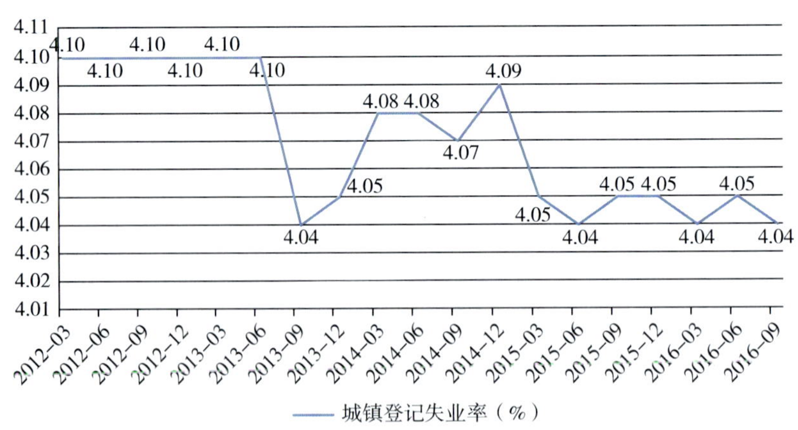

图 1.11　2012 年第 1 季度至 2016 年第 3 季度我国城镇登记失业率（%）

数据来源：国家统计局。

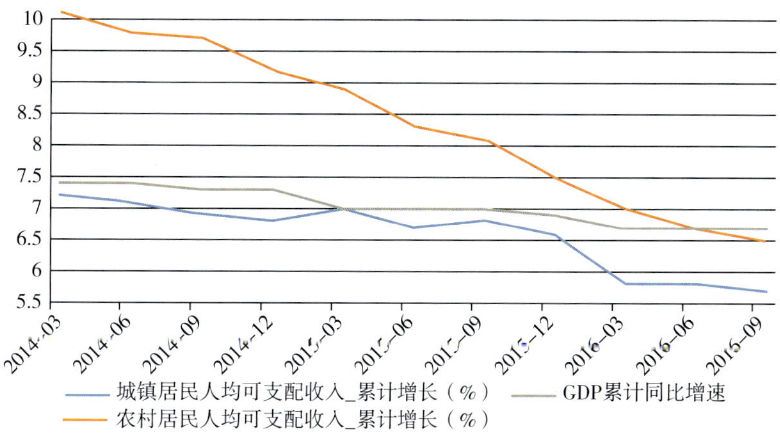

图 1.12　居民收入增速与 GDP 增速对比图

注：统计局于2016 年1 月开始修改了对于城乡居民人均可支配收入的统计口径，统计数据与往年有一定的偏差。
数据来源：国家统计局。

③CPI 和 PPI 剪刀差收窄至 5 年最低，PPI 通缩终结。

金融危机以来，CPI 和 PPI 不断扩大的剪刀一直是宏观经济关注的焦点之一。在过去的 5 年里，CPI 和 PPI 剪刀差不断扩大，并在 2015 年 8 月一度达到 7.9 个百分点，远高于 2008 年全球金融危机期间高点（6.7%），PPI 呈现出持续通缩。进入 2016 年，PPI 指数快速上涨，CPI 和 PPI 剪刀差逐渐收窄。截止到 2016 年 9 月，CPI 和 PPI 背离为 0.9%，收窄为 5 年来的最小差值。其中，对 PPI 回暖主要是由于工业部门为煤炭及炼焦工业、石油工业和冶金工业 PPI 指数的极速回暖拉动 PPI 指数整体回暖。

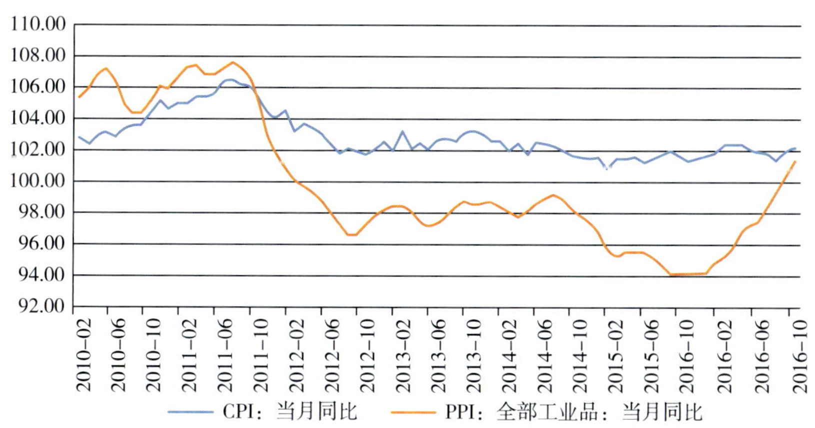

图 1.13　2010 年 1 月～2016 年 10 月 PPI 和 CPI 变动情况

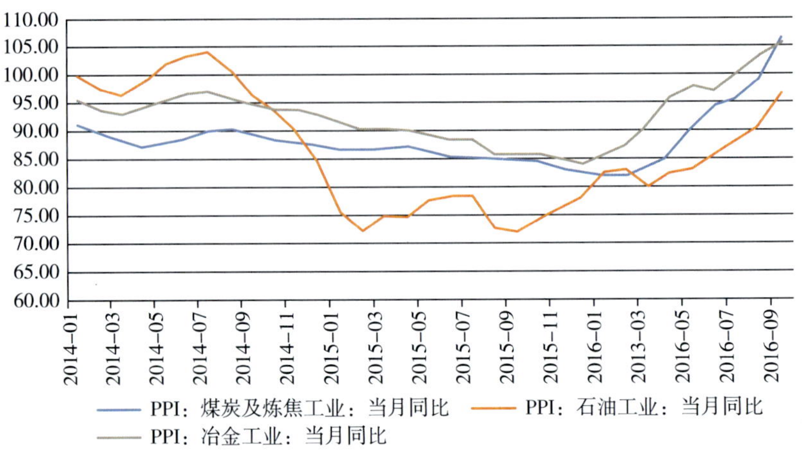

图 1.14 对 PPI 回暖影响最大的三个工业部门

④制造业采购经理人指数重回荣枯线以上。

自从 2015 年 1 月制造业经理人指数跌破荣枯线以后，2015 年 7 月开始，制造业经理人指数持续低于 50%，直到 2016 年 2 月，制造业经理人指数为 49%。而后从 2016 年 3 月开始，制造业经理人指数突破荣枯线并基本保持持续上涨。截止到 2016 年 9 月份，制造业经理人指数已经增加至 51.2%，制造业商业活动有了明显的回温。

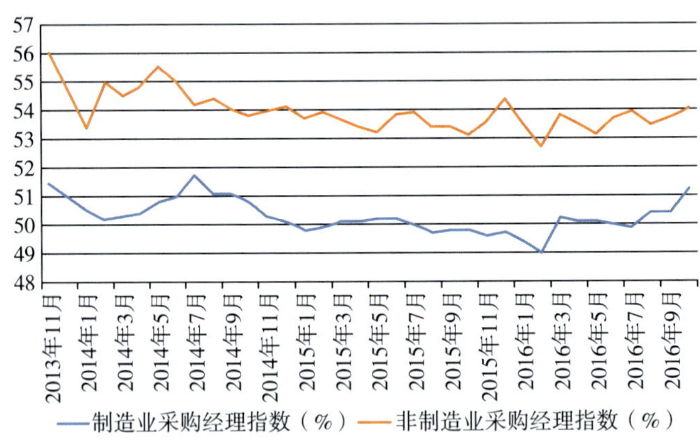

图 1.15 制造业采购经理人指数和非制造业商务活动指数月度数据图

⑤消费成为经济增长第一驱动力，贸易、固定资产投资增幅小幅下滑。

根据国家统计局的数据，从驱动经济增长的三大需求因素变化来看，随着持续的需求结构优化，消费已经成为驱动经济增长的主要动力。2015 年，我国消费支出对 GDP 增长的贡献率就已达到 66.4%。进入 2016 年，我国消费对经济增长的贡献率继续提升。2016 年 1～6 月份，社会消费品零售总额 156138 亿元，同比名义增长 10.3%。截止到 2016 年 9 月的数据，社会消费品零售总额同比增长 10.7%，对 GDP 增长的贡献率已经达到了 71%。

与此同时，2016 年贸易进出口总量、固定资产投资完成额累计增长幅度小幅下滑。根据国家统计局的贸易进出口数据统计以及海关统计，2016 年我国货物贸易出口总值 17.53 万亿元人民币，同期下降 1.9%。其中，出口 10.06 万亿元，下降 1.6%；进口 7.47 万亿元，下降 2.3%；贸易顺差 2.59 万亿元，扩大 0.6%。固定资产投资增幅持续小幅下滑，从 2014 年 1 月开始到 2016 年 9 月为止，共连续 32 个月下滑，从 2014 年 1 月的 19.9% 月增幅下降到 2016 年 9 月为 8.2%。

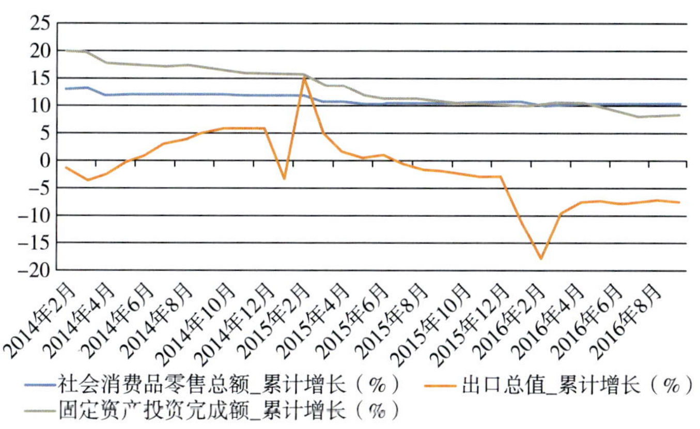

图 1.16 2014 年 1 月～2016 年 9 月消费、出口和固定资产投资增长率的变化

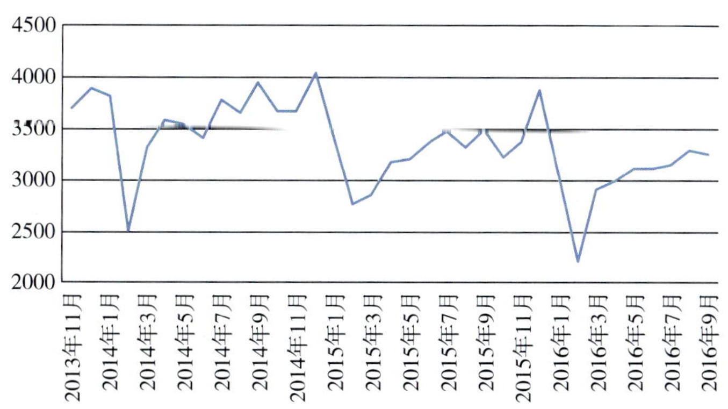

图 1.17 2014 年 1 月～2016 年 9 月当月进出口贸易总额（亿美元）

（2）经济体制改革取得初步成效

①农村土地改革开始推进。

农业是国民经济的基础。2016 年年初中央一号文件指出进一步深入推进农村改革，拉开了我国新一轮农村改革的大幕。2016 年 8 月 30 日，中央全面深化改革领导小组第二十七次会议上审议通过《关于完善农村土地所有权承包权经营权分置办法的意见》，明确提出农村土地改革实行三权分置。农村土地三权分置改革，进一步赋予了农民一定的财产权，农民有权抵押一部分土地，获得财产性收入，进而有更多资金可以在城市安家落户。

②国企改革成为重头戏。

国有企业改革发展，关系到国民经济持续健康发展，关系到我国基本经济制度根本性全局。2016 年被认为是我国国有企业改革实质落实年。各项政策密集出台，国企改革的顶层设计基本完成。2016 年 3 月 5 日，李克强总理所作政府工作报告中，将国有企业改革列入供给侧结构性改革的重要组成部分。5 月 16 日，习近平在中央财经领导小组会议第十三次会议上强调，推进国有企业改革，加快政府职能转变，深化价格、财税、金融、社保等领域基础性改革；5 月 18 日，李克强主持召开国务院常务会议，审议通过了《中央企业深化改革瘦身健体工作方案》。7 月 1 日，国资委、财政部联合发布《企业国有资产交易监督管理办法》，旨在规范企业国有资产交易行为，加强监管，防止国有资产流失。

从各项指标看，在经济下行压力较大的情况下，2016 年前三季度国有企业经济运行趋稳向好。2016 年 1～8 月份，国有企业营业总收入 286652.5 亿元，同比增长 0.2%，国有企业利润总额 15418.2 亿元，同比下降 1.3%。国有企业应交税金 24228.3 亿元，同比下降 1.9%。截止到 2016 年 8 月末，国有企业资产总额 1278941.7 亿元，同比增长 15.1%；负债总额 846453.8 亿元，同比增长 17.5%；所有者权益合计 432487.9 亿元，同比增长 10.6%。

③财税体制改革深入推进，政策效应逐步显现。

新一轮财税体制改革是一场关系国家治理体系和治理能力现代化的深刻变革，是立足全局、着眼长远的制度创新。从 2016 年 5 月 1 日起，全国营改增试点范围扩大到建筑业、房地产业、金融业、生活服务业，并将所有企业新增不动产所含增值税纳入抵扣范围。全面推开营改增试点后，2016 年减税金额将超过 5000 亿元。2016 年 7 月 1 日起，我国全面推进资源税改革，通过全面实施清费立税、从价计征改革，理顺资源税费关系，建立规范公平、调控合理、征管高效的资源税制度。各项财税政策的落实，对减轻企业负担，推进市场分工和专业化合作起到了积极作用。

从各项指标看，2016 年 1～8 月份，我国财政主要支出项目均有所增长，对推进国民经济发展，改善民生发挥了重要作用。

表 1.2　　2016 年 1～8 月份全国财政主要支出项目情况

项目	支出（亿元）	同比增长（%）
教育支出	16505 亿元	11.7%
科学技术支出	3229 亿元	11.4%
文化体育与传媒支出	1570 亿元	8.8%
社会保障和就业支出	14597 亿元	12.9%
医疗卫生与计划生育支出	8787 亿元	19.8%
城乡社区支出	12396 亿元	30.6%
农林水支出	10526 亿元	16.4%
资源勘探信息等支出	3409 亿元	11.8%
住房保障支出	4015 亿元	30.1%
债务付息支出	3252 亿元	37.2%

资料来源：国家统计局。

④区域经济发展有可喜的一面，同时不均衡问题仍很突出。

京津冀三省市发展整体性和协同性不断增强，交通运输、环境保护等重大工程正有序推进。长江经济带开放型经济水平不断提升，在生态环境协同保护、港口资源整合、交通运输发展等方面取得积极突破。在“一带一路”战略框架下，东部地区已初步形成与东南亚国家经贸合作的新局面，西部边境地区经贸合作交流不断深化。从基本格局上看，京津冀、长三角和珠三角的三足鼎立态势基本形成。从各项指标看，2016 年前三季度各区域 GDP 呈现不平衡的特征，长三角总量抢眼、成渝增速突出、西北东北实力悬殊。

表1.3　　2016年前3季度各区域GDP增速情况表

区域及对应重点城市群	省市	前三季度GDP总量（亿）	前三季度GDP增速	上半年GDP增速	前三季度GDP增速排名
华北（京津冀城市群）	天津	13339.44	9.1%	9.2%	3
	内蒙古	12690.14	7.1%	7.1%	21
	河北	22496.10	6.8%	6.6%	23
	北京	17367.80	6.7%	6.7%	24
	山西	——	预计4%	3.4%	——
华东（长江三角城市群、山东半岛城市群）	江西	12587.30	9.1%	9.1%	4
	安徽	17132.00	8.7%	8.6%	5
	福建	18287.01	8.4%	8.3%	6
	江苏	55281.50	8.1%	8.2%	8
	浙江	32234.00	7.5%	7.7%	14
	山东	48703.80	7.5%	7.3%	15
	上海	19529.67	6.7%	6.7%	25
华中（长株潭、长江中游城市群）	河南	28840.57	8.1%	8.0%	9
	湖北	22198.40	8.1%	8.2%	10
	湖南	21771.10	7.6%	7.6%	12
华南（珠三角城市群）	海南	2880.88	7.4%	8.1%	18
	广东	57000.00	7.3%	7.4%	19
	广西	11345.50	7.0%	7.2%	22
西南（成渝城市群）	重庆	12505.05	10.7%	10.6%	1
	贵州	8135.38	10.5%	10.5%	2
	云南	9536.94	7.6%	6.6%	13
	四川	23793.60	7.5%	7.5%	16
	西藏	——	——	10.6%	——
西北	青海	1741.38	8.2%	8.2%	7
	宁夏	2120.31	8.0%	7.9%	11
	陕西	12879.97	7.3%	7.2%	20
	甘肃	4769.45	7.5%	7.8%	17
	新疆	——	——	8%	——
东北	吉林	——	预测7.9%	6.7%	——
	黑龙江	——	6.7%	5.7%	——
	辽宁	——	预测负	-1%	——

资料来源：国家统计局。

（3）供给侧结构性改革成效初显

2016 年是推进供给侧结构性改革的攻坚之年。供给侧结构性改革关系全局、关系长远，其主旨是释放新需求，创造新供给。中央财经领导小组第十三次会议进一步强调了供给侧结构性改革的重要性和明确了推进供给侧结构性改革的路径和要求，并指出重点是推进“三去一降一补”即去产能、去库存、去杠杆、降成本、补短板五大任务。2016 年以来，国家针对产能过剩、房地产库存大、杠杆率高等问题相继出台系列政策，并要求各地方政府结合自身实际情况，制定更为详细的操作方案。数据显示，截至 2016 年三季度末，去产能、去库存、去杠杆、降成本、补短板五方面均取得一定成效。

①积极稳妥化解产能过剩是“三去一降一补”的首要任务。

按照企业主体、政府推动、市场引导、依法处置的办法，因地制宜，针对重点行业实施差别化政策，促进优胜劣汰和市场出清。2016 年 2 月，国务院相继出台《关于煤炭行业化解过剩产能实现脱困发展的意见》和《关于钢铁行业化解过剩产能实现脱困发展的意见》，确定用 5 年时间压减粗钢产能 1 亿吨至 1.5 亿吨，用 3 年到 5 年时间退出煤炭产能 5 亿吨左右、减量重组 5 亿吨左右。随后，国家决定设立工业企业结构调整专项奖补资金，资金规模是两年 1000 亿元，用于化解过剩产能、处置“僵尸企业”过程中的职工安置。

资源密集型产业持续萎缩。工业行业中发展速度最慢的 10 个行业的数据显示（如表 1.4 所示），以资源开采为基础的开采业普遍呈负增长态势，包括黑色金属矿采选业、煤炭开采和洗选业、开采辅助活动及其他采矿业。

表 1.4　　2016 年 1～9 月增加值累计增速排名后十名的行业及增速

行业名称	平均增长速度
电力、热力的生产和供应业	3.5
皮革、毛皮、羽毛及其制品和制鞋业	3.2
文教、工美、体育和娱乐用品制造业	2.6
黑色金属冶炼及压延加工业	0.7
石油和天然气开采业	0.1
黑色金属矿采选业	-1.1
煤炭开采和洗选业	-1.3

续表

行业名称	平均增长速度
烟草制品业	-10.8
开采辅助活动	-14.3
其他采矿业	-16

数据来源：国家统计局。

煤炭产量呈下降趋势，钢铁产量恢复增长。数据显示，截至2016年9月末，原煤产量245632.1万吨，累计同比下降10.5%，我国煤炭行业退出产能已经完成全年目标任务量的80%以上。受益于钢材价格有所回升，钢铁企业经营状况有所好转，1~9月份，粗钢、钢材恢复增长，全国粗钢产量60377.7万吨，累计同比增长0.4%，其中9月份同比增长3.9%。钢材产能85178.0万吨，累计同比增长2.3%，其中9月份同比增长4.3%。今年3月份起，钢铁产量开始有所好转，粗钢累计同比下降水平逐月收窄，钢材累计实现增长。

②规模以上工业企业产成品存货延续年初的下降趋势。

2016年3月以来，规模以上工业企业产成品库存持续下降（如图1.18所示），截至9月末，已经实现连续5个月累计同比下降，其中9月份累计值38553.3亿元，下降0.8%。

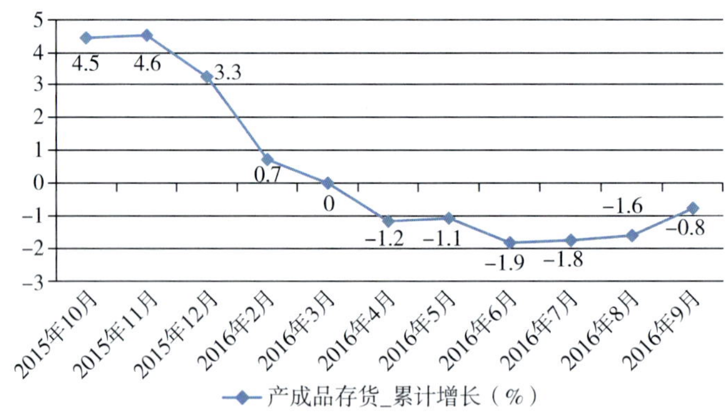

图1.18 规模以上工业企业产成品存货累计增长情况

数据来源：国家统计局。

钢材库存呈下降趋势。根据钢铁协会对我国钢铁库存的调查，2016年10月，全国20个城市5大类品种钢材社会库存合计环比略有下降，库存总量856

万吨，环比减少 7.7 万吨，下降 0.9%。其中钢材市场库存总量 761 万吨，环比减少 8.2 万吨，下降 1.07%；港口库存 95 万吨，环比增加 0.5 万吨，上升 0.53%。

房地产库存区域差异明显。化解房地产库存，促进房地产业持续发展是 2016 年“三去一降一补”的重要任务之一。9 月末商品房待售面积连续 7 个月减少，但是地区差异明显，三四线城市房地产库存依旧高企，而一线城市和部分二线核心城市基本实现了去库存的目标，但房价一路飙升，以至于 9 月底北京、上海、南京、杭州等房价增长过来的城市不得不再次加强限购、限贷等政策。局部地区的高房价已成为影响当地经济社会发展的重大问题，如何让房地产行业更好地服务于地区总体发展以及国家总体需求，还需进一步研究。

③去杠杆推出实质性举措。

2016 年 10 月，国务院正式公布了《关于积极稳妥降低企业杠杆率的意见》（以下简称《意见》）及其附件《关于市场化银行债权转股权的指导意见》。《意见》明确了降杠杆的总体思路，坚持积极的财政政策和稳健的货币政策取向，以市场化、法治化方式，通过推进兼并重组、完善现代企业制度、强化自我约束、盘活存量资产、优化债务结构、有序开展市场化银行债权转股权、依法破产、发展股权融资，积极稳妥降低企业杠杆率，助推供给侧结构性改革，助推国有企业改革深化，助推经济转型升级和优化布局，为经济长期持续健康发展夯实基础。

但同时也必须看到，政府层面仍存在加杠杆的压力。如 2016 年 1 ~9 月，全国一般公共预算支出 135956 亿元，同比增长 12.5%，但财政收入增长只有 5.9%，这意味着财政支出是收入的两倍以上，加杠杆仍十分明显。

企业杠杆率有所下降。从目前的数据来看，规模以上工业企业的杠杆率出现下降趋势。2016 年 9 月末，工业企业资产负债率为 56.3%，同比下降 0.6 个百分点，环比下降 0.1 个百分点。

④多项政策措施全方位为企业减负。

2016 年 8 月国务院印发《降低实体经济企业成本工作方案》，从合理降低企业税费负担、有效降低企业融资成本、着力降低制度性交易成本、合理降低企业人工成本、进一步降低企业用能用地成本、较大幅度降低企业物流成本、提高企业资金周转效率、鼓励和引导企业内部挖潜等方面提出了30多项具体举措。

降成本初显成效，企业成本持续降低。根据有关方面的统计，2016年6月份，规模以上工业企业每百元主营业务收入中的成本为86.02元，到9月份，每百元主营业务收入中的成本为85.87元，同比下降0.11元。9月份同期，工业企业利润同比增长8.4%。

⑤补短板方面重点在民生与社会领域。

国务院提出从五大方面推进补短板工作，包括：加快推进“十三五”规划《纲要》确定的全局性、基础性、战略性重大工程项目，围绕着力补短板、缩小城乡区域差距等，抓紧制定实施方案，合理扩大有效投资，尽快形成实物工作量；进一步推进改革，更好调动社会资本积极性；创新融资方式，统筹盘活沉淀资金；制定进一步扩大开放利用外资的措施；建立补短板项目推进奖惩机制等。

从投资增速来看，环境保护、公共基础设施、教育等方面补短板力度明显。投资是补短板的方式之一。数据显示，2016年1~9月，环境管理固定资产投资额累计增长43.4%，公共设施固定资产投资额累计增长23.6%，教育固定资产投资额累计增长21.1%，投资增长速度较快。

（4）企业经营情况有喜有忧，仍然面临较大压力

随着供给侧改革的深入开展，我国政府通过一系列改革措施，为市场带来了活力。随着“五证合一、一照一码”的实施，以及简政放权的全面落实，企业注册审批的行政手续大大简化，192项行政审批中介服务事项被取消，企业迎来了较为宽松的市场氛围，激发了企业经营发展的活力。2016年日均登记企业数由2015年的1.2万户增加为1.46万户。与此同时，工业企业的利润增长情况、亏损情况较之2015年有较大好转。然而，受工业经济整体增速放缓的影响，工业企业仍然面临较大的经营压力。

①工业企业利润增幅大幅上升，赶超GDP增长率。

进入2015年以后，我国规模以上工业企业的利润总额呈现负增长，虽有减缓趋势，但截止到2015年12月，利润总额的涨幅仍然为负。进入2016年开始，工业企业的盈利情况就有了较大改观，2016年2月份开始，工业企业的

利润总额以 4.8% 增长，截止到 2016 年 9 月，利润总额增幅累计增长率为 8.4%，第三季利润总额增幅平均为 7.9%，超过 GDP 增幅 6.7%。

表 1.5　　全国规模以上工业企业主要经营指标同比累计增长率（%）

时间	资产负债率	亏损家数	企业亏损面	亏损企业亏损额	负债合计	国有企业负债合计	利息支出	存货	利润总额	应收账款净额
2015－02	56.90	1.20	20.42	24.32	6.90	12.20	5.10	4.20	－4.20	10.80
2015－03	57.20	0.23	19.63	18.60	6.40	11.90	3.00	3.90	－2.70	9.30
2015－04	57.30	9.20	18.20	15.20	6.00	11.20	2.70	3.40	－1.30	8.60
2015－05	57.30	10.17	17.27	14.60	5.70	11.50	2.50	3.10	－0.80	8.80
2015－06	57.20	10.76	16.81	15.80	5.70	11.20	0.90	3.20	－0.70	7.90
2015－07	57.00	10.58	16.29	17.93	5.70	11.20	0.40	2.90	－1.00	7.60
2015－08	57.00	10.89	15.91	22.80	5.80	11.00	0.20	2.10	－1.90	7.90
2015－09	56.80	11.74	15.71	26.90	5.40	19.20	－0.60	1.40	－1.70	8.00
2015－10	56.80	12.20	15.24	29.25	5.60	19.00	－1.00	0.90	－2.00	8.00
2015－11	56.60	12.50	14.55	32.40	5.30	18.20	－2.00	0.80	－1.90	7.80
2015－12	56.20	14.65	13.16	31.30	5.60	18.50	－2.30	－0.10	－2.30	7.90
2016－02	56.80	1.92	20.52	5.60	5.50	17.90	－7.80	－0.60	4.80	8.20
2016－03	56.90	3.42	19.54	7.70	5.20	18.10	－7.50	－0.70	7.40	8.30
2016－04	56.80	2.52	17.96	7.50	4.80	18.00	－8.30	－1.00	6.50	8.80
2016－05	56.80	－3.24	16.57	6.80	4.90	17.70	－7.80	－0.50	6.40	8.60
2016－06	56.60	－3.47	16.08	6.50	4.60	17.80	8.20	1.00	6.20	8.00
2016－07	56.40	－3.85	15.53	2.90	4.50	17.60	－8.40	－0.70	6.90	9.40
2016－08	56.40	－4.89	15.01	－3.10	4.60	17.50	－8.30	0.10	8.40	8.50
2016－09	56.30	－4.87	14.82	－7.00	4.70	9.90	－8.20	0.70	8.40	8.70

数据来源：国家统计局，Wind 数据库，作者测算。

②企业亏损面收窄，亏损程度好转。

从企业亏损面来看，2016 年结束了 2015 年亏损面不断扩大的局面，并且开始收窄亏损面。从 2016 年 3 月开始，工业企业同比亏损面开始有所减少，2016 年 3 月的企业亏损面为 19.5%，同比收窄 4.5%；而截止到 2016 年 9 月，企业亏损面降低为 14.8%，比 2015 年同比 15.7% 收窄 0.9%。从企业亏损的深度来看，亏损企业的亏损额规模不再扩大，并于 2016 年 8 月转为负增长，即2016年8月，规模以上工业企业的亏损总规模减少3.1%，2016年9月继续缩小，亏损规模减少7%，从而企业亏损的总量规模呈现出不断缩小的趋势。

③企业负债规模继续扩大，经营资金压力增加。

一方面，企业负债规模增速有所减缓，由2015年12月的5.6%逐渐下降为2016年9月的4.7%，但是，由于负债规模增速仍然较高，负债规模仍然在不断扩大。另一方面，企业应收账款余额规模和存货规模的增加让企业面临更大资金压力。进入2016年以来，我国规模以上工业企业的应收账款规模增速不断扩大，说明企业面临着越来越大的资金压力。与此同时，存货增长率在2016年8月开始又出现了正增长，说明企业销售的库存压力有所增加的同时，银收账款余额规模也在不断增加，从而企业面临着更严峻的经营资金压力。

④从工业企业所有制来看，国有企业债务问题更为严峻。

根据企业资产负债率的数据来看，国有控股企业资产负债率远高于私营企业资产负债率。对于国有控股企业而言，资产负债率水平自2015年2月开始一直保持在61%以上，2016年5月一度达到61.8%；而私营企业的资产负债率都控制在53%以内，说明我国国有控股企业的债务负担相对较重。截止到2016年9月，私营企业的资产负债率自2016年2月下降了1.3%，股份制企业的资产负债率也保持了逐月持续下降，截止到2016年9月累计下降0.9%，下降幅度较为明显；但国有控股企业的资产负债率却依然较高，保持在61.5%以上，前9个月资产负债率平均值为61.63%，远高于2015年同期水平61.23%。

从国有企业经营状况来看，国有企业经营状况有所改观，但利润同比仍有下降。根据财政部公布的全国国有及国有控股企业（以下简称“国有企业”）利润数据来看，2016年前9个月，国有企业收入同比继续保持增长且增幅有所提升，但利润总额为17206.8亿元，同比下降1.6%。

表1.6　　工业企业资产负债率累计值（%）

指标名称	私营企业	外商及港澳台商投资企业	股份制企业	集体企业	国有控股企业
2015-02	52.90	54.70	58.10	60.10	60.80
2015-03	53.30	55.00	58.40	61.60	61.00
2015-04	53.10	55.20	58.40	61.60	61.30
2015-05	53.10	55.10	58.40	61.60	61.40

续表

指标名称	私营企业	外商及港澳台商投资企业	股份制企业	集体企业	国有控股企业
2015－06	53.00	55.20	58.20	62.10	61.40
2015－07	52.70	54.90	58.10	61.90	61.40
2015－08	52.50	55.00	58.00	62.00	61.30
2015－09	52.30	54.80	57.90	61.10	61.20
2015－10	52.00	54.80	57.80	61.30	61.40
2015－11	51.70	54.70	57.60	61.00	61.50
2015－12	51.20	54.20	57.10	58.90	61.40
2016－02	52.70	53.80	58.00	61.40	61.40
2016－03	52.80	53.90	58.10	61.70	61.70
2016－04	52.60	54.00	57.90	61.20	61.70
2016－05	52.30	54.10	57.80	62.00	61.80
2016－06	52.20	54.20	57.70	60.20	61.70
2016－07	51.90	54.00	57.40	63.60	61.60
2016－08	51.60	54.10	57.30	63.40	61.60
2016－09	51.40	54.30	57.10	63.10	61.50

数据来源：国家统计局，Wind 数据库，作者测算。

⑤从工业企业所属行业来看，传统行业企业和高新技术行业企业分化明显。

从行业企业资产负债率排名来看，2016 年高资产负债率排名前 10 名的企业依然以传统重工业行业为主，包括煤炭行业、黑金属冶炼、石油加工、有色金属加工业等。其中煤炭行业的资产负债率上升幅度最大，从 2015 年的 59.24% 上升到 2016 年前 9 个月的 69.95%。其次，石油加工业、有色金属加工业、黑色金属加工业等行业企业的资产负债率依旧较高，保持在 63% 以上，改善并不明显。从行业企业销售利润来看，石油天然气开采行业销售利润率为负，代表该行业企业陷入亏损，经营状况恶化。此外，煤炭加工业企业销售利润率连年下降，从 2014 年销售利润率为 4.14% 下降到 2016 年前三季度平均销售利润率为 0.81%。

表 1.7　　　　　　行业企业资产负债率排名（2015～2016 年）

行业名称	2016	行业名称	2015
煤炭开采和洗选业	69.95	黑色金属冶炼及压延加工业	67.76

续表

行业名称	2016	行业名称	2015
黑色金属冶炼及压延加工业	67.04	废弃资源综合利用业	67.36
石油加工、炼焦及核燃料加工业	65.69	电力、热力的生产和供应业	66.55
有色金属冶炼及压延加工业	64.85	石油加工、炼焦及核燃料加工业	65.19
废弃资源综合利用业	62.29	铁路、船舶、航空航天和其他运输设备制造业	64.90
电力、热力的生产和供应业	62.02	有色金属冶炼及压延加工业	63.08
铁路、船舶、航空航天和其他运输设备制造业	61.45	化学纤维制造业	62.33
化学纤维制造业	59.18	计算机、通信和其他电子设备制造业	60.08
黑色金属矿采选业	58.36	煤炭开采和洗选业	59.24
水的生产和供应业	57.24	电气机械及器材制造业	59.00

数据来源：国家统计局，Wind 数据库，作者测算。

表 1.8　行业销售利润率最低行业前十（2014～2016 年）

2016	销售利润率（%）	2015	销售利润率（%）	2014	销售利润率（%）
石油和天然气开采业	-15.63	石油加工、炼焦及核燃料加工业	0.31	石油加工、炼焦及核燃料加工业	0.80
开采辅助活动	-5.40	开采辅助活动	1.42	黑色金属冶炼及压延加工业	1.47
采矿业	0.58	黑色金属冶炼及压延加工业	1.47	开采辅助活动	1.84
煤炭开采和洗选业	0.81	有色金属冶炼及压延加工业	2.25	有色金属冶炼及压延加工业	2.23
黑色金属冶炼及压延加工业	1.93	化学纤维制造业	2.99	化学纤维制造业	2.93
有色金属冶炼及压延加工业	2.61	废弃资源综合利用业	3.16	废弃资源综合利用业	3.12
化学纤维制造业	3.58	计算机、通信和其他电子设备制造业	3.60	计算机、通信和其他电子设备制造业	3.55
金属制品、机械和设备修理业	3.92	煤炭开采和洗选业	3.86	金属制品、机械和设备修理业	3.95
废弃资源综合利用业	4.21	金属制品、机械和设备修理业	3.92	煤炭开采和洗选业	4.14
计算机、通信和其他电子设备制造业	4.2275	农副食品加工业	4.31	农副食品加工业	4.29

数据来源：国家统计局，Wind 数据库，作者测算。

部分高新技术行业经营状况表现活跃。从销售利润率增速来看，计算机、通信和其他电子设备制造业、医药制造业销售利润率增速明显，较之 2015 年，2016 年前 9 个月平均销售利润率分别增长 0.62% 和 0.53%，达到 4.23% 和 10.32%。其中医药制造业销售利润率仅次于烟草制品业，位列第二。从各行业固定资产投资增速情况来看，2016 年前 3 季度制造业行业固定资产增速最高的 5 个行业中，电气机械及器材制造业、计算机通信及其他电子设备制造业、汽车制造业、医药制造业排在制造业固定资产增速分别排在制造业行业中的第 3、第 5、第 6 和第 9 位，实现了固定资产投资增速 12.7%、11.9%、11.8% 和 11.6%。此外，信息传输、软件和信息技术服务业以及科学研究、技术服务和地质勘探业固定资产增速位列全行业前列，固定资产增速分别为 23.1% 和 13.7%。

（5）政府着力改善企业发展环境

2016 年，我国经济下行压力加大，经济增速下滑、需求下降、产能过剩、市场疲软等为企业运营带来了严重影响，为改善企业经营环境，政府采取了系列重大措施，在诸多方面取得了进展，为企业经营提供了新的机遇和条件。

第一，开展大范围、深层次的简政放权改革。2016 年，按照李克强总理在第十二届全国人民代表大会第四次会议上所作《政府工作报告》的部署和国务院《2016 年推进简政放权放管结合优化服务改革工作要点》指示，在以往简政放权改革基础上，进行了更大范围、更深层次、更为有力的简政放权。具体内容包括：加大放权力度，进一步扩大企业自主权；取消一批职业资格许可和认定事项，2016 年取消 47 项职业资格许可和认定事项；进一步放宽市场准入；严格落实已出台的各项收费清理政策；扩大高校和科研院所自主权等。在这些举措的推动下，2016 年前三季度全国新登记市场主体 1211.9 万户，比去年同期增长 13.7%，平均每天新登记超过 4 万户，前三季度新登记企业 401 万户，平均每天新登记企业 1.46 万户。

第二，所有行业开展“营改增”改革。2016 年“营改增”改革在建筑业、房地产业、金融保险业和生活性服务业全面展开，并将所有企业新增不动产所含增值税纳入抵扣范围，确保所有行业税负只减不增。至此，我国长期征收的营业税全部退出历史舞台，增值税制度也更为规范。根据财政部公布的数据显示，考虑收入在税种间的转移因素，将改征增值税与营业税合并计算，2016年1～9月累计增长11.4%，其中上半年增长24.2%，7、8、9月分别下降10.9%、17.6%、21.3%，全面推开“营改增”政策逐步体现。

第三，市场退出机制进一步完善，清理处置“僵尸企业”步入加速期。2016年，按照国务院的部署和国务院《关于推进中央企业结构调整与重组的指导意见》的相关规定，对不符合能耗、环保、质量、安全等标准和长期亏损的产能过剩行业企业进行了关停并转或重组，对持续亏损3年以上且不符合结构调整方向的企业采用资产重组、产权转让、关闭破产等方式予以“出清”，清理处置“僵尸企业”步入快车道。对于支柱产业中的困难企业，依据其具体情况，按照既清理又有所保留实施处理；对符合国家产业发展政策标准行业中表现不佳的企业，给予政策上的大力扶持，避免了处理“僵尸企业”过程中的一刀切。数据显示，2016年前三季度全国注吊销企业合计116.3万户，同比增长90%。

第四，“双创”政策进一步完善，并取得一定成效。2016年在支持和推进大众创业万众创新，加快实施创新驱动发展战略方面，政府主要通过建设一批高水平的“双创”示范基地，加速推动创新企业成长壮大，营造鼓励创新的社会氛围。2016年5月，国务院办公厅印发《关于建设大众创业万众创新示范基地的实施意见》，确定了首批双创示范基地名单，共28个，并要求围绕打造双创新引擎，统筹产业链、创新链、资金链和政策链，有序推进双创示范基地建设，尽快建成一批高水平的双创示范基地，促进新技术、新产品、新业态、新模式发展，为培育发展新动能提供支撑。在“双创”政策的驱动下，现代服务业和高科技企业加速发展，2016年1～9月份，第三产业新登记企业325.2万户，同比增长27.6%。第三产业个体私营经济从业人员显著增长，比2015年年底增加1418.5万人。

第五，鼓励民间投资、促进产品出口等方面政策进一步完善和发展。在民间投资方面，2016年，国家进一步放宽民间投资市场准入，加强政府管理服务，通过第三方评估和专题调研等方式完善鼓励民间投资政策，营造公平竞争的投资环境，加大对民间投资的金融支持、大力推进PPP模式等，但效果不明显。相比2015年，民间固定资产投资增速明显下降（如图1.19所示），

2015 年 12 月固定资产累计增速为 10.1%，而到 2016 年 9 月，固定资产累计增速仅为 2.5%。在促进出口方面，政府进一步完善出口优惠政策，落实财税金融支持政策，优化出口退税率结构，增加短期出口信用保险规模，扩大跨境电子商务试点，支持企业建设一批出口产品“海外仓”，扩大自贸试验区试点等。2016 年，国内出口总值呈负增长态势，下降趋势有所收窄（如图 1.20 所示），2016 年 2 月，出口总值累计增长 -17.8%，到 2016 年 9 月，出口总值累计增长为 -7.5%。

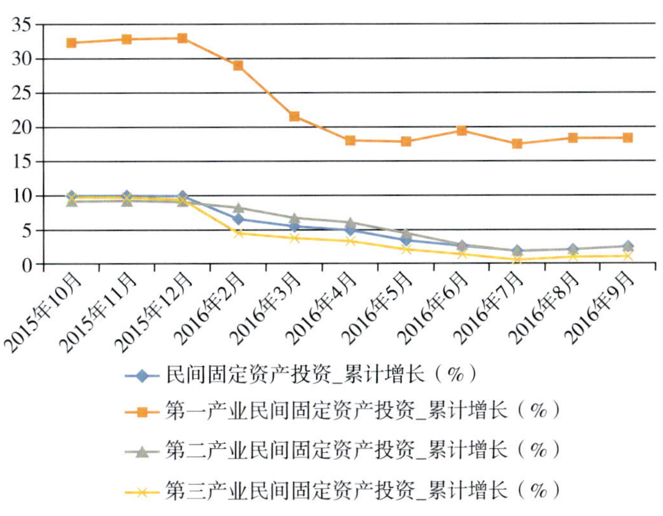

图 1.19　民间固定资产投资情况

数据来源：国家统计局。

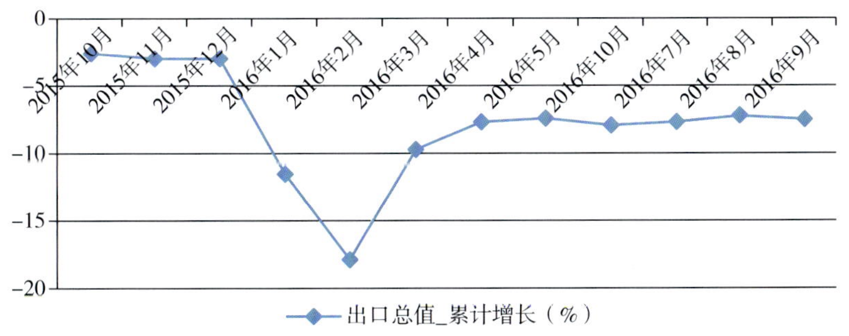

图 1.20　出口总值累计增长情况

数据来源：国家统计局。

第六，“一带一路”、京津冀协同发展等国家重大发展战略为企业带来机遇。参与“一带一路”并已采取措施积极行动的区域进一步扩大，目前确定的地区包括16个省和2个直辖市。同时，对外合作取得显著成果，由中国主导的亚洲基础设施投资银行于2016年1月开始正式运营，截至2016年10月，亚投行成员增至80个国家以上，超过美、日主导的拥有67个国家和地区成员的亚洲开发银行规模。2016年，国家多部委联合印发《京津冀现代农业协同发展规划（2016－2020年）》，要求京津冀三地现代农业应在产业、市场、科技、生态建设、体制机制、城乡六个方面强化协同，构建服务大都市、互补互促，一二三产业融合发展的现代农业产业体系，缩小三地城乡差距。北京、天津、河北也相继出台了京津冀协同发展的重点项目。

（6）企业发展环境仍不容乐观

第一，需求下降，企业利润空间缩小。近年来需求已取代投资而成为经济增长主要贡献因素，但2016年消费增长缓慢，从而使企业盈利空间缩小，再加上适龄劳动人口数量开始下降，劳动力成本持续上升，亏损企业增加。2016年1～9月，全国工业企业亏损企业数量较上年同期增加1.5%。

第二，技术变革既带来机会也带来挑战。世界金融危机后，工业发达国家纷纷布局智能制造业，将其视为重振制造业、推动制造业回流，确立产业发展领先优势的重要方向及手段。我国制造业规模宏大，但技术相对落后，特别是智能制造远远落后于美、日、欧等发达国家和地区。如何推进技术变革，促进我国制造业产生脱胎换骨的变化，是我国企业必须完成的一项重大课题。

第三，企业融资难、融资成本高问题突出，房地产对实体经济形成强力冲击。一方面，由于我国资本市场的发育程度低，以及进入资本市场的条件限制，大量企业被拒于证券市场之外，企业直接融资缺乏途径。同时，企业也很难获得间接融资，一是获取银行金融机构贷款程序复杂繁琐、条件苛刻，二是融资成本高、融资负担重。另一方面，2016年，全国一线城市和部分二线城市的房地产价格大幅攀高，直接导致其他行业特别是实体经济成本费用支出的大幅提高和其润的减少，使其丧失了对资本的吸引力。又由于房地产行业的利润远高于其他行业，不仅信贷资金，就连企业资金也盯上了楼市的投资价值而大幅流向房地产业，对实体经济造成很大的挤压效应，实体经济发展的资金严重不足，实体企业经营面临资金运转的巨大压力。

第四，"僵尸企业"退出仍缺乏长期有效机制。"僵尸企业"退出是一项系统工程，任务艰巨，必然带来地方经济增长、就业、财政等方面的巨大压力。"僵尸企业"中，有些是地方政府"面子工程"、"政绩工程"的产物，有些是地方经济的支柱，由于"人往何处去"、"钱从哪里来"问题难以解决，为保证就业、维护社会稳定，地方政府有可能会阻碍"僵尸企业"的出清和处置。在产能过剩治理方面，受国家调控政策、企业预期、市场不完善等因素的影响，一些产业投资呈现出较快的增长态势，这很可能导致产能过剩的隐忧，使得产能过剩问题在较长时间内反复出现，对我国的产业与企业发展带来较大的挑战。

第五，传统产业转型举步维艰。2016 年，从全国范围看，我国传统制造业的生存状况很不乐观，转型升级迫在眉睫。产业转型升级的背后是资金、人才、技术等因素的有效供给，然而，对于传统制造业中的很多企业来说，这正是它们所欠缺的。我国传统制造业转型升级面临的突出困难：一是企业的经营成本如劳动力成本、融资成本等出现了较快增长，使企业的投资能力出现一定程度的下降；二是企业创新转型能力不足，特别是核心技术的缺乏，成为转型升级发展的最大瓶颈；三是动力不足问题，尽管市场有一个倒逼机制，有些企业已经意识到不转型升级是没有出路的，但看到一些转型升级企业发展并不成功的现实，使得不少企业对转型升级望而却步。

第六，企业债务违约事件接连不断，债务违约风险上升。2016 年，企业债务违约事件频频发生，被认为是企业债务违约风险较高的一年，较为典型的案例如东北特钢、武汉国裕、浙江春和集团、南京雨润食品、西宁特钢、渤海钢铁等的债务违约。自 2016 年 3 月份起，东北特钢已经连续 9 次违约，应付本金累计达 57.7 亿元人民币。武汉国裕自 4 月 14 日起已出现两次违约，违约金额达 9.15 亿。由于受到行业需求低迷的影响，公司船舶制造业务近三年来的产能利用率仅保持在 25% 左右，而在 2015 年 2 月后，其船厂的生产活动即处于停滞状态。

第七，局部地方政府债务风险加大。从整体来看，2016 年，经全国人大批准新增地方政府债务限额 11800 亿元，其中一般债务 7800 亿元、专项债务

4000 亿元，比上年增加 5800 亿元，截至 9 月底，已发行新增地方政府债券 11347 亿元，占全年新增限额的 96.2%。按国家统计局公布的 GDP 数据计算，我国政府债务负债率为 38.9%，低于欧盟 60% 的警戒线。但局部地区政府存在偿债能力弱、风险超过警戒线、违法违规融资担保等现象，尤其是传统产业密集的东北地区，地方的经济和民生，往往仅靠一两家龙头企业支撑，当龙头企业盈利能力下降，出现大幅亏损，经济贡献率大幅下降时，地方的债务风险突显，甚至会影响整个地区的经济发展和居民生活。

1.2 2017 年展望

1.2.1 2017 年国际经济展望

（1）全球经济前景有望转好

2016 年 11 月 28 日，经济合作与发展组织（OECD）发布最新一期《全球经济展望》报告，报告指出全球经济在经历了过去五年的持续低迷后，有望重拾较快增长势头①。这恐怕在相当大程度上与特朗普当选美国总统有关。特朗普当选美国总统以来，市场憧憬其上任后将会大幅减税及推出大规模的刺激经济措施，推动美股屡创历史新高，同时亦使 OECD 上调对经济增长的预测。

OECD 的全球经济展望报告认为，有针对性地增加公共支出可以促进私营部门发展，帮助世界经济走出低增长陷阱。目前主要经济体正在进行或将要启动的财政改革已经成为拉动世界经济增长的中坚力量，预计 2017 年全球经济增速为 3.3%，较之前 2016 年 9 月份预期提高了 0.1%，2018 年全球经济增速将进一步提高到 3.6%。

在主要发达经济体中，美国经济将加速增长，2017 和 2018 年经济增长预期分别为 2.3% 和 3%，这主要得益于美国当选总统特朗普宣布即将推出的宽

---

① 新闻概要可参看 “Make better use of fiscal initiatives to escape low - growth trap, OECD says in latest Global Economic Outlook”, OECD, Nov 28, 2016. http: //www. oecd. org/economy/make - better - use - of - fiscal - initiatives - to - escape - low - growth - trap - oecd - says - in - latest - global - economic - outlook. htm 对该新闻概要的中文翻译可参阅财政部国经中心（杨雪朋）摘译《国经中心：OECD 发布报告指出全球经济前景有望转好》http: //iefi. mof. gov. cn/pdlb/yjcg/201612/t20161201_ 2470779. html。

松财政政策。欧元区 2017 年经济增长预期为 1.6%，2018 年上升至 1.7%。日本 2017 年经济增长预期为 1%，2018 年小幅下降至 0.8%。预计 35 个 OECD 国家将在 2017 和 2018 年分别实现 2% 和 2.3% 的经济增长。

在新兴经济体中，中国经济“再平衡”或将使经济增速有所放缓，预计 2017 年中国经济增速为 6.4%，2018 年进一步降至 6.1%。未来两年印度经济增长将维持在 7.5% 左右。除中、印外，大多数新兴经济体将维持缓慢增长。巴西经济有望在 2017 年底从深度衰退中复苏，在 2018 年实现 1.2% 的增长。

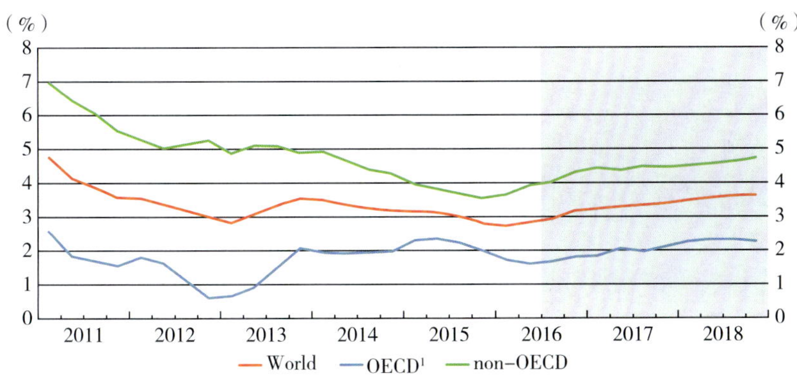

图 1.21　OECD 预测未来两年全球经济前景有望好转

资料来源：OECD Economic Outlook，November 2016.

报告指出，宽松货币政策带来低利率的同时也创造了更多财政空间，因此应重视这一机会窗口，推动实施新的财政举措。从中期来看，在不提高债务/GDP 占比的情况下，大多数国家可以实现公共支出增长占 GDP 的 0.5% 的目标。在扩大公共支出的同时推进结构改革，将有效促进经济增长。

此外，报告还列举了可能威胁全球经济增长的金融风险，例如汇率和资本流动的不确定性、价格扭曲加大了企业资产负债表的脆弱性（这一点在新兴经济体中尤为凸显）、银行盈利能力下降，以及发达经济体养老金体系长期稳定性面临挑战等。此外，保护主义抬头也将为国际贸易增长蒙上阴影。

OECD 秘书长安赫尔·古里亚表示，在目前的低利率环境下，政策制定者应把握这一独特的机会窗口，积极利用财政杠杆促进增长，在不影响债务水平的情况下减少发展中的不平等现象。展望最后呼吁各国政府避免采取贸易保护主义措施，积极实施一揽子结构性政策，积极创造就业岗位、增强企业活力、实施有效的再分配并推动贸易成果共享。

OECD 的预测具体如表 1.9 所示。

表 1.9　OECD 对全球主要国家和地区的 GDP 实际增长率的预测（%）

	2017	2018
全球	3.3	3.6
OECD 国家	2.0	2.3
欧元区	1.6	1.7
英国	1.2	1.0
德国	1.7	1.7
法国	1.3	1.6
意大利	0.9	1.0
美国	2.3	3.0
加拿大	2.1	2.3
日本	1.0	0.8
韩国	2.6	3.0
中国	6.4	6.1
印度	7.6	7.7
巴西	0.0	1.2
俄罗斯	0.8	1.0
南非	1.1	1.7
墨西哥	2.3	2.4

资料来源：OECD Economic Outlook，November 2016.

（2）特朗普上台后的美国政策走向

2017 年 1 月 20 日，美国历史上第 58 届、第 45 任总统特朗普，将在总统就职典礼上宣誓就职。

在竞选中，特朗普提出了“使美国复兴”（Make America Great Again!）的口号，并耗费巨资创建了过渡政府官网 greatagain. gov，在其上较为详细地列出了其新政框架。具体到各个方面，特朗普新政框架的主要内容如表 1.10 所示。

表 1.10　　特朗普的新政框架

国防	在国防和国家安全层面，特朗普承诺打造强有力的军事力量，确保“美国及其盟友不受恐怖主义等激进意识形态的威胁”，政府将致力于采取迅速及持续的行动；确保战略核武器现代化以及其能继续实施有效的威慑；将仔细审查，将尽可能减少美国的基础设施在应对网络攻击时的漏洞。
能源	美国将展开一场能源革命，充分使用可再生能源和传统能源，使美国转变为能源净出口国。并以此为契机，为数百万人提供工作岗位，同时也保护美国的新鲜空气、新鲜水源、自然栖息地等宝贵资源。开放本国和海外联邦土地和矿石燃料生产水域的租约。结束“煤炭战争”，并自上而下地重新检视奥巴马当局颁布的反煤炭规定。
医保	政策框架：特朗普政府将协同国会，废除奥巴马的医疗法案，联邦政府回到原有的监管角色。新的法案将包括：促进健康储蓄账户，人们可自愿选择在各个州购买健康保险。特朗普团队还表示，将采取行动“保护普通人的生命，从出生到死亡”，包括那些最无助和残废的美国人，将确保“医疗保险现代化，准备应对即将到来的婴儿潮一代的退休。”
教育	特朗普将推动教育改革，为全美国大约 7000 万学龄儿童，2000 万中学生和 1.5 亿在职人员提供职业教育和更自主的教育选择机会。
退伍军人	特朗普认为退伍军人在过去因为过多的繁文缛节，他们曾经对国家的服务并没有得到政府的回报。需要照顾的老兵没有得到他们需要的及时且有效的护理。政府将把退伍军人视为英雄并确保他们得到应得的奖励。
宪法	捍卫美国公民的宪法权利。特朗普政府将否决一切超过国会授权范围的立法，将根据宪法的规定履行行政和军事职责。特朗普承诺，将捍卫美国公民基本的言论和宗教自由、持有武器的权利，以及其他法律和宪法修正案所赋予他们的权利。
制度法规	特朗普认为，立法机构自 2009 年以来颁布了过多法律法规，这造成了每年至少 1000 亿美元的额外开支，增加了企业尤其是小微企业的运营成本。特朗普承诺上台后暂缓所有新法规的实施，甄别并废除不必要的法律法规。
基建	特朗普承诺向交通领域投资 5500 亿美元，完善公路、铁路、民航等各部门，建成一个高效的现代交通网络。

资料来源：greatagain. gov，申万宏源研究整理。

如果进一步聚焦于特朗普的经济政策（不包括能源等产业政策），中金公司认为可以将其总结为“一个目标、三项措施”，并分析了其可行性①。

①一个目标：年均 GDP 增速 3.5%，争取到 4%。这是一个很高的目标，尤其是在当前美国劳动力市场接近充分就业、经济增速已经接近潜在增速的背景下。1980 年代初以来，除去个别经济衰退的年份，美国经济增长可以分为三个阶段：一是 1981 ~ 1988 年里根执政期间，美国经济高速增长，期间 GDP 年均增长 3.5%；二是 1992 ~ 2006 年期间年均增速 3.3%；三是 2008 年金融危

① 引自中金公司：《特朗普新政：经济政策及其可行性》，2016 年 11 月 13 日。

机后的复苏阶段，2010 年至今，年均 GDP 增速只有 2.2%。现在与里根时代、与 1992～2006 年经济繁荣时期的不同之处在于，这两个时期的初期，经济增长都明显低于潜在增长，劳动力市场离充分就业都很远。从这个角度看，3.5% 的 GDP 增速是个很高的目标。

②措施之一，基建：累计新增 5500 亿美元基建投资。这个目标的表述比较含糊：首先，这 5500 亿中，多少是政府承诺的支出，多少是政府自己估算出来的私人部门的支出？其次，这 5500 亿的投入期限多长，各年分别投入多少？我们暂且假设：第一，这 5500 亿的计划是在特朗普四年的任期中完成；第二，没有特朗普基建新政的情形下，美国基建投资增长以之前 5 年的平均速度增长，即每年 2.8%；第三，这 5500 亿是额外的政府支出，即在原本基建投资趋势增长以外的“增量投资”。2015 年美国的基建投资规模约 8541 亿美元，假设 2016 年基建投资增速与 2015 年大体相当，且未来四年每年平滑增长（增速相同），我们估算 2017～2020 年间美国基建年均增速将高达 8.4%，比过去五年 2.8% 的年均增速高 5.6 个百分点。1981～1988 年里根时期的基建投资年均增速约为 4.8%，1992～2006 年的年均增速为 4.6%，2005～2007 年金融危机前的繁荣时期年均增速也只有 6.5%。从这个角度看，未来四年 8.4% 左右的基建增速同样是个很高的目标。如果真的推行，这可能是美国历史上最大规模的基建投资。在美国政府债务高企，未来利率可能上行的背景下（至少面临着“钱从哪里来”的问题），其可行性有待观察。

③措施之二，减税：全面大幅下调个人所得税及公司税。关于个人所得税：第一，简化累进制，降低税率（从此前的 10%～39.6% 共七个层级，改为 10%～33% 共三个层级）；第二，增加抵扣额：由当前的 1.2 万上升至 3 万美元，这大幅降低了低收入人群的缴税额；第三，取消遗产税，但对 1000 万美元以上的资本收益征税；第四，增加儿童抚养抵扣额。关于公司税主要有：第一，税率从 35% 统一降至 15%；第二，海外利润回流的税率从 35% 下降至 10%。特朗普反复强调他将带来里根时代以来最大的税收减免。实际上，我们估计特朗普税收政策的减税力度可能比里根时代更大：在个人所得税方面，中等收入家庭预计将少缴税 25% 左右，而高收入家庭的最高边际税率从最高的 39.6% 下降到了 33%，意味着其缴税额将减少 17% 左右；作为对比，里根时

代的个人所得税负下降23%。在公司税方面，特朗普的减税幅度明显大于里根时期，里根时期并未大幅降低公司税。特朗普的减税方案一旦通过，预计美国短期消费将显著上升。减税对政府财政的中期影响较难判断：一方面税收的减少将加重赤字；另一方面，减税可能带来的就业增长、经济增速上升又会增加税收。里根减税之后政府赤字先上升再下降，但在此次可能空前的减税幅度下，同样的趋势是否会重现仍有不确定性（例如短期巨大财政压力带来其他风险，拖累经济增长）。由于特朗普所在共和党同时控制了参众两院，且其减税方案与众议院共和党的减税蓝图一致，从可行性的角度看，特朗普政府顺利推行这些减税政策的可能性较高。

④措施之三，贸易保护：通过限制自由贸易保护本土制造业工人的就业。主要措施有：第一，退出TPP。美国已于2016年2月签署TPP条款，正等待各国确认。根据最新的报道，美国几乎确定会退出。第二，重新协商《北美自由贸易协定》（NAFTA）；目前加拿大和墨西哥两国领袖均已公开表示愿意重新协商NAFTA。第三，辨别正在进行但是违反贸易协定的贸易活动。如果确认涉及违反协定，那么或者双方重新协商，或者协议作废。第四，全面审查与中国相关的贸易活动。特朗普反复强调自由贸易让制造业就业过多地流失海外。这的确是一个可能性，学界也不乏相关研究。虽然有选民支持，特朗普能否推动上述贸易政策还取决于来自利益集团以及国际关系方面的压力。而且，制造业回流美国即使发生，也大概率是一个缓慢的长期过程，这至少涉及整个制造业产业链的问题。整体上，特朗普执政期间贸易保护主义的方向是比较确定的，但会保护到哪种程度仍有不确定性。

总体而言，综合各方评论，特朗普的政策对中国的影响是有利有弊：如果界定“中国是汇率操控国”和对中国进口商品征收高额关税，对中国贸易部门将是重大打击；特朗普如果真正开展大规模基础设施建设，预计会进一步推高全球大宗商品价格，进而影响到中国；而美国退出TPP和东亚战略收缩则为中国的“一带一路”战略腾出了空间，有利于中国在该地区的产业转移和贸易增长。但是，值得注意的是，由于在野和在位的不同，特朗普真正入主白宫后可能不会完全实施竞选时的激进政策，应该可能会有所修正。

特朗普上台后的美国，其政治经济走向，值得我们进一步密切关注。

（3）全球政治事件冲击风险犹存

展望 2017 年，全球政治事件的冲击风险犹存。

放眼全球，2017 年除了中国共产党第十九次全国代表大会召开之外，对于很多国家而言可谓是一个密集的选举年。各国各地区政党与领袖的变动往往意味着国家大政方针的变化，对经济和营商环境通常有着较大的影响，值得我们高度重视。2017 年的重要政治经济时点有以下一些[①]：

1 月 31 日 ~2 月 1 日美联储议息会议；

2 月 12 日德国总统选举；

3 月 15 日荷兰议会选举；

3 月 14 ~15 日美联储议息会议；

3 月 26 日香港特首选举；

4 月 23 日法国总统第一轮选举；

5 月 2 ~3 日美联储议息会议；

5 月 7 日法国总统第二轮选举；

6 月 8 ~9 日上合组织峰会；

6 月 11 日法国议会第一轮选举；

6 月 13 ~14 日美联储议息会议；

6 月 18 日法国议会第二轮选举；

7 月 7 日 G20 峰会；

7 月 25 日印度总统选举；

7 月 25 ~26 日美联储议息会议；

8 月新加坡总统选举；

9 月德国议会选举；

9 月 19 ~20 日美联储议息会议；

10 月 31 日 ~11 月 1 日美联储议息会议；

11 月新西兰议会选举；

12 月 12 ~13 日美联储议息会议；

---

① 参考了申万宏源：《投资中美复苏——2017 年宏观经济报告》，2016 年 11 月 22 日。

12 月 20 日韩国总统选举。

（4）国际油价处于相对高位震荡

欧佩克第 171 次会议于 2016 年 11 月 30 日在奥地利维也纳召开，会议就石油产量限制协议达成一致。协议将在 2017 年 1 月 1 日开始执行，执行期为 6 个月，根据需要可以再延长 6 个月。

欧佩克决定将产量减产 120 万桶/天，将欧佩克产量限制在 3250 万桶/天以内。成立由阿尔及利亚、科威特、委内瑞拉和 2 个非欧佩克国家组成的部长级监督委员会，科威特任委员会主席，欧佩克秘书处协助，严格监督协议的执行区块并将监督结果报告欧佩克大会。协议还与包括俄罗斯在内的主要非欧佩克国家达成谅解并遵守主要非欧佩克国家减产 60 万桶/天。印度尼西亚暂停欧佩克成员国资格。据媒体报道，欧佩克具体产量调整如表 1.11 所示。

表 1.11　欧佩克减产协议对原油产量的调整状况（万桶/日）

成员国	参考产量水平	调整量	2017 年 1 月的有效产量水平
阿尔及利亚	108.9	-5.0	103.9
安哥拉	175.1	-7.8	167.3
厄瓜多尔	54.8	-2.6	52.2
加蓬	20.2	-0.9	19.3
印度尼西亚（暂停成员国资格）			
伊朗	397.5	9.0	379.7
伊拉克	456.1	-21.0	435.1
科威特	283.8	-13.1	270.7
利比亚（豁免）			
尼日利亚（豁免）			
卡塔尔	64.8	-3.0	61.8
沙特	1054.4	-48.6	1005.8
阿联酋	301.3	-13.9	287.4
委内瑞拉	206.7	9.5	197.2

注：参考值是基于 2016 年 10 月的原油产量，安哥拉的参考值是基于 2016 年 9 月的数值。

石油净进口国印尼再次离开产油国俱乐部欧佩克，由于不同意欧佩克产量削减协议，印尼已经暂停其欧佩克成员国资格，距其再次加入欧佩克不到一年时间。

欧佩克达成限产协议后国际油价暴涨，创造了八年来的最大周涨幅，当周国际油价就一举突破 50 美元，布伦特原油期货价格盘中高点曾摸至每桶 55 美元。

那么，未来油价是否会继续飙升？综合分析这将取决于多个因素。

第一，除了非欧佩克国家俄罗斯以外，哪些国家会承诺减产？目前，俄罗斯能源部部长诺瓦克已承诺，俄罗斯将以最高 30 万桶/日的幅度减产，比之前倾向于支持的冻产力度更大，这是自 2001 年以来首个欧佩克与俄罗斯达成的协同减产协议。但其他 13 个非欧佩克的主要产油国，如墨西哥、阿曼、哈萨克斯坦、巴林、哥伦比亚、刚果、埃及、特立尼达和多巴哥、土库曼斯坦、阿塞拜疆、玻利维亚、文莱与乌兹别克斯坦，这些国家中哪些会承诺减产？又将减产多少？

第二，减产进程是否会得到有效监督？发生“囚徒困境”的可能性有多大？一些成员国极有可能超出配额生产。据道琼斯 2016 年 11 月 30 日消息，欧佩克成员国是否将遵守减产协议仍有待观察，但是历史可以提供一些指引。高盛公司称，自 1982 年以来，欧佩克已经实施了 17 次减产计划，通常欧佩克产油国实际的减产幅度为宣布减产幅度的 60%。该行预计欧佩克产量保持在 3300 万桶/天，高于该组织宣布的削减至 3250 万桶/天产量的水平。这次承诺或又只是一次嘴上减产，实际产出依旧居高不下。再如俄罗斯作为全球最大能源出口国，俄罗斯 2016 年 11 月原油产量接近苏联解体后的纪录高位，即便减产承诺，产量也处在历史高位。俄罗斯能源部 CDU – TEK 统计数据显示，该国原油与凝析油 11 月产量达 1121 万桶/日，接近 10 月份 1123 万桶/日的纪录高位。尽管 OPEC 达成的减产协议是自 2017 年 1 月 1 日起生效（为期 6 个月），但是据媒体报道，俄罗斯第二大石油公司卢克石油副总 Fedun 已经公开表态称，俄罗斯只可能从 2017 年二季度开始减产。

第三，如果油价保持在 50 美元上方，美国产油企业是否会快速恢复生产，有多少个钻井会重新开工？然而，不幸的是，随着油价的逐渐上涨，美国石油钻井数在 2016 年的后几个月已经一直在增加。美国油服公司贝克休斯（Baker Hughes）2016 年 12 月 2 日公布的数据显示，截至当周美国石油活跃钻井数增加 3 座至 477 座，过去 27 周内有 24 周录得增加，将近期升势延续至第 7 个月，因石油输出国组织（OPEC）达成协议后油价强势反弹，美国页岩油产商看到了复苏机会。分析人士普遍认为，如果原油价格超过每桶 55 美元，那非 OPEC 的高成本产油国将进一步扩大生产，这就包括美国，该国的页岩油商已经准备了一系列钻井平台，只等油价反弹，一旦油价上涨，它们就会加足马力生产。而且，多方报道显示，美国页岩美国页岩油生产成本迅速降低。根据来自美国休斯顿的专业人士分析报告显示，目前美国页岩油生产成本约为每桶 30 美元。自从 2014 年油价崩溃以来，全球油价持续低迷。这直接导致了美国页岩油生产的成本在运营效率提高和技术的提升下从 2014 年的 60 多美元下降到今天的 30 美元。预计美国页岩油行业可以保持每天 600 万桶左右的产量。

第四，需求方面，受美国新当选总统特朗普的基建政策影响，原油需求是否会上升？美国能源信息署（EIA）在 2016 年 12 月 7 日发布的月度能源展望报告中，上调 2017 年全球原油需求预期 4 万桶/日，至同比增长 156 万桶/日；该机构还预计，2017 年美国原油需求料增 24 万桶/日。

2017 年的国际油价，将与上述因素密切相关。目前，市场上持乐观态度的有之，如澳新银行认为，随着欧佩克执行减产计划，油价上涨至每桶 60 美元，不过澳新银行也表示：“美国页岩油行业对油价上涨的反应将是未来 12 个月油价能否站稳 60 美元的一个制约因素。”持悲观态度的亦有之，如据道琼斯 12 月 1 日消息，德意志银行称，欧佩克的减产协议不足以改变石油市场前景。虽然减产幅度比许多市场人士此前的预期更大，但德银表示其对减产目标能否得到百分之百执行持怀疑态度，尤其是来自非欧佩克国家的减产幅度。该行重申 2017 年布伦特和西得州中质油（WTI）油价预测分别为每桶 55 美元和 53 美元。再如，惠誉国际称，可能减缓油价复苏的因素包括低于预期的经济增长，或者来自于美国页岩油生产商大量新增供应。惠誉预计西得克萨斯州中质油和布伦特原油在 2017 年的平均价格为每桶 45 美元。

综合研判，笔者认为，欧佩克石油减产协议可能与历史上的 17 次类似，在执行中将会打不少折扣。在供给侧，由于各国经济的现实困难和“囚徒困境”（都希望别人减产而自己不减产），使得既有石油供给不会减产多少，而美国页岩油在油价处于高位的情况下增加供给的概率大增，此外，尼日利亚和利比亚因战乱原因被豁免于减产，但其复产增加的石油供给量将很大程度上把欧佩克减产的部分补充上来；在需求侧，全球经济仍处弱势，石油需求难以有较大增长，且非化石能源发展迅猛，中长期看将表现出对化石能源较强的替代效应；而在价格表征方面，国际原油价格通常以美元计价，美元在加息背景下维持强势，将抑制油价的上涨。所以，笔者认为，2017 年的国际原油价格可能围绕 50 ~ 55 美元做震荡，油价区间大概率在 45 ~ 60 美元之间，若减产执行坚决，油价有可能短暂突破60美元，但超过65美元/桶的概率很小。

（5）通胀抬头下的大宗商品和航运可能进一步复苏

前文已经陈述，2016年以来，国际大宗商品和航运已经有所复苏。展望2017年，在全球经济前景有望转好和美国可能加大基础设施建设的预期下，大宗商品和航运可能进一步复苏。

市场普遍预期，特朗普的大规模基建计划势必会增加对工业原料的需求，而中国供给侧改革减少了钢铁、煤炭等工业原材料的供给，而大宗商品价格的上涨或推升全球通胀预期。

OECD预计，全球通胀率2017年可能为1.7%，2018年达到2.1%，而2016年全球通胀率仅为1%。对于全球贸易的实际增长率，OECD亦预期有较大改善。OECD预计2017、2018年世界贸易的实际增长率分别为2.9%和3.2%，比2016年的1.9%（预计数）明显回升。

1.2.2 2017年国内经济将平稳运行

（1）2017年经济企稳但仍面临下行压力

从2016年前3个季度的经济增长数据来看，我国经济增速已进入稳定运行期，改革也在不断释放增长红利。但由于外部环境仍不确定，加上我国宏观经济环境中仍然存在不利于经济增长的因素，2017年经济发展仍将面临巨大的下行压力。

第一，工业增长面临较大压力。2017年PPI是否能够持续改善，将受到煤炭、有色金属和石油等行业周期的影响，虽然市场预期较为乐观，但仍然面临风险。从2016年前3季度PMI的上升趋势来看，工业制造业整体已经突破荣枯线，但总体改善并不明显，仍然在荣枯线左右徘徊。从工业企业的实际经营状况来看，企业债务余额总量规模仍然在扩大，大部分制造业行业企业面临着资金压力，部分行业销售利润为负，陷入亏损。因此，工业经济的运行虽然出现了企稳迹象，但仍面临着企业经营状况下滑的压力。

第二，消费对经济增长的贡献率有望进一步加大，但出口需求不容乐观。根据2016年前9个月社会消费品零售额对经济增长的贡献来看，2016年前3季度消费同比增长10.7%，对GDP增长的贡献率已经达到了71%，延续了2015年的增长态势。2017年，在国家宽松的财政政策环境下，将有望在财政支出上通过消费支出而非投资支出的方式继续刺激消费增长，为经济增速上涨提供基础。从我国对外经济发展状况来看，2016 年我国出口状况持续恶化，虽然出口总额下降速度有所放缓，但仍然延续了出口规模的萎缩。

第三，社会固定资产投资增长面临较大困难。从目前已有的开工项目数量、资金和开工情况来看，预计 2017 年基础设施投资将会继续保持增长。但民间投资能否恢复增长还存在不确定性，截止到 2016 年 9 月，民间投资增速已经低于全国固定资产投资增长速度 3.3 个百分点，说明市场主体的固定资产投资意愿仍然不强烈。制约民间投资的制度性因素和客观因素仍然很多，如很多企业在面临越来越大的资金压力和债务压力时，对固定资产的投资积极性会大大下降。一些传统行业企业着力于去库存，也会减少对固定资产的投资。

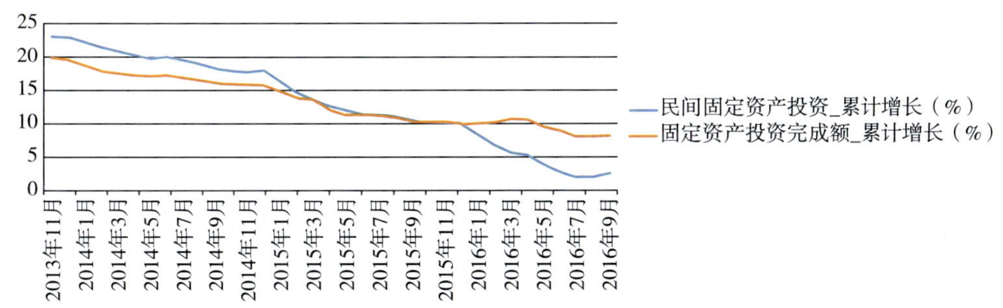

图 1.22 民间固定资产投资和全国固定资产投资累计增长速度（%）

表 1.12 全国固定资产投资（不含农户）环比增速

年　度	月　份	环比增速（%）
2015 年	9 月	0.90
	10 月	0.96
	11 月	0.81
	12 月	0.79
2016 年	1 月	0.71
	2 月	0.62
	3 月	0.60
	4 月	0.52
	5 月	0.53
	6 月	0.50
	7 月	0.53
	8 月	0.51
	9 月	0.52

数据来源：凤凰财经，http：//finance.ifeng.com/a/20161020/14949593_0.shtml。

（2）稳步推进供给侧结构性改革

供给侧结构性改革是当前和今后一个时期我国经济工作的主线。2016 年，供给侧结构性改革已初显成效，2017 年供给侧结构性改革仍将稳步推进，力争在关键环节上实现突破。

第一，继续推进运用市场化法制化手段，淘汰落后产能，实现“僵尸企业”退出，并在关键环节上取得突破。淘汰落后产能进入关键时期。去产能工作的首要任务是淘汰落后产能，2016 年虽然煤炭、钢铁等行业的产能得到了一定的控制，但部分地区存在化解任务平摊和一刀切的现象，还存在相当规模的落后产能，不利于行业的转型升级。2017 年，政府将进一步严格环保、质量、安全等标准，加大节能减排的力度，推动落后产能的淘汰。在“僵尸企业”退出方面，仍缺乏一种合理且具体的淘汰机制，因此，一方面，政府有望出台具体方案和法规，积极稳妥处置僵尸企业，加快实现市场出清；另一方面，对于东北等“僵尸企业”严重的地区，政府会积极推动产业转移，培育发展新兴替代产业，用新思维、新思路、新举措，帮助重点地区，解决“僵尸企业”退出带来的问题。

第二，建立健全“容错制度”，推动供给侧结构性改革。改革是不断试错的过程。经济新常态下，很多问题是我们以前没有遇到的，更需要我们对改革创新者采用一种包容的态度，包括如何界定容错免责的底线，容错和纠错如何衔接等问题。只有这样才能解除创新者的后顾之忧，在工作中不至于畏首畏尾。2016 年李克强总理在政府工作报告中指出：“健全激励机制和容错纠错机制，给改革创新者撑腰鼓劲，让广大干部愿干事、敢干事、能干成事。”

第三，在关键领域和薄弱环节，加大补短板工作力度。相对于其他任务而言，补短板是供给侧结构性改革五大任务中的一个短板。为加强补短板项目落实，加快任务落地，既要有相应的奖惩机制，也必须更进一步发挥市场机制作用，引导社会资本进入短板领域，更多地用市场办法解决政府想解决的诸多社会与民生领域的难题。

第四，通过分类调控、因城施策等方式，防止部分城市房价高涨，同时稳步推进一些三、四线城市去房地产库存。很多三、四线城市房地产总量已经严重过剩，城市刚需、改善性住房需求均已饱和，而且外来人口少，缺乏更多的增量购房消费需求，如何运用有效的政策消化三、四线城市的库存仍将是一个重要任务。可选的政策工具包括鼓励农民进城买房；鼓励房地产业兼并重组，降价去库；鼓励投资机构购买住房用于租赁等。

第五，改善高杠杆状况，防范系统性风险。2016 年，虽然企业的资产负债率出现下降，但房地产和消费领域杠杆率仍有抬头之势。降杠杆是一个长期的过程，需要分类施策、循序渐进，2017 年的首要任务是“稳杠杆”，再引导杠杆率逐步下降。但必须注意同时要从根本上提高企业盈利能力，这是解决系统性风险的关键。为此要进一步拓宽企业融资渠道，减轻企业降杠杆过程中的负担，同时充分发挥资本市场、风险投资等的融资作用。应大力发展 PPP 机制，切忌该机制在取得一定进展的情况下半途而废，要进一步总结相关经验教训，进一步拓展 PPP 应用的领域和应用深度。

（3）重点领域有望取得进一步突破

第一，民生领域，社会政策与经济政策良性互动，促进经济平稳向好发展。根据 2016 年年初发布的《国家十三五规划》，民生领域将是未来几年改革的重点。预计 2017 年，国家将在医疗、教育、户籍等民生领域继续加大改革力度。在医疗领域，国家会在供给端更多地鼓励民营资本的进入，打破公立医院对于医疗资源的垄断，形成民营医疗机构百花齐放的局面。统筹居民社保特别是大病医疗保险，防止因病返贫。在教育领域，继续推进教育资源公平化，学生将依据学籍而非户籍平等享受基本权益，农村仍为义务教育投入重点，并向寄宿制学校、规模较小学校、特殊教育学校等倾斜。2017 年会进一步深化户籍制度改革，促进有能力在城镇稳定就业和生活的农业转移人口举家进城落户，并与城镇居民有同等权利和义务。全面实施居住证制度，努力实现基本公共服务常住人口全覆盖。另外，在扶贫、就业等民生领域 2017 年也有望实现较大突破。在整体经济下行压力下，积极的社会政策与稳健的经济政策形成良性互动有利于经济结构平稳转型，这种政策效应在 2017 年有望得到进一步体现。

第二，城镇化全面进入“居住证时代”。2016 年 8 月 5 日，国务院印发《关于实施支持农业转移人口市民化若干财政政策的通知》，明确提出准备构建财政转移支付与农业转移人口市民化挂钩机制，实现“人钱挂钩”，破解农民工市民化的资金难题，让农业转移人口享受同城市居民完全平等的公共服务和市民权利。全国 31 个省区市均已出台居住证制度，超过 20 个省区市已明确提出从居住证到户口通道的制度设计。2017 年居住证制度将会在全国进一步普及，困扰农民进城落户的身份问题有望得以解决，进入“居住证时代”后，外来人口将与本地市民享有同等的公共服务和社会福利。

第三，国有企业改革将进入攻坚期。2016 年 7 月，习近平总书记对国有企业改革作出重要指示强调，国有企业是壮大国家综合实力、保障人民共同利益的重要力量，必须理直气壮做强做优做大，不断增强活力、影响力、抗风险能力，实现国有资产保值增值。经过 2015 和 2016 年的各项部署，国企改革的顶层设计已经基本完成，国企改革进入到攻坚克难的关键时期，国有资本投资运营公司的试点工作预计会进一步扩大和深化，进一步促进以管资本为主推进国有资产监管机构职能转变。

第四，金融改革将着力金融风险防范体系。2016 年 3 月国务院批转《关于 2016 年深化经济体制改革重点工作的意见》，意见指出要进一步深化金融机构改革，改革完善现代金融监管体制。2017 年，对于金融风险特别是互联网金融风险的监管力度会加大，金融市场的开放程度会进一步加强。这既为银行、证券、保险、信托、基金等金融行业的大发展创造了条件，同时也增加了外部市场对我国金融体系的冲击，不确定性因素加大。

（4）宏观经济政策将继续保持适度宽松态势

自从经济进入新常态以来，中央提出从保持稳增长、促改革、调结构、惠民生、防风险五个方面综合平衡来适应经济新常态、引领经济新常态，实现改革的顺利进行和经济增长方式的顺利转型。2017 年将迎来党的十九大，我国宏观经济政策在保障经济稳定增长的基础上，会加强调结构、促创新、保民生、防风险之间的协同。

①2017 年财政政策将保持适度宽松。积极的财政政策将会继续刺激消费支出，为保持 2017 年经济稳定增长提供动力。2017 年随着营改增政策减税效果的进一步显现，将会有更多减少税收或增加补贴的方式来鼓励消费，提升消费对经济增长的贡献作用。2017 年有关结构性减税的财政政策成为积极财政政策的重要内容。国家也将强化风险防控，会进一步完善债务风险应急处置机

制、责任追究机制。

②货币政策的作用将进一步突出。2016 年的货币政策保持了适度的宽松，2017 年货币政策既要服务于经济增长，又要防范各类金融风险，同时又必须处理好资本“脱实就虚”的问题，因此货币政策在 2017 年将面临更加复杂的局面。

③供给侧结构性改革政策将继续深抓落实。2017 年供给侧改革政策将继续加大落实，去产能的政策仍将保持较高强度，同时针对社保问题将会有更多政策落到实地，以养老保险制度和医疗保险制度为主，将实现社保基金覆盖范围的进一步增加。

④企业的融资环境将得到进一步改善。政府会继续引导和充分利用民间资本为双创企业的发展服务，提高融资机构对双创企业融资需求的担保能力。直接融资的比重会得到提高，资本市场对创新的作用会进一步强化。

⑤企业将致力于通过创新建立其竞争优势。随着法治、诚信、公平公正的竞争环境日益建立，以往通过投机、关系等方式建立竞争优势的路已经走不通了，企业将致力于通过技术创新、商业模式创新等方式建立其竞争优势。国家将进一步加大对企业创新的支持与促进力度，通过税收、补贴等优惠措施积极鼓励企业开发新产品、新新技术、新工艺和新技术，加快创新成果转换。同时，通过市场化、法制化手段，加快对技术落后、无盈利能力企业的市场出清，建立落后企业治理的长效机制，为企业经营与创新营造有利的条件和环境。

⑥经济发展的分化特征仍将明显。经济板块发展进一步分化，以煤炭、钢铁等传统重工业为经济支柱的东北三省仍然面临着较重的去产能压力，煤炭、钢铁等国有企业亏损程度仍然较高，2017 年东北经济增长仍然面临较大压力。与东北不同，长三角经济圈、珠三角经济圈依靠强有力的创新能力，经济增速仍将保持强劲势头。行业发展分化进一步加大，新兴战略产业、高新技术产业有望在 2017 年继续延续高于 10% 的快速增长。企业经营情况分化也可能会加大，国有企业比私营企业会有更大的经营压力，包括债务压力、亏损压力等，尤其是对于产能过剩行业的大型国企或央企而言，2017 年仍然将面对去产能、去库存的压力，经营状况改善面临巨大挑战。

执笔人：贾涛　张永伟　张哲　朱舜楠　刘柱

第二章 国有企业发展与改革

2.1　国有企业和国有资产的总量与结构

本部分主要根据国家统计局、国务院国有资产监督管理委员会和财政部的公开资料，从总体情况、行业布局和地区分布等三个维度对国有企业和国有资产进行分析，并与往年情况相比较。由于数据限制，本文在分析时间序列数据时采用了历年的《中国财政年鉴》，而在分析2014年截面数据时采用了《中国国有资产监督管理年鉴2015》。

2.1.1　国有企业和国有资产的总体情况

（1）国有企业基本情况

根据财政部发布的《中国财政年鉴2015》，截至2014年年末，全国各级国有法人企业共16.1万户。其中，中央企业5.4万户；地方国有企业10.6万户。

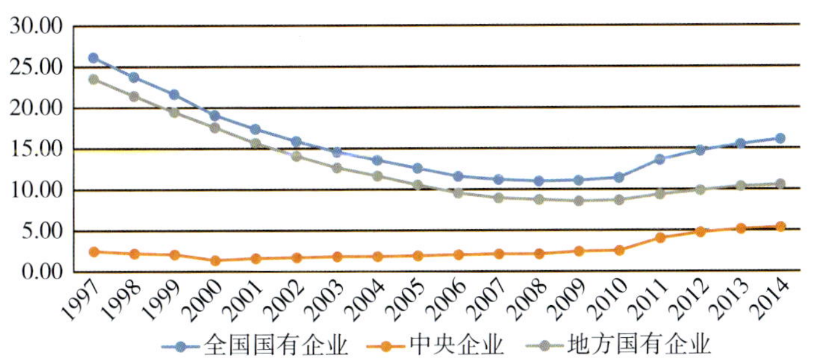

图2.1　1997～2014年国有企业户数（万户）

数据来源：历年《中国财政年鉴》。

从图2.1可以看出，全国国有企业户数受中央企业影响，从1997年开始逐年下降。从2011年开始，全国企业国有企业户数因地方国有企业增加而逐年增加，但增长率逐年递减。2011年全国国有企业户数较2010年增长了19.3%。然而，2014年全国国有企业户数年增长率仅为3.8%。

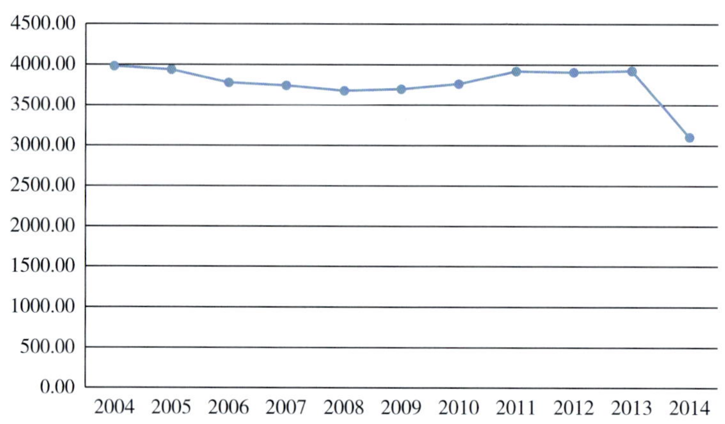

图 2.2　1997～2014 年全国国有企业职工数量（万人）

数据来源：历年《中国国有资产监督管理年鉴》。

从图 2.2 可以看出，2004～2014 年 11 年间，全国国有企业职工总数成“V”字型趋势。在经历了 2008 年最低点后，2009～2011 年全国国有企业职工总数逐年回升。然而，全国国有企业职工总数在 2014 年出现了明显下降。

（2）国有资产总体情况

如表 2.1 所示，截至 2014 年底，全国国有企业资产合计为 155.27 万亿元，总负债为 94.33 万亿元，所有者权益为 60.94 万亿元，年末资产总量为 56.17 万亿元，较上年均有下降。资产负债率为 60.8%，与去年持平。从合并数据来看，全国国有资产合计为 98.67 万亿元，负债为 64.36 万亿元，所有者权益为 34.31 万亿元，年末资产总量为 24.30 万亿元，资产负债率为 65.2%，较上年均有下降。

表 2.1　　2014 年底全国国有企业资产负债表　　单位：万亿元

	资产	负债	所有者权益	资产负债率（%）	年末国有资产总量
全国合并	98.67	64.36	34.31	65.20	24.30
全国合计	155.27	94.33	60.94	60.80	56.17

注：由于统计口径不同，国有资产监督管理委员会与财政部公布的数据略有不同，但整体趋势一致。
数据来源：《中国国有资产监督管理年鉴 2015》。

表 2.2　近 5 年国有资产总量情况对比　单位：万亿元

	总资产	净资产	资产负债率（%）	国有资产总量
2014	118.47	41.88	64.70	33.69
2013	104.09	37.00	64.50	29.33
2012	89.49	31.98	64.30	25.25
2011	75.91	27.30	64.00	21.73
2010	64.02	23.42	63.40	18.54
增长率（2014,%）	13.81%	13.19%	0.31%	14.87%
增长率（2013,%）	16.32%	15.71%	0.31%	16.16%
增长率（2012,%）	17.89%	17.13%	0.47%	16.21%
增长率（2011,%）	18.57%	16.58%	0.95%	17.23%

数据来源：历年《中国财政年鉴》。

从表 2.2 可以看出，近 5 年中我国国有国有企业总资产与净资产增长迅速，国有资产总量也平均以每年按近 16.1% 的增速增长。国有企业的资产负债率保持稳定略有增长，保持在 64.5% 左右。同时，虽然我国国有企业总资产与净资产增长迅速，增速较快，但值得注意的是增速在逐年放缓。其中 2014 年增速减少较为明显。

从图 2.3 可以看出，1997 ~ 2014 年国有资产总量逐年增长，并且 2007 年后增速变快。2014 年我国国有资产总量已为 1997 年时的近 8 倍。从图 2.2 可以看出，我国国有企业资产总额、净资产总额，以及利润总额均逐年增加。与国有资产总量趋势相似，国有资产总额在 2007 年后增长较快，2014 年资产总额是 1997 年的 9 倍有余。净资产总额也有较快增长，但增速总体低于资产总额。虽然利润总额总体增长较快，但近 5 年来利润总额增长明显放缓，一些年份甚至出现了负增长。

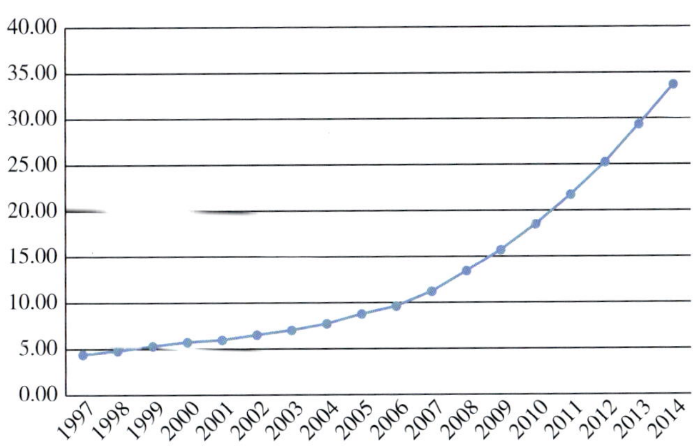

图 2.3　1997 ~ 2014 年国有资产总量（万亿元）

数据来源：历年《中国财政年鉴》。

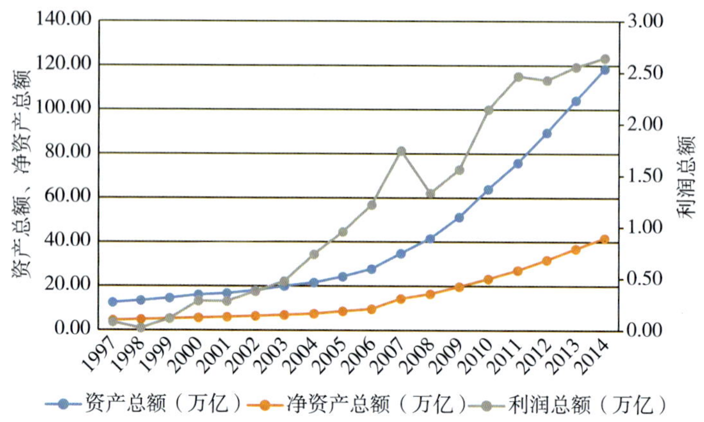

图 2.4　1997～2014 年国有企业资产基本情况统计

数据来源：历年《中国财政年鉴》。

（3）规模状况

表 2.3　　2014 年全国国有企业按规模分析（1）

	户数	户数占比（%）	年末从业人员人数（万人）	年末从业人员占比（%）	年末国有资产总量（亿元）	年末国有资产总量占比（%）
大型企业	7149	6.28	1964.9	63.25	213884.5	38.08
中型企业	22546	19.82	746.5	24.03	120721.7	21.49
小型企业	40092	35.24	324.9	10.46	132414.0	23.57
微型企业	43984	38.66	70.5	2.27	94713.7	16.86
合计	113771	100	3106.8	100	561733.9	100

数据来源：《中国国有资产监督管理年鉴 2015》。

结合表 2.3 与图 2.5，按照国有资产监督管理委员会对于企业规模的划分来看，截至 2013 年我国大型国有企业共 7149 户、中型国有企业共 22546 户、小型国有企业共 40092 户、微型国有企业共 43984 户，分别占总户数的 6.28%、19.82%、35.24%，以及 38.66%。其中，大中型企业占比较上年有所提升，小型企业占率较上年持平，微型企业占比略有下降。年末国有资产总量方面，大型国有企业有 213884.5 亿元、中型国有企业共 120721.7 亿元、小型国有企业共 132414.0 亿元、微型国有企业共 94713.7 亿元，分别占总数的 38.08%、21.49%、23.57%，以及 16.86%。就年末从业人员人数来看，大型国有企业共有1964.9万人、中型国有企业共有746.5万人、小型国有企业共有324.9万人、微型国有企业共有70.5万人，分别占总户数的63.25%、24.03%、10.46%，以及2.27%。经分析可以看出，我国国有企业从业人员与国有资产总量的分布较为集中，大型国有企业数量仅占全部企业数量的1/20，但国有资产与从业人员数量却占到了总量的一半有余。

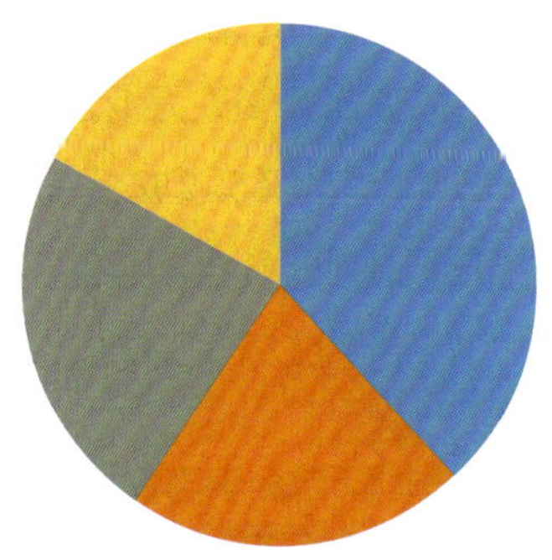

图2.5　2014年底不同规模国有企业国有资产总量分布

数据来源：《中国国有资产监督管理年鉴2015》。

从表2.4可以看出，2014年大型国有企业资产、负债，以及净资产均占总量的约40%，较上年的50%有所下降。微型企业的各项规模指标占比也有所下降。小、中型国有企业的占比有明显提高。小型和微型国有企业的资产负债率较低，中型国有企业的资产负债率最高。由此可见，金融机构在国有企业中存在着规模偏好，但规模偏好有消退趋势，从大型国有企业向中型国有企业转移。

表2.4　　2014年全国国有企业按规模分析（2）　　单位：万亿元

	资产总计	资产占比（%）	负债合计	负债占比（%）	净资产总计	净资产占比（%）	资产负债率（%）
大型企业	61.88	39.85	37.98	40.27	23.90	39.21	61.40
中型企业	35.97	23.17	22.96	24.34	13.01	21.35	63.80
小型企业	34.20	22.02	20.27	21.49	13.93	22.85	59.30
微型企业	23.22	14.96	13.12	13.91	10.11	16.58	56.50
合计	155.27	100.00	94.33	100.00	60.94	100.00	N/A

数据来源：《中国国有资产监督管理年鉴2015》。

（4）中央企业和地方国有企业

按隶属关系来看，2014年末我国中央企业共40615户，地方国有企业共73156户，分别占总户数的35.70%与64.30%。中央企业年末从业人员共1455.9万人，地方国有企业共1644.4万人，分别占总从业人员数量的46.96%与53.04%。中央企业年末国有资产总量为103018.2亿元，地方国有企业年末国有资产总量为140014.4亿元，分别占42.39%与57.61%。另外，截至2014年末，中央企业共有总资产38.67万亿元，负债24.37万亿元，净资产14.30万亿元，平均资产负债率为65.2%。地方国有企业共有总资产60.00万亿元，负债39.99万亿元，净资产20.01万亿元，平均资产负债率为63%。可以看出，地方国有企业在资产规模上要超过中央企业，资产负债率要低于于中央企业（见表2.5和表2.6）。

表2.5　　2014年全国国有企业按隶属关系分析（1）

	户数	户数占比（%）	年末从业人员人数（万人）	年末从业人员占比（%）	年末国有资产总量（亿元）	年末国有资产总量占比（%）
中央	40615	35.70	1455.9	46.96	103018.2	42.39
地方	73156	64.30	1644.4	53.04	140014.4	57.61
合计	113771	100.00	3100.3	100.00	243032.6	100.00

数据来源：《中国国有资产监督管理年鉴2015》。

表2.6　　2014年全国国有企业按隶属关系分析（2）　　单位：万亿元

	资产总计	负债合计	净资产总计	资产负债率（%）
中央	38.67	24.37	14.30	65.20
地方	60.00	39.99	20.01	63.00
合计	98.67	64.36	34.31	66.70

数据来源：《中国国有资产监督管理年鉴2015》。

2.1.2　国有企业与国有资产的行业分布

（1）按产业作用分类的分布情况

2014年末，国资委统计的113771户国有企业中，基础性行业占比30.86%，一般生产加工行业18.77%，商贸服务及其他行业占比50.37%。基础性行业共有从业人员1693.70万人，一般生产加工行业共有843.90万人，商贸服务及其他行业共有 562.70 万人，分别占 54.63%、27.22%，以及 18.15%。年末国有资产总量中，基础性行业占比 53.44%，一般生产加工行业 11.42%，商贸服务及其他行业占比 35.14%。从资产分布来看，基础性行业的资产总量最高，商贸服务及其他行业次之，一般生产加工行业最低。从资产负债率来看，基础性行业的资产负债率最低，而商贸服务及其他行业的资产负债率最高，一般生产加工行业处于中间。

表 2.7　　2014 年按产业作用分类的全国国有企业分布（1）

	户数	户数占比（%）	年末从业人员人数（万人）	年末从业人员占比（%）	年末国有资产总量（亿元）	年末国有资产总量占比（%）
基础性行业	35110	30.86	1693.70	54.63	300173.70	53.44
一般生产加工行业	21351	18.77	843.90	27.22	64174.70	11.42
商贸服务及其他行业	57310	50.37	562.70	18.15	197385.50	35.14
合计	113771	100	3100.3	100	561733.9	100

数据来源：《中国国有资产监督管理年鉴 2015》。

表 2.8　　2013 年按产业作用分类的全国国有企业分布（2）

	资产总计	负债合计	净资产总计	资产负债率（%）
基础性行业	73.3	41.3	32.1	56.3
一般生产加工行业	18.7	11.0	7.7	58.8
商贸服务及其他行业	63.2	42.0	21.2	66.5

数据来源：《中国国有资产监督管理年鉴 2015》。

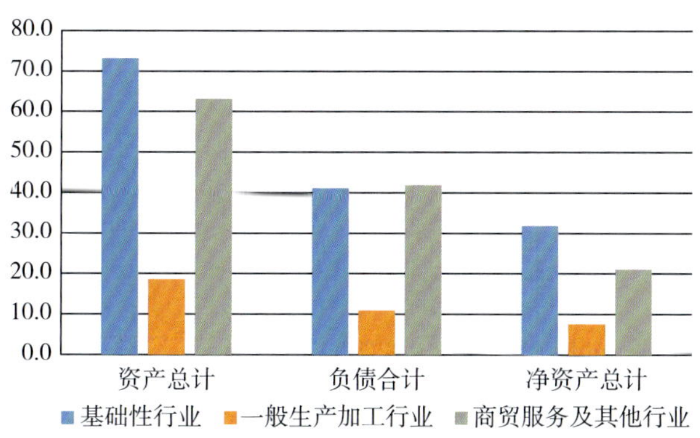

图 2.6　2014 年按产业作用分类的国有企业（万亿元）

数据来源：《中国国有资产监督管理年鉴 2015》。

（2）细分为十五类的国有企业行业分布

2014 年末，考察全国国有企业的细分行业分布可以看出国有企业在数量方面主要集中于工业、餐饮业、社会服务业以及房地产业等行业，分别占比 31.31%、15.33%、13.38%，以及 12.02%。从年末从业人员来看，国有企业从业人员主要集中在工业与建筑业，分别占 55.48% 和 12.06%。从年末国有资产总量来看，主要集中在工业、社会服务业，以及交通运输业，分别占比 41.37%、18.76%，以及 9.20%。总体规模上看，工业仍处于我国国有经济中最为重要的地位。

表 2.9　　2014 年全国国有企业细分行业分布

	户数	户数占比（%）	年末从业人员人数（万人）	年末从业人员占比（%）	年末国有资产总量（亿元）	年末国有资产总量占比（%）
农林牧渔业	2511	2.21	52.50	1.69	2979.40	0.53
工业	35619	31.31	1723.70	55.48	232379.40	41.37
建筑业	7785	6.84	374.70	12.06	32842.30	5.85
地质勘查及水利业	762	0.67	11.60	0.37	2647.30	0.47
交通运输业	7459	6.56	253.50	8.16	51667.90	9.20
仓储业	3036	2.67	16.00	0.51	2906.10	0.52
邮电通信业	674	0.59	128.30	4.13	42306.80	7.53
餐饮业	17442	15.33	202.40	6.51	24487.00	4.36
房地产业	13679	12.02	77.60	2.50	39758.60	7.08
信息技术服务业	1501	1.32	18.90	0.61	1426.80	0.25
社会服务业	15218	13.38	128.00	4.12	105403.50	18.76
卫生体育福利业	480	0.42	10.20	0.33	429.40	0.08
教育文化广播业	1550	1.36	11.20	0.36	1086.10	0.19
科学研究和技术	4632	4.07	66.50	2.14	5628.40	1.00
金融业	1364	1.20	31.60	1.02	15369.00	2.74
其他	59	0.05	0.10	0.00	415.90	0.07

数据来源：《中国国有资产监督管理年鉴 2015》。

2.1.3　按区域划分的国有企业分布

（1）按区域划分的国有企业分布

从区域划分来看国有企业分布，2014 年末我国国有企业从数量上主要集中于东部沿海地区，其次是西部边远地区，最后是中部内陆地区，分别占比

55.82%、20.94%，以及23.24%。年末国有资产总量分布于企业数量相似，东部沿海地区、中部内陆地区，以及西部边远地区分别占比63.52%、16.33%，以及20.15%。从业人员数量上主要集中于东部沿海地区，其次是中部内陆地区，最后是西部边远地区，分别占比46.52%、28.03%，以及25.45%（见表2.10）。

表2.10　　2014年国有企业的区域分布（1）

	户数	户数占比（%）	年末从业人员人数（万人）	年末从业人员占比（%）	年末国有资产总量（亿元）	年末国有资产总量占比（%）
东部沿海地区	59971	55.82	1425.6	46.52	331513.6	63.52
中部内陆地区	22499	20.94	859	28.03	85213.3	16.33
西部边远地区	24974	23.24	780.1	25.45	105192.7	20.15

数据来源：《中国国有资产监督管理年鉴2015》。

从表2.11与图2.7可以看出，我国国有企业的资产主要集中于东部沿海地区，其次是西部边远地区，最后是中部内陆地区。三个区域的国有企业在资产负债率方面差别不大，西部边远地区的国有企业稍高。

表2.11　　2014年国有企业的区域分布（2）

	资产总计	负债合计	净资产总计	资产负债率（%）
东部沿海地区	86.89	50.86	36.03	58.5
中部内陆地区	25.25	15.93	9.32	63.1
西部边远地区	31.48	20.30	11.18	64.5

数据来源：《中国国有资产监督管理年鉴2015》。

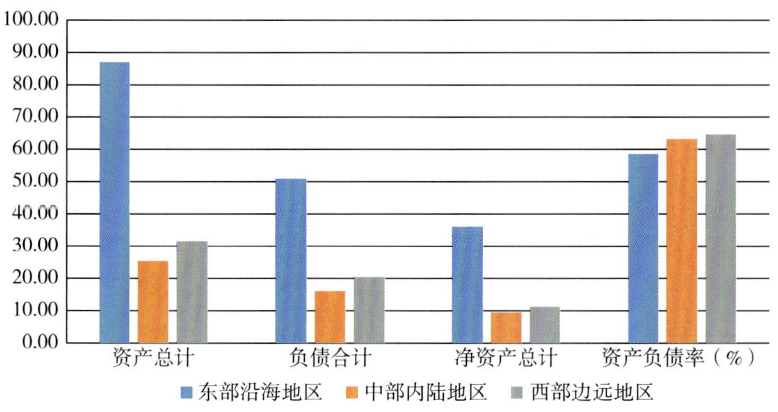

图2.7　2014年国有企业资产区域分布情况

数据来源：《中国国有资产监督管理年鉴2015》。

（2）各省（市、自治区）国有企业分布情况

根据国资委的统计，2014 年末我国地方国有企业共有 113771 户，分布情况如表 12 所示。可以看出，国有企业主要集中在上海、北京、广东、山东、浙江、天津、善心以及福建等省市。从业人员主要集中在山西、山东、北京、上海以及广东等省市。国有资产总量主要集中在上海、广东、重庆、江苏，以及安徽等省市。

表 2.12　　2014 年地方国有企业分布情况（1）

	户数	户数占比（%）	年末从业人员人数（万人）	年末从业人员占比（%）	年末国有资产总量（亿元）	年末国有资产总量占比（%）
地方小计	73156	100.00	3100.3	100.00	243032.6	100.00
北京市	6480	8.86	113.2	3.65	7291.7	3.00
天津市	3656	5.00	42.2	1.36	7047.9	2.90
河北省	1543	2.11	60.4	1.95	1821.1	0.75
山西省	3453	4.72	136.1	4.39	1734.4	0.71
内蒙古自治区	469	0.64	28.6	0.92	1742.9	0.72
辽宁省	1475	2.02	54.6	1.76	2336.5	0.96
其中：大连市	446	0.61	9.4	0.30	734.8	0.30
吉林省	516	0.71	16.0	0.52	1636.1	0.67
黑龙江省	971	1.33	35.3	1.14	3213.4	1.32
上海市	8879	12.14	107.4	3.46	12690.2	5.22
浙江省	3673	5.02	67.1	2.16	6776.6	2.79
其中：宁波市	329	0.45	3.8	0.12	1064.4	0.44
江苏省	3291	4.50	54.8	1.77	9277.5	3.82
安徽省	2843	3.89	84.7	2.73	8247.2	3.39
福建省	3303	4.52	46.1	1.49	4280.7	1.76
其中：厦门市	1135	1.55	12.4	0.40	965.0	0.40
江西省	1594	2.18	48.5	1.56	4657.7	1.92
山东省	3713	5.08	127.6	4.12	4023.4	1.66
其中：青岛市	671	0.92	23.9	0.77	979.4	0.40
河南省	1972	2.70	77.2	2.49	2885.4	1.19

续表

	户数	户数占比（%）	年末从业人员人数（万人）	年末从业人员占比（%）	年末国有资产总量（亿元）	年末国有资产总量占比（%）
湖北省	2224	3.04	38.3	1.24	5088.3	2.09
湖南省	1145	1.57	29.4	0.95	3315.2	1.36
广东省	6193	8.47	99.1	3.20	11214.5	4.61
其中：深圳市	879	1.20	14.1	0.45	2612.2	1.07
海南省	676	0.92	6.4	0.21	903.3	0.37
广西壮族自治区	1911	2.61	61.5	1.98	4298.2	1.77
贵州省	1108	1.51	33.3	1.07	3064.0	1.26
四川省	2760	3.77	57.1	1.84	8016.1	3.30
重庆市	2457	3.36	57.7	1.86	10542.6	4.34
云南省	1687	2.31	33.0	1.06	3828.6	1.58
陕西省	2049	2.80	65.7	2.12	3979.0	1.64
甘肃省	1287	1.76	32.3	1.04	2798.8	1.15
青海省	389	0.53	8.9	0.29	1308.8	0.54
西藏自治区	177	0.24	1.3	0.04	94.7	0.04
宁夏回族自治区	413	0.56	5.6	0.18	532.1	0.22
新疆维吾尔自治区	849	1.16	14.6	0.47	1367.3	0.56

数据来源：《中国国有资产监督管理年鉴2015》。

表2.13　　2014年地方国有企业分布情况（2）　　单位：万亿元

	资产总计	负债合计	净资产总计	资产负债率（%）
地方小计	600021.5	399931.3	200090.2	66.7
北京市	3939.1	26757.8	12633.3	67.9
天津市	47916.5	36528.9	11387.6	76.2
河北省	12310.7	8711.8	3598.9	70.8
山西省	19183.3	14950.7	4232.5	77.9
内蒙古自治区	5590.0	3440.2	2149.7	61.5
辽宁省	9835.0	6315.1	3519.9	64.2
其中：大连市	2509.1	1355.8	1153.3	54.0

续表

	资产总计	负债合计	净资产总计	资产负债率（%）
吉林省	5212.3	2929.3	2283.0	56.2
黑龙江省	6747.9	3320.3	3427.6	49.2
上海市	50932.3	32304.1	18628.2	63.4
浙江省	26117.0	17586.1	8530.8	67.3
其中：宁波市	3405.6	2117.3	1288.2	62.2
江苏省	36683.7	23523.1	13160.6	64.1
安徽省	26971.7	15668.5	11303.3	58.1
福建省	20210.7	13918.5	6291.7	68.9
其中：厦门市	4900.0	3503.4	1396.5	71.5
江西省	14350.2	8545.6	5804.6	59.6
山东省	26749.3	18970.4	7778.9	70.9
其中：青岛市	6126.0	4326.4	1799.7	70.6
河南省	15887.1	11340.3	4546.8	71.4
湖北省	22696.5	15485.7	7210.8	68.2
湖南省	10908.3	6169.4	4739.0	56.6
广东省	49595.4	33358.5	16236.8	67.3
其中：深圳市	7663.1	4031.7	3631.4	52.6
海南省	2603.2	1499.1	1104.1	57.6
广西壮族自治区	16797.0	10915.9	5881.1	65.0
贵州省	10991.7	6908.4	4083.3	62.9
四川省	29362.4	19033.1	10329.3	64.8
重庆市	35600.0	23611.6	11988.4	66.3
云南省	15403.1	9945.4	5457.7	64.6
陕西省	17753.6	12225.6	5528.0	68.9
甘肃省	9884.7	6144.5	3740.2	62.2
青海省	4594.8	2874.6	1720.2	62.6
西藏自治区	401.4	203.7	197.7	50.7
宁夏回族自治区	3670.6	2936.9	73.7	80.0
新疆维吾尔自治区	5670.9	3808.2	1862.7	67.2

数据来源：《中国国有资产监督管理年鉴2015》。

从表2.13可以看出，2013年国有企业资产上海市与江苏省的集中度较高。从资产负债率来看，较高前三位分别是宁夏（80%）、山西（77.9%）和天津（76.2%）。其中，浙江省国有企业的资产负债率上升幅度最大，去年同期天津市国有企业的资产负债率仅为58.6%；上海市国有企业的资产负债率降幅最大，达15.6%。资产负债率排名后三位分别是黑龙江（49.2%）、西藏（50.7%）与江西（56.2%）。

（3）各省（市、自治区）国有工业企业分布情况

根据国资委的统计，2014年末我国地方国有工业企业共有19040户，分布情况如表2.14所示。数量方面，我国地方国有企业主要集中在山西（7.86%）北京（7.67%）和山东（7.56%）。从从业人数来看，在国有工业企业就业的员工主要集中于山西（11.96%）、山东（10.30%）以及河南（7.02%）。从国有资产总量来看，北京（10.05%）、山东（8.35%）和上海（7.59%）占有较高比例。

表2.14　　2014年地方国有工业企业（1）

	户数	户数占比（%）	年末从业人员人数（万人）	年末从业人员占比（%）	年末国有资产总量（亿元）	年末国有资产总量占比（%）
地方小计	19040	100.00	867.8	100.00	66093.8	100.00
北京市	1461	7.67	49.8	5.74	6639.3	10.05
天津市	855	4.49	20.8	2.40	2495.0	3.77
河北省	668	3.51	46.3	5.34	2923.6	4.42
山西省	1497	7.86	103.8	11.96	4822.4	7.30
内蒙古自治区	141	0.74	11.0	1.27	959.4	1.45
辽宁省	517	2.72	43.1	4.97	2448.7	3.70
其中：大连市	151	0.79	5.7	0.66	411.3	0.62
吉林省	163	0.86	9.3	1.07	455.6	0.69
黑龙江省	257	1.35	27.3	3.15	557.0	0.84
上海市	1304	6.85	33.4	3.85	5017.7	7.59
浙江省	612	3.21	14.3	1.65	1933.6	2.93
其中：宁波市	42	0.22	0.4	0.05	102.2	0.15
江苏省	691	3.63	22.9	2.64	1857.6	2.81

续表

	户数	户数占比（%）	年末从业人员人数（万人）	年末从业人员占比（%）	年末国有资产总量（亿元）	年末国有资产总量占比（%）
安徽省	594	3.12	54.0	6.22	2916.0	4.41
福建省	538	2.83	15.7	1.81	1150.4	1.74
其中：厦门市	86	0.45	2.4	0.28	145.8	0.22
江西省	531	2.79	18.5	2.13	1120.6	1.70
山东省	1439	7.56	89.4	10.30	5517.8	8.35
其中：青岛市	204	1.07	15.8	1.82	529.2	0.80
河南省	817	4.29	60.9	7.02	2269.9	3.43
湖北省	540	2.84	13.7	1.58	1079.2	1.63
湖南省	360	1.89	17.0	1.96	1220.4	1.85
广东省	1220	6.41	38.7	4.46	3914.9	5.92
其中：深圳市	171	0.90	3.0	0.35	536.7	0.81
海南省	90	0.47	0.9	0.10	260.9	0.39
广西壮族自治区	604	3.17	19.4	2.24	1163.4	1.76
贵州省	333	1.75	18.2	2.10	1264.5	1.91
四川省	686	3.60	26.2	3.02	1558.3	2.36
重庆市	643	3.38	19.3	2.22	2047.7	3.10
云南省	603	3.17	18.0	2.07	1841.3	2.79
陕西省	941	4.94	43.3	4.99	4659.2	7.05
甘肃省	447	2.35	20.0	2.30	2199.6	3.33
青海省	156	0.82	6.5	0.75	1181.4	1.79
西藏自治区	46	0.24	0.4	0.05	56.7	0.09
宁夏回族自治区	82	0.43	1.0	0.12	84.2	0.13
新疆维吾尔自治区	204	1.07	4.2	0.48	477.6	0.72

数据来源：《中国国有资产监督管理年鉴 2015》。

表 2.15　　2014 年地方国有工业企业（2）

	资产总计	负债合计	净资产总计	资产负债率（%）
地方小计	211409.9	132039.6	79370.3	62.5
北京市	16908.0	9102.3	7805.8	53.8
天津市	8081.0	5332.7	2748.9	66.0
河北省	10899.3	7344.0	3555.3	67.4
山西省	21922.5	16201.0	5721.5	73.9

续表

	资产总计	负债合计	净资产总计	资产负债率（%）
内蒙古自治区	3333.9	2290.6	1043.3	68.7
辽宁省	8617.8	5762.5	2855.3	66.9
其中：大连市	1286.3	772.9	513.4	60.1
吉林省	1615.1	1050.8	564.3	65.1
黑龙江省	2078.9	1362.0	716.9	65.5
上海市	11889.1	5805.9	6083.2	48.8
浙江省	4583.2	2420.1	2163.1	52.8
其中：宁波市	229.4	105.1	124.3	45.8
江苏省	5864.7	3444.5	2420.2	58.7
安徽省	9313.5	5565.0	3748.6	59.8
福建省	2652.6	1365.8	1286.8	51.5
其中：厦门市	367.3	193.3	174.0	52.6
江西省	3501.9	1924.5	1577.4	55.0
山东省	20006.9	12931.2	7075.7	64.6
其中：青岛市	1862.5	1012.1	850.4	54.3
河南省	9871.4	7101.1	2770.3	71.9
湖北省	3516.3	2120.4	1395.8	60.3
湖南省	4715.9	2917.0	1798.8	61.9
广东省	11711.6	6497.5	5214.0	55.5
其中：深圳市	1182.6	506.1	676.5	42.8
海南省	319.4	59.1	260.3	18.5
广西壮族自治区	4693.1	3258.5	1434.6	69.4
贵州省	4048.7	2538.1	1510.7	62.7
四川省	4961.2	3106.7	1854.6	62.6
重庆市	5101.6	2838.4	2263.2	55.6
云南省	6385.3	4271.3	2113.9	66.9
陕西省	13970.7	9024.3	4946.5	64.6
甘肃省	5995.1	3581.6	2413.5	59.7
青海省	3172.8	1819.8	1353.0	57.4
西藏自治区	159.3	87.4	71.9	54.9
宁夏回族自治区	267.9	181.0	86.9	67.6
新疆维吾尔自治区	1250.5	734.5	516.1	58.7

数据来源：《中国国有资产监督管理年鉴 2015》。

就总资产而言，2014 年我国地方国有工业企业的资产主要集中于山西（10.37%）、山东（9.46%）和北京（8.00%）。从资产负债率来看，较高前三位分别是山西（73.90%）、河南（71.90%）和广西（69.40%）。最低的三个省市是福建（51.50%）、上海（48.80%）和海南（18.50%）地方国有工业企业的资产负债率总体而言较上一年度有所下降。

2.2 2016 年国有企业改革与发展状况

2.2.1 国有企业经营状况

（1）2015 年全年主要经济效益指标情况①

2015 年全国国有企业经济运行稳中向好，部分指标出现回暖迹象，但下行趋势明显。具体而言，国有企业利润同比降幅继续收窄，地方国有企业应交税金同比增幅由负转正，煤炭行业扭亏为盈，钢铁、有色行业继续亏损。

①营业总收入与营业总成本。

2015 年我国国有企业营业总收入 454704.1 亿元，同比下降 5.4%。其中，中央企业 271694 亿元，同比下降 7.5%；地方国有企业 183010.1 亿元，同比下降 2.3%。同期，我国国有企业营业总成本 445196.1 亿元，同比下降 4.8%，其中销售费用、管理费用和财务费用同比分别增长 1.7%、0.5% 和 10.2%。其中，中央企业 262407.6 亿元，同比下降 6.9%，其中销售费用、管理费用和财务费用同比分别下降 0.3%、下降 0.3% 和增长 10.3%；地方国有企业 182788.5 亿元，同比下降 1.6%，其中销售费用、管理费用和财务费用同比分别增长 5.3%、1.7% 和 10%。

相较于 2014 年②，2015 年国有企业营业总收入和营业总成本两项指标均

① 所称全国国有及国有控股企业，包括中央企业和 36 个省（自治区、直辖市、计划单列市）的地方国有及国有控股企业，不含国有金融类企业。其中，中央企业包括国务院国资委监管的 113 家中央管理企业，中央部门所属的国有及国有控股企业，以及财政部监管的中国铁路总公司、中国邮政集团公司和中国烟草总公司等。

② 2014 年我国国有企业营业总收入 480636.4 亿元，同比增长 4%。其中，中央企业 293790.3 亿元，同比增长 3.1%；地方国有企业 186846.1 亿元，同比增长 5.5%。同期，我国国有企业营业总成本 466605.4 亿元，同比增长 4.5%，销售费用、管理费用和财务费用同比分别增长 4.4%、2.6% 和 19.2%。其中，中央企业 281727.7 亿元，同比增长 3.3%，其中销售费用、管理费用和财务费用同比分别增长 2.4%、2.7% 和 23.5%；地方国有企业 184877.7 亿元，同比增长 6.3%，销售费用、管理费用和财务费用同比分别增长 8.6%、2.3% 和 15.1%。

呈现负增长。从内部结构看，2015 年度，中央企业营业总收入降幅大于地方国有企业，中央企业营业总成本降幅亦大于地方国有企业。

表 2.16　2014～2015 年国有企业部分经济效益指标情况　单位：亿元

	2014 年					
	中央企业	同比增	地方企业	同比增	全国	同比增
营业总收入	293790.3	3.1%	186846.1	5.5%	480636.4	4.0%
营业总成本	281727.7	3.3%	184877.7	5.3%	466605.4	4.5%
实现利润	17280.2	3.6%	7485.2	2.8%	24765.4	3.4%
应交税金	29169.9	6.6%	8690.9	2.8%	37860.8	5.7%
资产	537068	10.9%	484119.8	13.3%	1021187.8	12.1%
负债	352621.4	10.8%	312937	13.8%	665558.4	12.2%
所有者权益	184446.6	11.2%	171182.8	12.4%	355629.4	11.8%
	2015 年					
	中央企业	同比增	地方企业	同比增	全国	同比增
营业总收入	271694	-7.5%	183010.1	-2.3%	454704.1	-5.4%
营业总成本	262407.6	-6.9%	182788.5	-1.6%	445196.1	-4.8%
实现利润	16148.9	-5.6%	6878.6	-9.1%	23027.5	-6.7%
应交税金	29731.4	3.1%	8867.3	2.1%	38598.7	2.9%
资产	642491.8	19.9%	549557	12.7%	1192048.8	16.4%
负债	436702.3	23.8%	353968.3	12.5%	790670.6	18.5%
所有者权益	205789.4	12.3%	195588.8	12.9%	401378.2	12.6%

数据来源：根据财政部有关资料整理。

②实现利润和纳税情况。

2015 年国有企业利润总额 23027.5 亿元，同比下降 6.7%。其中，中央企业 16148.9 亿元，同比下降 5.6%；地方国有企业 6878.6 亿元，同比下降 9.1%。国有企业应交税金 38598.7 亿元，同比增长 2.9%。其中，中央企业 29731.4 亿元，同比增长 3.1%；地方国有企业 8867.3 亿元，同比增长 2.1%。

相较于 2014 年，2015 年我国国有企业利润总额增速呈现负增长，纳税总额增速实现正增长，但增速有所下降。从国有企业内部结构看，中央企业、地方企业利润增速下滑明显，地方国有企业增速下滑幅度大于中央企业；中央企业和地方国有企业应交税金增速双双下滑，但中央企业下滑幅度大于地方国有企业。

③资产、负债和所有者权益。

2015 年，国有企业资产总额 1192048.8 亿元，同比增长 16.4%；负债总额 790670.6 亿元，同比增长 18.5%；所有者权益合计 401378.2 亿元，同比增长 12.6%。其中，中央企业资产总额 642491.8 亿元，同比增长 19.9%；负债总额 436702.3 亿元，同比增长 23.8%；所有者权益 205789.4 亿元，同比增长 12.3%。地方国有企业资产总额 549557 亿元，同比增长 12.7%；负债总额 353968.3 亿元，同比增长 12.5%；所有者权益 195588.8 亿元，同比增长 12.9%。2015 年全国国有企业资产、负债、所有者权益三项指标增速皆高于去年，从内部结构看，资产增长模式方面有如下特点：中央企业资产增速远大于地方国有企业；中央企业所有者权益增速与去年相当，但负债规模呈现大幅度增长。

（2）2016 年 1 ~8 月主要经济效益指标情况

2016 年 1 ~8 月，全国国有及国有控股企业经济运行趋稳向好。交通、施工房地产、医药和电子等行业实现利润同比增幅较大，石油、石化和烟草等行业实现利润同比降幅较大，钢铁和有色等行业继续亏损。

1 营业总收入和实现利润情况。

2016 年 1 ~8 月，我国国有企业营业总收入 286652.5 亿元，同比增长 0.2%。国有企业营业总成本 278809.2 亿元，同比增长 0.3%。国有企业利润总额 15418.2 亿元，同比下降 1.3%（见图 2.8）。2016 年上半年度国有企业营业总收入略高于 2015 年同期，国有企业利润总额同比略微下滑（ –1.3%），环比现增长态势（截至 2016 年 8 月，国有企业销售利润率已高于 2015 年同期 0.06 个百分点）。总体而言，国有企业经营状况有回暖迹象。

2016 年 1 ~8 月，我国国有企业总体的资产回报率与资本回报率分别为 1.21%、3.57%，相较于 2015 年同期均出现下滑，分别下降了 0.2%、0.46%（见图 2.9），说明 2016 年我国国有企业的资产与资本的利用效率逊于 2015 年同期。

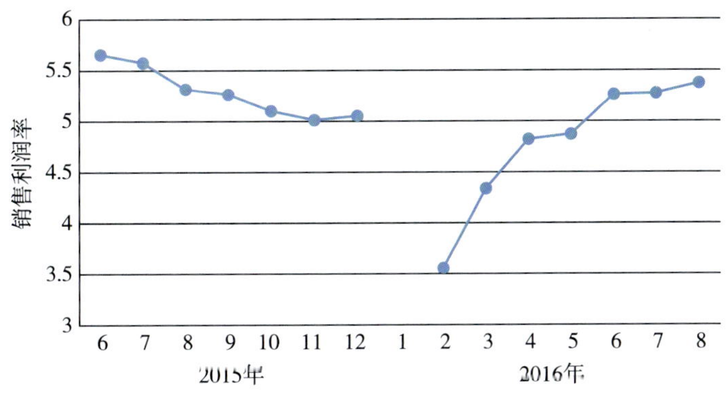

图 2.8　国有企业销售利润率变化（%）

数据来源：根据财政部有关数据整理。

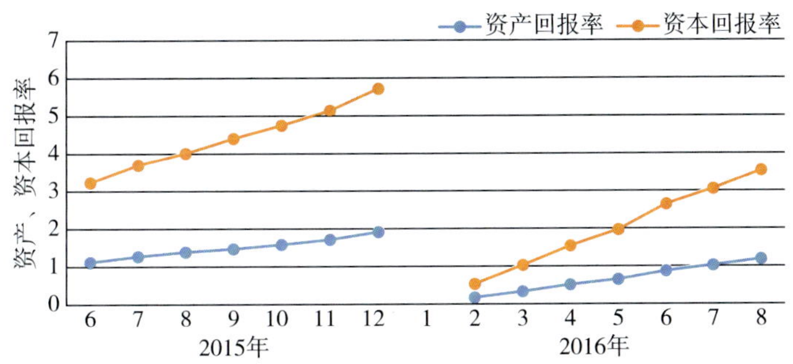

图 2.9　国有企业资产回报率与资本回报率（%）

注：由于计算资产回报率与资本回报率时使用了累计实现利润，同一年份中随着累计实现利润的增加，资产回报率与资本回报率一般会随之增加。因此，同一指标在同一年份不具比较性，但不同指标间同一时点相对大小可比，同一指标不同年份的相同时点可比，下文亦同。

数据来源：根据财政部有关数据整理。

②中央企业与地方国有企业盈利能力差距依然较大，前者优于后者，但二者盈利能力均有所下滑。

经营总体状况。2016 年 1 ~ 8 月中央企业累计营业收入 173622. 3 亿元，同比下降 1%；地方国有企业累计营业收入 113030. 2 亿元，同比增长 2. 1%。中央企业累计营业总成本 166544. 9 亿元，同比下降 0. 5%，地方国有企业累计营业总成本 112264. 3 亿元，同比增长 1. 5%。从营业成本结构看，国有企业销售费用、管理费用同比显著增长，财务费用同比明显削减；中央企业与地方国有企业相比，两类企业销售费用增幅相当，前者管理费用增幅远大于后者，前者财务费用降幅远大于后者。其中，中央企业销售费用、管理费用和财务费用同比分别下降5.9%、下降2%和增长12.1%，地方国有企业销售费用、管理费用和财务费用同比分别增长6.5%、3.1%和11.6%。

盈利能力方面。中央企业和地方国有企业差距仍然明显，但地方国有企业盈利能力有所提升，相对差距进一步缩小，中央企业盈利能力持续下滑。截至2016年8月末，中央企业的销售利润率为6.17%，地方国有企业销售利润率为4.17%；中央企业的资产回报率为1.59%，地方国有企业的资产回报率为0.78%；中央企业的资本回报率为4.96%，地方国有企业的资本回报率为2.18%。（见图2.10～图2.12）中央企业盈利能力下滑显著，与2015年8月相比，中央企业资产回报率、资本回报率分别下降了0.45%、0.62%，而地方国有企业的资产回报率、资本回报率也都出现不同程度下降，分别下降了0.05%、0.2%，下滑幅度小于中央企业。

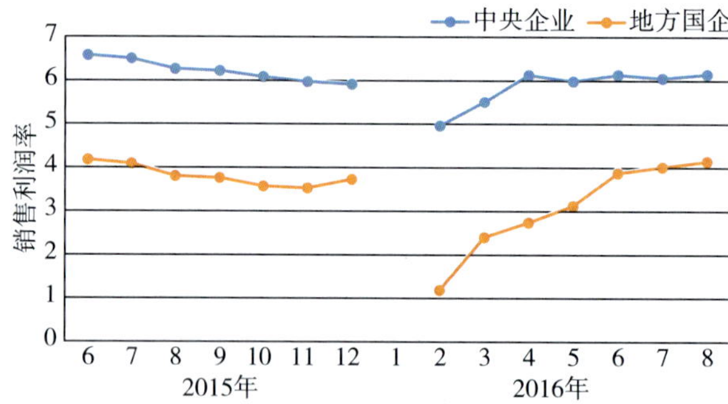

图2.10 中央企业和地方国有企业销售利润率对比（%）

数据来源：根据财政部有关数据整理。

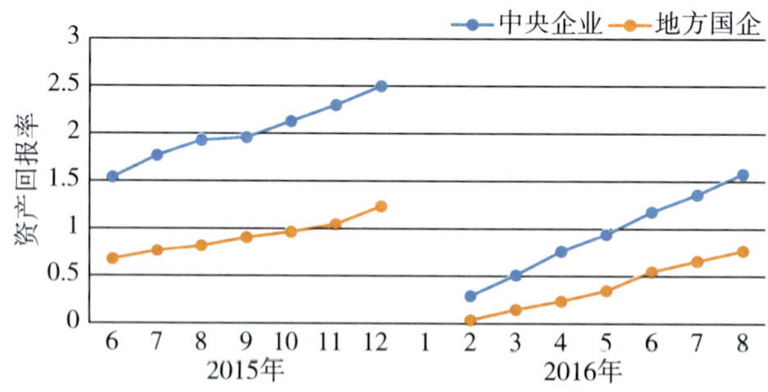

图2.11 中央企业和地方国有企业资产回报率对比（%）

数据来源：根据财政部有关数据整理。

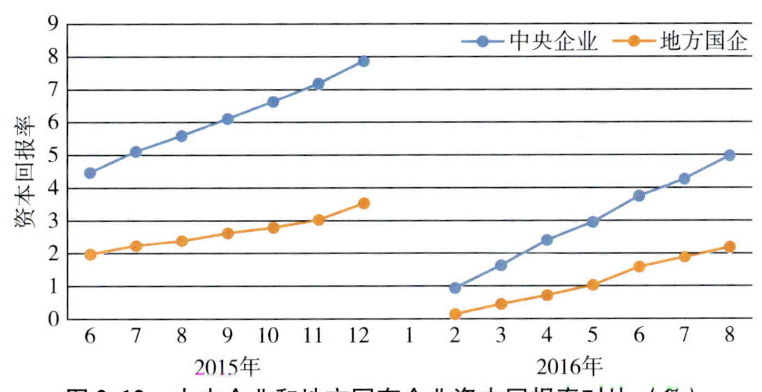

图 2.12 中央企业和地方国有企业资本回报率对比（%）

数据来源：根据财政部有关数据整理。

累计资产总额方面。中央企业和地方国有企业均保持高增速，增速均超过12%，与2015年同期相比，增速加快。截至2016年8月末，国有企业资产总额1278941.7亿元，同比增长15.1%；负债总额846453.8亿元，同比增长17.5%；所有者权益合计432487.9亿元，同比增长10.6%。中央企业资产总额674018.9亿元，同比增长17.9%；负债总额457904.7亿元，同比增长22.8%；所有者权益合计216114.2亿元，同比增长8.6%。地方国有企业资产总额604922.8亿元，同比增长12.1%；负债总额388549.1亿元，同比增长11.8%；所有者权益合计216373.7亿元，同比增长12.6%。较于2015年，国有企业累计资产总额增长迅猛，增速比2015年同期高3.7个百分点。从增长模式看，截至2016年8月，中央企业累计资产结构中负债规模增速近2.6倍于2015年同期，而所有者权益增速低于2015年同期2个百分点，负债资产对中央企业资产增长贡献最大；地方国有企业负债总额与所有者权益增速相当，同比增速分别下降1.8%、1.3%。

③国有企业与集体企业、股份制企业、私营企业、外商企业盈利能力差异依旧显著，但下滑幅度减缓。

在工业企业领域，从不同所有制工业的横向对比看，与集体企业、股份制企业、私营企业、外商企业相比，国有企业在销售利润率、资产回报率、资本回报率三项指标上，均落后于前四者。2016年9月末，我国工业行业中集体企业的销售利润率为6.39%、资产回报率为8.41%、资本回报率为22.78%；股份制企业的销售利润率为5.45%、资产回报率为5.99%、资本回报率为13.97%；私营企业的销售利润率为5.45%、资产回报率为10.1%、资本回报率为 20.78%；外商企业的销售利润率为 5.58%、资产回报率为 7.77%、资本回报率为 17%。然而，我国国有控股工业企业的销售利润率为 5.18%、资产回报率为 2.96%、资本回报率为 7.7%，其中国有控股工业企业的资本回报率只略高于股份制企业的 1/2，尚不及外商企业的 1/2，且远不及私营企业，差距悬殊。从不同所有制工业企业纵向对比看，截至 2016 年 9 月底，国有企业销售利润率高于去年同期，且趋势向好；国有企业资产回报率、资本回报率出现略微下滑，但呈平稳态势。（见图 2.13 ~ 图 2.15）

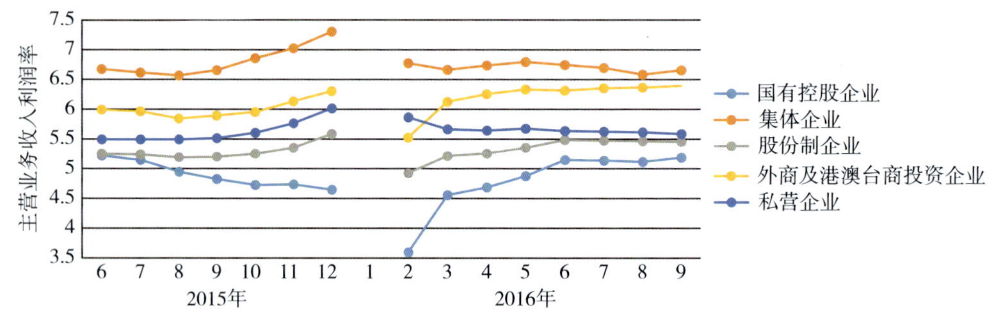

图 2.13　不同所有制工业企业销售利润率对比（%）

注：国有控股企业即原来的国有及国有控股企业；规模以上工业企业，即年主营业务收入为 2000 万元及以上的工业法人单位。

数据来源：根据中华人民共和国统计局有关数据整理。

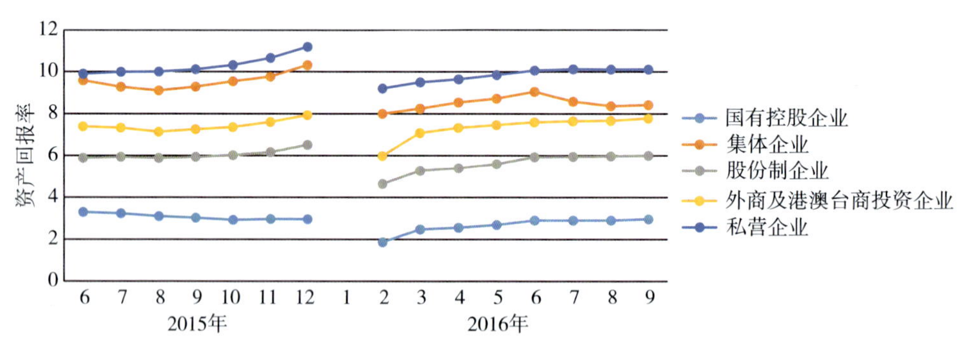

图 2.14　2016 年 2 ~ 9 月不同所有制工业企业资产回报率（%）

注：此处，资产、资本回报率的计算公式是：资产回报率 = 利润总额/总资产，总资产 = 100 × 主营业务收入/每百元资产实现的主要业务收入；资本回报率 = 利润总额/所有者权益。

数据来源：根据中华人民共和国统计局资料整理。

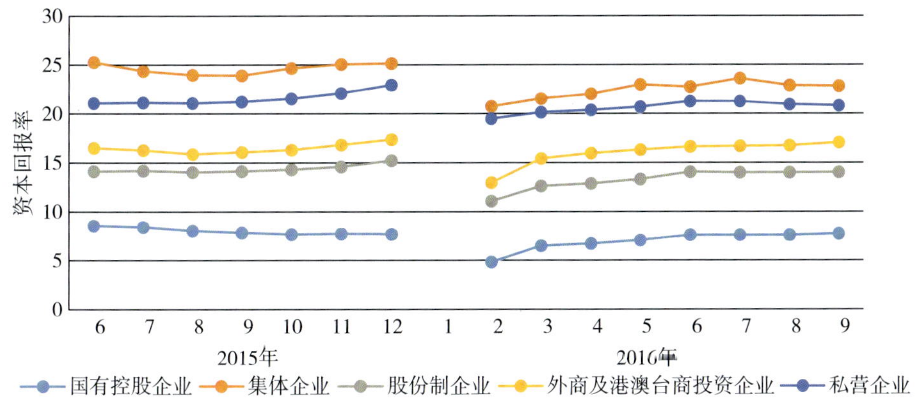

图 2.15　2016 年 2～9 月不同所有制工业企业资本回报率（%）

数据来源：根据中华人民共和国统计局资料整理。

2.2.2　改善国有企业经营状况的主要举措与进展

（1）国有企业改革的组织领导体系和文件体系基本建立

按照中央全面深化改革领导小组的总体部署，在国务院国有企业改革领导小组、经济体制和生态文明体制改革专项小组的指导下，各省（区、市）、计划单列市、新疆生产建设兵团和全部中央企业都成立了改革领导机构，领导挂帅、部门协调、上下贯通、齐抓共推的工作格局基本形成。国务院国资委会同有关部门加快推进《关于深化国有企业改革的指导意见》重要配套文件的制定出台工作，至 2016 年 6 月底已相继制定出台了 14 个专项改革意见或方案，还有 8 个正在履行相关程序，各地结合自身实际，中央和地方共制定出台国企国资改革文件 400 余件。据统计，截至 2016 年 11 月（见表 2.17），国有企业改革“1＋N”政策体系已出台“1＋18”，“1＋N”政策体系进一步完善。

表 2.17　2016 年国有企业改革“1＋N”的顶层涉及政策体系新进展

发布时间	文件名称	文件内容列表	发布机构
2016 年 2 月 26 日	《国有科技型企业股权和分红激励暂行办法》	国有科技型企业实施股权和分红激励的定义、原则、条件、操作方法	财政部、科技部、国资委
2016 年 6 月 11 日	《国务院办公厅转发国务院国资委、财政部关于国有企业职工家属区“三供一业”分离移交工作指导意见的通知》	①主要任务：明确责任主体；规范审核程序；严格移交程序；明确财务规则；妥善安置人员；探索移交途径。②保障措施：分离移交费用由企业和政府共同分担。③组织领导：发挥地方作用；落实企业责任。	国务院办公厅

续表

发布时间	文件名称	文件内容列表	发布机构
2016 年 6 月 24 日	《企业国有资产交易监督管理办法》	①企业国有资产交易行为的定义。②企业产权转让：国家出资企业产权转让的监管机构、转让程序、转让方信息披露等。③采取非公开协议转让方式的情形、条件。④企业增资、资产转让、监督管理的具体规定及法律责任。	国资委、财政部
2016 年 6 月 14 日	《国务院国资委关于在国资委系统开展法治宣传教育的第七个五年规划（2016 ~ 2020 年）》	①对象及要求：国资委系统全体干部职工，重点是领导干部和基层职工；坚持把领导干部带头学法、模范守法作为法治宣传教育的关键。坚持从基层职工抓起。②工作措施：健全普法宣传教育机制；健全普法责任制；推进法治宣传教育工作创新	国资委、财政部
2016 年 7 月 17 日	《关于推动中央企业结构调整与重组的指导意见》	①基本原则：坚持服务国家战略；坚持尊重市场规律；坚持与改革相结合；坚持严格依法规范；坚持统筹协调推进。②具体目标：功能作用有效发挥，资源配置更趋合理，发展质量明显提升。③重点工作：巩固加强一批，巩固安全保障功能；创新发展一批，搭建调整重组平台，搭建科技创新平台，搭建国际化经营平台；重新整合一批，推进强强联合，推动专业化整合，加快推进企业内部资源整合，积极稳妥开展并购重组；清理推出一批，大力化解过剩产能，加大清理长期亏损、扭亏无望企业和低效无效资产力度，下大力气退出一批不具有发展优势的非主营业务，加快剥离企业办社会职能和解决历史遗留问题。	国务院办公厅
2016 年 8 月 2 日	《关于国有控股混合所有制企业开展员工持股试点的意见》	①试点原则：坚持依法依规，公开透明；坚持增量引入，利益绑定；坚持以岗定股，动态调整；坚持严控范围，强化监督。②试点企业条件：主业处于充分竞争行业和领域的商业类企业；股权结构合理，非公有资本股东所持股份应达到一定比例，公司董事会中有非公有资本股东推荐的董事；公司治理结构健全，建立市场化的劳动人事分配制度和业绩考核评价体系；营业收入和利润 90% 以上来源于所在企业集团外部市场。③员工入股：员工范围；员工出资；入股价格；持股比例；股权结构；持股方式。④企业员工股权管理、试点工作实施、组织领导等。	国资委、财政部、证监会

续表

发布时间	文件名称	文件内容列表	发布机构
2016 年 8 月 2 日	《关于建立国有企业违规经营投资责任追究制度的意见》	①基本原则：依法合规、违规必究；分级组织、分类处理；客观公正、责罚适当；惩教结合、纠建并举。②责任追究范围：集团管控；购销管理；工程承包建设；转让产权、上市公司股权和资产；固定资产投资；投资并购；改组改制；资金管理；风险管理等方面。③资产损失认定、经营投资责任认定、责任追究处理、责任追究工作的组织实施等。	国务院办公厅
2016 年 8 月 24 日	《关于完善中央企业功能分类考核的实施方案》	①对中央企业分三类考核：主业处于充分竞争行业和领域的商业类中央企业；主业处于关系国家安全、国民经济命脉的重要行业和关键领域、主要承担重大专项任务的商业类中央企业；公益类中央企业有不同的具体要求。②建立特殊事项管理清单制度，纳入清单的特殊事项主要包括：保障国家安全、提供公共服务、发展重要前瞻性战略性产业等。	国资委、财政部

（2）国有企业改革各项试点工作全面铺开

截至 2016 年 11 月，央企中近七成的法人企业实现混合所有制，首批 7 家垄断类央企混该试点方案即将批复，各地所监管企业共开展了 135 项重组整合，36 家省级国资委改组组建了 142 家国有资本投资运营公司，全国国资委系统的国有控股上市公司已达 1082 家。2016 年 2 月 25 日，国务院国资委、国家发改委、人社部在京召开通气会。国务院国资委副主任张喜武表示，2016 年国企改革将深入推进十项试点，力争在改革重点难点问题上尽快形成突破，以点带面形成经验、复制推广。其中部分国企改革试点在上半年首次推出，各项试点将全面深入展开（图 2. 16）。比如，国有资本投资运营公司试点，中粮集团、国投公司试点工作继续深化，陆续将 21 项权利归位于或授予企业，在此基础上，选择诚通集团、中国国新开展国有资本运营公司试点，选择神华集团、宝钢、武钢、中国五矿、招商局集团、中交集团、保利集团等 7 家企业开展国有资本投资公司试点；落实董事会职权试点，在中国节能、中国建材、国药集团、新兴际华集团等 4 家的试点进一步深化。中央企业兼并重组试点，选择中国建材和中材集团、中远集团和中国海运、中电投集团和国家核电、宝钢和武钢等重组企业开展了试点。中央企业信息公开工作试点选择中粮集团、中国建筑等 2 家企业开展了试点；剥离企业办社会职能和解决历史遗留问题试点选择部分地方省市开展了试点。各地普遍将试点作为推动改革文件落地的重要抓手，2016 年上半年，各地共启动国企国资改革试点 147 项，已有 50 项试点取得了阶段性成果。2016 年 9 月 28 日，发改委召开专题会，研究部署国有企业混合所有制改革试点相关工作，要求尽快解决试点中遇到的问题，加快形成可推广可复制的改革经验。

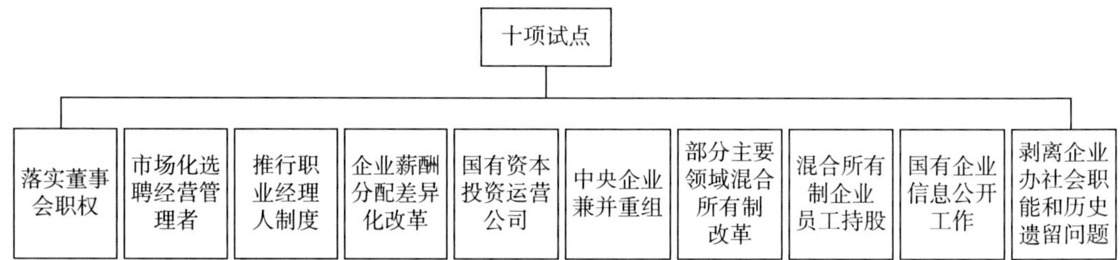

图 2.16 2016 年国有企业改革十项试点内容

表 2.18 2016 部分央企试点进展情况

试点内容	试点企业
国有资本投资运营公司试点	中粮集团、国投公司、**诚通公司、中国国新**
国有资本投资公司试点	**神华集团、宝钢、武钢、中国五矿、招商局集团、中交集团、保利集团**
中央企业兼并重组试点	中国建材和中材集团、中远集团和中国海运、中电投集团和国家核电、武钢和宝钢
落实董事会职权试点	中国节能、中国建材、国药集团、新兴际华
中央企业信息公开工作试点	中粮集团、中国建筑
剥离企业办社会功能和解决历史遗留问题	部分地方省市

注①：粗体部分为 2016 年新增试点单位。

注②：宝钢、武钢由于重组，合并后的宝武钢铁被确定为国有资本投资公司的试点。

（3）完善现代企业制度工作全面提速

2016 年度，分类改革扎实起步，国务院国资委研究提出了中央企业功能界定与分类方案。各地国资委普遍开展了企业功能界定工作，目前已有 17 个省、直辖市和3个计划单列市明确了监管企业的分类标准，许多已落实到企业。广东、重庆、上海等地在改革、考核、分配、人员管理等方面，进行了分类管理的有益探索。公司制股份制改革成效显著，全国国有企业改制面超过80%，中央企业改制面超过90%，股权多元化比例达67.7%。重点领域混合所有制改革试点工作积极推进。规范董事会建设步伐加快，目前建设规范董事会中央企业数量达87家。开展了宝钢、中国节能、中国建材、国药集团、新兴际华集团等5家企业董事会选聘高级管理人员试点工作，采取市场化方式选聘了1名总经理和13名副总经理。南方电网、国投、中国通号等中央企业选聘了二级公司总经理。广东对试点企业经理班子成员全部实行市场化选聘，人事档案转交人才市场管理；四川在24户监管企业中推行高级管理人员市场化选聘、契约化管理，现有经理层成员全部转为职业经理人身份。内部三项制度改革深入推进。精简管理部门和管理人员工作根据企业实际差异化推进，国投总部的职能部门由14个减少到9个，总部人员减少1/3；山东兖矿通过瘦身健体，总部机构由48个减少至10个，管理人员由867人减少至100人，累计减少各类用工2.1万人，年节约人工成本18亿元。中国建材、国药集团等中央企业初步建立起“周期管总额+年度定水平”的工资总额管理体系。江西将子企业工资总额管理权下放给集团公司，山东将工资总额管理权下放给投资运营公司董事会。

（4）供给侧结构性改革加快实施

2016年10月10日，国务院印发《关于积极稳妥降低企业杠杆率的意见》，提出跨地区、跨所有制兼并重组，推动混改是降低企业杠杆率的主要途径之一。在实际操作中，中央企业集团层面重组步伐不断加快，5组10家中央企业重组工作正在积极推进，还有几组重组工作正在酝酿之中，中央企业户数年内有望整合到100家之内。化解过剩产能工作取得积极进展，2016年上半年度，中央企业粗钢产量、玻璃产量、电解铝产量分别同比下降5.9%、17%和24.1%，分别高于全国平均水平4.5、17.4和22.4个百分点。组建中央企业煤炭资产平台公司，深入推进煤炭企业化解过剩产能。处理低效无效资产深入推进，指导中央企业通过股票市场和产权市场处置低效无效资产、盘活存量，获得转让收入321.68亿元。压减企业管理层级系统推动，对中央企业所属法人单位和管理层级进行了全面摸底清查，明确了5家企业作为压减工作的重点企业，对面上企业也提出了明确目标要求。国家电网目前已经取消所有区域公司管理层级，将电网主业的法人层级减少到国家电网公司和省公司两级。解决历史遗留问题取得突破性进展，驻黑龙江中央企业分离移交“三供一业”试点工作基本完成，河南等九省市试点取得了积极成效，为全面开展分离移交工作积累了宝贵经验。

（5）探索以管资本为主加强国有企产监管工作积极推进

2016年度，各级国资委牢牢把握出资人职责定位，不断完善国有资产监管体制和制度。推动国资监管机构职能转变。国务院国资委专门成立职能转变机构调整领导小组和工作小组，对国资监管职能和工作事项进行全面梳理，研究制订出资人监管权力和责任清单，起草了推进职能转变和内部机构调整方案，深入开展国资监管文件清理，今年共废止政策性文件106件。截至2016年6月底，各省级国资委取消、下放审批事项462项，宣布废止和失效规范性文件597件，19家省级国资委初步建立了监管权力和责任清单。国有资产监督在改进中不断加强。中央企业外派监事会着力推动转型调整，做深做实做细当期和事中监督，监督的针对性、时效性和有效性进一步增强。积极推进中央企业委派总会计师试点，目前已向10家企业委派了总会计师。稳步推进经营性国有资产集中统一监管。上海将金融类国有资产纳入监管范围；江西实现省属企业国有资产的监管制度、统计评价和领导人员管理“三统一”；内蒙古、辽宁、湖南、广西、云南等地采取多种形式推进统一监管工作。目前，全国经营性国有资产集中统一监管占比超过90%的省份达到16个，国有资本配置效率进一步提高。

（6）全面推进从严治党，国有企业党群建设改进加强

2016年10月10日至11日，全国国有企业党的建设工作会议在北京举行。会议强调，坚持党对国有企业的领导是重大政治原则，必须一以贯之；建立现代企业制度是国有企业改革的方向，也必须一以贯之。中国特色现代国有企业制度，“特”就特在把党的领导融入公司治理各环节，把企业党组织内嵌到公司治理结构之中，明确和落实党组织在公司法人治理结构中的法定地位，做到组织落实、干部到位、职责明确、监督严格。总体来看，2016年度，党组织

发挥作用的体制机制不断完善，把党建工作总体要求纳入企业章程的进程积极推进，推动党的建设同步谋划、党的组织及工作机构同步设置、党组织负责人及党务工作人员同步配备、党的工作同步开展。一方面，探索坚持党管干部原则与董事会依法选择经营管理者、经营管理者依法行使用人权相结合的途径和方式。一方面，国企系统认真落实政治巡视要求，强化组织领导、制度建设、监督质量和成果运用，震慑作用明显增强。2016 年基本完成了对国资委管理主要负责人的中央企业巡视全覆盖。党风廉政建设和反腐败工作深入推进，认真落实中央八项规定精神，坚决反对“四风”，一些群众反映强烈的突出问题得到及时解决，腐败现象蔓延势头得到初步遏制。实践中已有一些好的经验可以推广，如明确界定党委决策内容和程序、明确董事会议事规则等，当然仍还有很多新问题，如对国有不占绝对控股地位的混合所有制企业如何落实党的领导、对外部董事占多数的董事会如何与党委会保持一致、如何将党管干部与市场化选聘经理人更好地结合等，这些都需要用改革的办法、创新的思想，在实践中去解决，更好地将党的制度与企业制度融合。

2.2.3　小结与评论

与 2015 年相比，2016 年我国国有企业运行环境依然严峻，反映国有企业经营状况的多项指标继续下滑，与其他不同所有制企业（主要是私营企业、外商企业）的盈利能力差距依旧显著，但部分重要指标（销售利润率、资产回报率、资本回报率等）出现回暖或止跌迹象，总体呈稳中向好态势。

2016 年，新一轮国企改革可谓进入“落实年”，开启了深化发展新阶段。随着国有企业改革“1 + N”政策配套体系不断完善，“N”型政策体系愈发专业化、精细化、制度化，国企改革的方向和红线愈加明确。国有企业改革的许多设想相继进入实操阶段，垄断性领域央企的改革试点、央企集团层面的混改实践、现代企业制度的建立完善、供给侧结构性的整合处理、以管资本为主的国企国资监管体系建设等领域的改革取得实质性进展。综合判断，对于国有企业改革的新阶段，我们需要有客观全面的认识。一方面，要善于“取势”，虽整体经济形势不容乐观，但需看到宏观经济增长的积极因素在增多，国企改革“筑基固本”工作深度展开，改革基础进一步夯实，改革红利正逐渐显现，国有企业经济企稳的迹象也更加显著。另一方面，要坚持“取实”，需觉察宏观经济企稳回升的基础并不牢固，反映在国有企业领域，就是国企下行承压依旧较大，国企生长模式有待继续优化，国企发展远未突破经济增速换挡、结构调整阵痛、前期刺激政策消化的叠加瓶颈期，国企改革有待进一步深化和突破。下阶段，需要进一步凝聚共识，全面总结改革经验，坚持顶层设计与基层探索相结合，统筹兼顾与重点突破相结合，眼前利益与长远利益相结合，形成改革合力，在国企改革重点难点问题上尽快形成实质突破。

执笔人：梅雄　张林　项安波

第三章 中小企业发展

本章讨论的中小企业，是根据工业和信息化部等四部门联合发布的《中小企业划型标准规定》中划分的中、小、微型企业群体。从所有制上来讲，如果不考虑少数大型民营企业，中小企业概念与民营企业基本重合。因此，在某种程度上，对中小企业的研究就是对民营企业的研究。

促进中小企业持续健康发展，是我国的一项长期战略。中小企业是促进就业、改善民生、稳定社会、发展经济、推动创新的基础力量，是构成市场经济主体中数量最大、最具活力的企业群体。中小企业是我国安排就业主体，是创造社会财富的主力，是科技创新骨干，是实施大众创业、万众创新的重要载体，也是大企业赖以生存的基础，是造就未来大企业的摇篮。新时期中小企业的发展状况，关系到我国经济社会结构调整与发展方式转变，关系到促进就业与社会稳定，关系到科技创新与转型升级，今后中国经济发展速度在一定意义上决定于中小企业成长发展的速度。当前，我国中小微企业占全国企业总数的99.7%，其中小型微型企业占97.3%，提供城镇就业岗位超过80%，创造的最终产品和服务相当于国内生产总值的60%，上缴利税占50%。我国发明专利的65%、企业技术创新的75%以上和新产品开发的80%以上，都是由中小企业完成的。

3.1 中小企业发展情况

3.1.1 总量规模与结构

（1）私营企业和个体工商户发展情况

从年度增长情况来看，2015年全国新登记市场主体1479.8万户，比上年增长14.5%；注册资本（金）30.6万亿元，增长48.2%。截至2015年底，全国实有各类市场主体7746.9万户，比2014年增长11.8%，注册资本（金）175.5万亿元，增长35.8%。

2015年，全国新登记非公经济市场主体1436.4万户，比上年增长15.3%，占市场主体总数的97.1%。其中，私营企业421.2万户，占非公经济市场主体总数的 29.3%，所占比重比上年增加 1.6 个百分点；个体工商户 1011 万户，占 70.4%，所占比重比上年减少 1.6 个百分点。

截至 2015 年底，私营企业由 2011 年的 967.68 万户增长到 1908.23 万户，将近翻了一番；全国登记个体工商户由 2011 年的 3756.47 万户增长到 5407.92 万户，增长 43.96%。2014 年商事制度改革以来，新登记私营企业每年以超过 23% 的速度增长，两年新登记私营企业 766.3 万户，占现有私营企业总数的 40.16%。

我国私营企业和个体工商户的 2002 年到 2015 年纵向发展情况详见表 3.1 和表 3.2。

表 3.1　　2002～2015 年全国私营企业发展情况

年份	注册户数（万户）	增长率（%）	注册资本（万亿元）	增长率（%）	人数（万人）	增长率（%）
2002	263.83	20.0	2.48	35.9	3247.5	19.7
2003	328.72	24.8	3.53	42.6	4299.1	32.3
2004	402.41	22.4	4.79	35.8	5017.3	16.7
2005	471.95	17.3	6.13	28.0	5824.0	16.1
2006	544.14	15.3	7.60	23.9	6586.4	13.1
2007	603.05	10.8	9.39	23.5	7253.1	10.1
2008	657.42	9.0	11.74	25.0	7904.0	9.0
2009	743.15	13.0	14.64	24.8	8607.0	8.9
2010	845.51	13.8	19.21	31.2	9418	9.4
2011	967.68	14.45	25.79	34.27	10353.6	9.9
2012	1085.72	12.20	31.10	20.59	11296.12	8.65
2013	1253.86	15.49	39.31	26.42	12521.56	10.85
2014	1546.37	23.33	59.21	50.60	14390.4	15.2
2015	1967.57	23.40	90.55	52.93	16394.86	13.89
2016.6	2215.47	27.59	/	/	/	/

注：2016 年 5 月的增长率是同比增长率，即与 2015 年 6 月相比的增长率，下同。

资料来源：国家工商行政管理总局：《2011 年上半年全国市场主体发展总体情况》、《第八次全国私营企业抽样调查数据分析综合报告（摘要）》、《2009～2010 年中国民营经济发展报告》、《2011 年市场主体统计分析》、《2012 年上半年全国市场主体发展总体情况》、《2012 年全国市场主体发展总体情况》、《2013 年全国市场主体发展总体情况》、《2014 年度全国市场主体发展、工商行政管理市场监管和消费维权有关情况》、《2015 年度全国市场主体发展、市场竞争环境和市场消费环境有关情况》。

表 3.2 2002～2015 年个体工商户发展情况

年份	注册户数（万户）	增长率（%）	注册资本（亿元）	增长率（%）	人数（万人）	增长率（%）
2002	2377.5	-2.3	3782.4	10.1	4742.9	-0.39
2003	2353.2	-1.0	4187.0	10.7	4299.1	-9.4
2004	2350.5	-0.1	5057.9	20.8	4587.1	6.7
2005	2463.9	4.8	5809.5	14.9	4900.5	6.8
2006	2595.6	5.3	6468.8	11.4	5159.7	5.3
2007	2741.5	5.6	7350.8	13.6	5496.2	6.5
2008	2917.3	6.4	9006.0	22.52	5776.4	5.1
2009	3197.4	9.6	11900	20.55	6585.4	14.01
2010	3453.3	8.0	13400	12.61	7097.67	7.78
2011	3756.47	8.79	16200	20.84	7945.28	11.94
2012	4059.27	8.06	19800	22.19	8628.31	8.6
2013	4436.29	9.29	24300	23.12	9335.74	8.20
2014	4984.06	12.35	29300	20.57	10584.56	13.38
2015	5995.06	8.5	36997	26.27	11682.2	10.38
2016.6	2215.47	27.59	/	/	/	/

注：2016 年 5 月的增长率是同比增长率，即与 2015 年 6 月相比的增长率，下同。

资料来源：《2008～2009 年中国民营经济发展报告》、《2011 年上半年全国市场主体发展总体情况》、《2011 年市场主体统计分析》、《2012 年上半年全国市场主体发展总体情况》、《2012 年全国市场主体发展总体情况》、《2013 年全国市场主体发展总体情况》、《2014 年度全国市场主体发展、工商行政管理市场监管和消费维权有关情况》、《2015 年度全国市场主体发展、市场竞争环境和市场消费环境有关情况》。

2016 年上半年，全国新设市场主体 783.8 万户，比上年同期增长 13.2%，平均每天新登记超过 4 万户，全国各类市场主体达到 8078.8 万户。在新设市场主体中，全国新登记企业 261.9 万户，增长 28.6%。其中，新登记私营企业 247.9 万户，同比增长 28.0%，约占新增企业数量的 95%，全国实有私营企业数量在内资企业中的占比首次超过 90%；个体工商户数量上半年也呈快速增长势头，达到了 506.2 万户，同比分别增长 6.2%。

截至 2016 年 9 月底，全国实有各类市场主体达 8371.6 万户，其中实有企业总量达 2463.32 万户，同比增长 18.5%；前三季度全国新登记市场主体

1211.9万户，同比增长13.7%，平均每天新登记超过4万户；前三季度新登记企业401万户，同比增长27%，平均每天新登记企业1.46万户，是改革前每天新登记企业的2.12倍，全面实施商事制度改革以前每天新登记企业是6900户。三季度新设小微企业活跃度为69.6%，在经济下行压力加大的情况下，就业不降反增，这表明商事制度改革的红利不断显现，为我国经济发展提供了新的动力。

（2）规模以上中小工业企业发展情况

在工业企业方面，全年全部工业增加值228974亿元，比上年增长5.9%。规模以上工业增加值增长6.1%。在规模以上工业中，分经济类型看，国有控股企业增长1.4%；集体企业增长1.2%，股份制企业增长7.3%，外商及港澳台商投资企业增长3.7%；私营企业增长8.6%。

2015年全国规模以上工业企业实现利润总额63554亿元，比上年下降2.3%；实现主营活动利润58640.2亿元，比上年下降4.5%。规模以上工业企业中，2015年国有控股企业实现利润总额10944亿元，比上年下降21.9%；集体企业实现利润总额507.5亿元，下降2.7%；股份制企业实现利润总额42981.4亿元，下降1.7%；外商及港澳台商投资企业实现利润总额15726.1亿元，下降1.5%；私营企业实现利润总额23221.6亿元，增长3.7%（详见表3.3、表3.4和图3.1）。

表3.3　　2015年规模以上工业企业主要财务指标

分组	主营业务收入		利润总额	
	全年累计（亿元）	比上年增长（%）	全年累计（亿元）	比上年增长（%）
总计	1103300.7	0.8	63554.0	-2.3
其中：采矿业	53406.2	-16.3	2604.2	-58.2
制造业	986913.3	2.0	55609.2	2.8
电力、热力、燃气及水生产和供应业	62981.2	-0.3	5340.5	13.5
其中：国有控股企业	235899.6	-7.8	10944.0	-21.9
其中：集体企业	6947.5	-5.8	507.5	-2.7
股份制企业	770887.5	1.9	42981.4	-1.7
外商及港澳台商投资企业	249486.5	-0.8	15726.1	-1.5
其中：私营企业	386258.1	4.5	23221.6	3.7

注：经济类型分组之间存在交叉，故各经济类型企业数据之和大于总计。

表 3.4　　　　　　　　**2015 年规模以上工业企业经济效益指标**

分组	主营业务收入利润率	每百元主营业务收中的成本	每百元资产实现的主营业务收入	人均主营业务收入	资产负债率	产成品存货周转天数	应收账款平均回收期
	（%）	（元）	（元）	（万元/人）	（%）	（天）	（天）
总计	5.76	85.68	115.9	117.4	56.2	14.2	35.0
其中：采矿业	4.88	82.61	56.8	76.2	59.7	13.9	38.0
制造业	5.63	85.76	136.1	118.1	54.9	15.0	35.8
电力、热力、燃气及水生产和供应业	8.48	87.18	47.3	184.2	61.0	0.6	20.4
其中：国有控股企业	4.64	83.16	63.6	141.5	61.4	16.4	37.5
其中：集体企业	7.30	84.49	141.2	101.0	58.9	14.5	25.1
股份制企业	5.58	85.76	116.8	119.8	57.1	14.5	31.7
外商及港澳台商投资企业	6.30	85.17	125.8	107.4	54.2	14.8	50.0
其中：私营企业	6.01	87.16	185.9	115.2	51.2	11.6	25.2

注：经济类型分组之间存在交叉，故各经济类型企业数据之和大于总计。

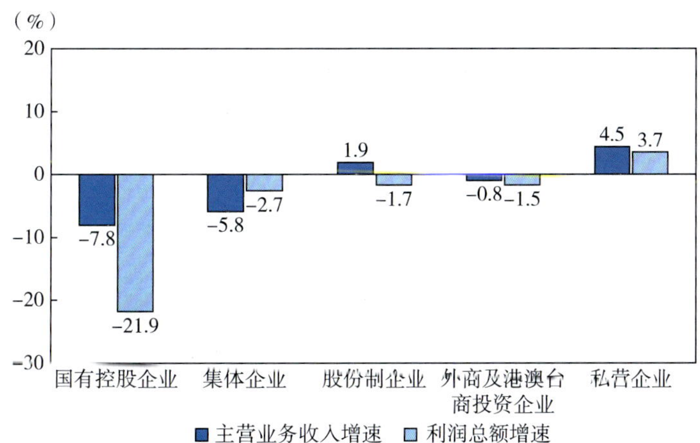

图 3.1　2015 年分经济类型主营业务收入与利润总额同比增速

全国规模以上中小工业企业 37.35 万家，占全部规模以上工业企业总数的 97.49%；资产总计 54.74 万亿元，占 53.49%；主营业务收入 68.83 万亿元，占 62.02%；利润 4.26 万亿元，占 64.37%。其中，规模以上中型工业企业个数为54070个，同比下降2.41%；资产合计24.28万亿元，同比底增长6%；主营业务收入27.24万亿元，同比增加1.52%；利润总额1.80万亿元，同比增加1.02%。而规模以上小型工业企业为31.94万家，同比增长2.19%；资产合计30.46万亿元，同比增长9.81%；主营业务收入41.59万亿元，同比增加3.46%；利润总额2.46万亿元，同比增加2.58%。中小企业的活力和竞争优势进一步显现（见表3.5、表3.6）。

表3.5　　2003～2015年全国规模以上中型工业企业主要经济指标比较

年份	企业单位数（个）	工业总产值（亿元）	资产合计（亿元）	主营业务收入（亿元）	利润总额（亿元）	全部从业人员年平均人数（万人）
2003	21647	47065.22	58854.47	47157.78	2687.05	1917.63
2005	27271	76436.36	83738.56	75549.23	4210.33	2216.49
2006	30245	95383.60	98633.78	94575.71	5759.09	2394.27
2007	33596	121698.67	118284.42	118919.85	8214.80	2579.80
2008	37204	149810.20	141042.71	146074.77	9410.43	2789.17
2009	38036	159373.96	157956.50	155050.42	11368.03	2787.73
2010	42906	203925	191195	200997	17347	3082.4
2011	52236	199366	162942	195163	15310	2946.2
2012	53866	/	184741.97	218356.88	15400.33	/
2013	53817	/	201141	239304	15205	/
2014	55408	/	229069	268281.4	17802.13	/
2015	54070	/	242810	272361	17983	/

注：全国规模以上工业企业统计范围1998～2006年为全部国有及年主营业务收入在500万元及以上非国有工业企业；2007～2010年为年主营业务收入在500万元及以上的工业企业；2011年及以后为年主营业务收入在2000万元及以上的工业企业（下同）。

资料来源：《中国统计年鉴》。

表3.6　　2003～2015年全国小型工业企业主要经济指标比较

年份	企业单位数（个）	工业总产值（亿元）	资产合计（亿元）	主营业务收入（亿元）	利润总额（亿元）	全部从业人员年平均人数（万人）
2003	172591	46291.76	43675.98	43461.46	1814.26	2524.27
2005	242061	83918.78	65967.36	79306.13	3790.78	3097.04
2006	269031	108865.95	78804.07	102715.32	5141.21	3241.95
2007	300262	142620.42	96021.81	135701.24	7528.54	3472.10
2008	385721	188170.91	125976.71	181207.61	10633.13	4077.88
2009	393074	213124.98	142612.35	206771.30	12276.54	3999.92
2010	406224	264719	165430	258730	18072	4154.4

续表

年份	企业单位数（个）	工业总产值（亿元）	资产合计（亿元）	主营业务收入（亿元）	利润总额（亿元）	全部从业人员年平均人数（万人）
2011	256319	288178	165790	283400	19439	2957.3
2012	280455	/	204060.83	326270.12	21339.89	/
2013	289318	/	241517	379973	22950	/
2014	312587	/	277340.46	402005.4	24001.98	/
2015	319445	/	304560	415925	24622	/

注：全国规模以上工业企业统计范围1998～2006年为全部国有及年主营业务收入在500万元及以上非国有工业企业；2007～2010年为年主营业务收入在500万元及以上的工业企业；2011年及以后为年主营业务收入在2000万元及以上的工业企业（下同）。

资料来源：《中国统计年鉴》。

（3）个体私营经济吸纳就业情况

国家工商总局牵头的“个体私营经济与就业关系研究”课题组发布的《个体私营经济吸纳就业状况与走势预测报告》指出，个体私营经济是我国吸纳就业的主渠道，全国1/3就业、城镇新增就业的90%都集中在个体私营经济部门。近几年来，特别是推进进一步简政放权和商事制度改革以来，个体私营经济总量持续增长，吸纳就业能力持续提高，吸纳就业的渠道更加拓宽。个体私营经济吸纳就业“蓄水池”作用日益凸显。

近年来，在城乡就业总规模趋于稳定的情况下，个体私营经济就业实现了长期的快速增长。

表3.7　　2011～2015年全国就业人员与个体私营经济从业人员对比

年份	城乡就业人员（万人）	个体私营经济从业人员（万人）	占比（%）
2011	76420	18298.88	23.95
2012	76704	19924.43	25.98
2013	76977	21857.3	28.39
2014	77253	24974.96	32.33
2015	77451	28077.06	36.25
2016.9	78518	29700	37.83

资料来源：汤正涛：《发展个体私营经济促进就业创业》；人力资源和社会保障部：2016年前三季度人力资源社会保障统计数据。

2015年底，个体工商户从业人员由2011年的7945.28万人增长到11682.2万人，增长47.03%；私营企业从业人员由10353.6万人增长到16394.86万人，增长58.35%。全国个体私营经济从业人员实有2.81亿人，比2014年底增加3102.1万人，增长12.4%。其中，第三产业个体私营经济从业人员增加最多，实有2亿人，比去年年底增加2542.8万人，占增加总量的82%。仅商事制度改革以来的两年中，个体私营企业从业人员就增加6219.76万人，约占总数的22.06%。

2011~2015年的个体工商户和私营企业的从业人员增长情况详见表3.8和图3.2。

表3.8　　2011~2015年私营企业及个体工商户从业人员增长情况

年份	私营企业		个体工商户	
	从业人员（万人）	增长率（%）	从业人员（万人）	增长率（%）
2011	10353.6	9.94	7945.28	13.38
2012	11296.12	8.65	8628.31	8.6
2013	12521.56	10.85	9335.74	8.20
2014	14390.4	15.2	10584.56	13.38
2015	16394.86	13.89	11682.2	10.38

资料来源：汤正涛：《发展个体私营经济促进就业创业》。

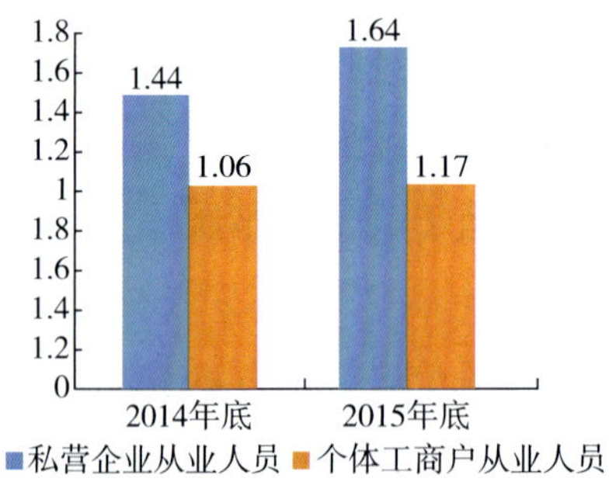

图3.2　全国个体私营经济从业人员实有基本情况

2016年二季度国家工商总局对百县万户小微企业的抽样调查显示，小微企业户均人数约7.7人，个体工商户户均人数约2.8人。

国家工商总局公布的2016年第三季度全国市场主体发展情况显示，目前全国已有近3亿个体私营经济从业者，个体私营经济促进就业作用日趋明显。当前个体私营经济从业人员保持稳步增长态势，截至9月底，全国个体私营经济从业人员实有2.97亿人，比2015年年底增加1666.2万人。2015年第三季度设立的小微企业开业一周年调查问卷分析表明，当前小微企业发展形势总体良好，新设小微企业总体比较活跃，活跃指数为69.9%，比2015年第二季度新设小微企业高1.1个百分点。新设小微企业提供的就业岗位有所增加，由开业时平均每户6.2人增加到7人。在全部小微企业中，八成开业企业实现创收，其中科技创新和涉网小微企业的盈利比率较高。大学生仍是小微企业创业创新的生力军，在创业中偏好现代服务业，经营活动较为活跃。

3.1.2　规模特点

从户均注册资金规模和从业人员规模来看，2015年全国私营企业户均资金规模为474.54万元，相比2014年底增长了23.94%。2015年全国私营企业户均从业人员为8.59人，相比2014年底减少了7.73%（见表3.9）。

表3.9　全国私营企业户均规模及就业人数

年份	户数（万户）	注册资金（亿元）	户均资金规模（万元）	增长率（%）	从业人员（万人）	户均就业规模（人）	增长率（%）
2011	967.68	257900	266.51	17.32	10353.60	10.7	-3.95
2012	1085.72	311000	286.45	7.48	11296.12	10.4	-2.80
2013	1253.86	393100	323.51	9.46	12521.56	9.99	-3.94
2014	1546.37	592100	382.90	22.12	14390.4	9.31	-6.80
2015	1908.23	905539	474.54	23.94	16394.86	8.59	-7.73

资料来源：《2008~2009年中国民营经济发展报告》、《2011年上半年全国市场主体发展总体情况》、《2011年市场主体统计分析》、《2012年上半年全国市场主体发展总体情况》、《2012年全国市场主体发展总体情况》、《2013年全国市场主体发展总体情况》、《2014年度全国市场主体发展、工商行政管理市场监管和消费维权有关情况》、《2015年上半年全国市场主体发展、市场监管、消费维权有关情况》。

在个体工商户方面，2015年个体工商户户均资金规模为6.84万元，相比2014年底增长了16.13%；2015年个体工商户户均从业人员为2.16人，相比2014年底增长了1.89%（见表3.10）。

表3.10　全国个体工商户户均规模及就业人数

年份	户数（万户）	注册资金（亿元）	户均资金规模（万元）	增长率（%）	从业人员（万人）	户均就业规模（人）	增长率（%）
2011	3756.47	16200	4.31	11.08	7945.28	2.12	4.43
2012	4059.27	19800	4.88	12.99	8628.31	2.13	0.47
2013	4436.29	24300	5.48	12.73	9335.74	2.10	-1.40
2014	4984.06	29300	5.88	7.29	10584.56	2.12	0.95
2015	5407.92	36997	6.84	16.13	11682.2	2.16	1.89

资料来源：《2008~2009年中国民营经济发展报告》、《2011年上半年全国市场主体发展总体情况》、《2011年市场主体统计分析》、《2012年上半年全国市场主体发展总体情况》、《2012年全国市场主体发展总体情况》、《2013年全国市场主体发展总体情况》、《2014年度全国市场主体发展、工商行政管理市场监管和消费维权有关情况》、《2015年上半年全国市场主体发展、市场监管、消费维权有关情况》。

3.1.3 区域发展分布

全国各省市自治区私营企业分布的统计数据表明，全国私营企业户数超过100万户的6个省（市），总数量达到了931.07万户，占总数的48.79%。其中广东第一，248.12万户；江苏第二，182.15万户；山东第三，134.34万户；上海第四，133.48万户；浙江第五，129.21万户；北京第六，103.78万户。私营企业户数少于10万户的共三个省，分别是西藏2.42万户、青海4.86万户、宁夏9.38万户，这3个省加起来只有16.66万户，仅占总数的0.87%。进一步统计分析表明，各省私营企业户数与各省GDP的相关系数高达0.917。从万人拥有私营企业个数来看，超过200个的一共有五个省（市），分别是上海552.64个，北京478.13个，浙江233.27个，广东228.70，江苏228.36。万人拥有私营企业个数少于60个的一共有两个省，分别是湖南65.51个，黑龙江66.32个。进一步统计分析表明，各省万人拥有私营企业户数与各省人均GDP的相关系数为0.801（见表3.11）。

从全国各地个体工商户分布的情况分析来看，全国个体工商户超过300万户一共有6个省，总数量达到了2271.76万户，占总数的42.01%。其中广东第一，492.99万户；山东第二，453.04万户；江苏第三，387.22万户；湖北第四，319.33万户；浙江第五，317.75；四川第六，301.40。有两个省的户数低于30万户，占总数的0.62%，其中西藏12.03万、青海21.76万。从万人拥有个体工商户个数来看，数量超过500户的一共三个省，分别是浙江573.65户，湖北545.79户，内蒙古518.63。数量低于300的一共四个省市，分别是上海168.13户，天津229.63户，河南276.07户，湖南298.42户（见表3.12）。

3.1.4 产业与行业分布

从规模以上工业企业私营企业所在行业分布情况来看，2015年全国最多的9个行业，即发展户数超过10000户的9个行业，总数量达到了126168个，其中非金属矿物制品业20910户，农副食品加工业15931户，通用设备制造业14727户，纺织业14016户，化学原料和化学制品制造业13828户，电气机械和器材制造业13088户，金属制品业12993户，橡胶和塑料制品业10610户，专用设备制造业10065户。户数小于100的4个行业，分别是烟草制品业4户，石油和天然气开采业9户，其他采矿业14户，开采辅助活动43户（见表3.13）。

表 3.11　　2015 年全国各地区私营企业分布情况

地区	户数（万户）	就业人数（万人）	城镇就业人数（万人）	乡村就业人数（万人）	人口数（万人）	GDP（亿元）	万人拥有私营企业数（户）	户均就业人数（人）	私营企业就业数占人口数（%）	人均 GDP（万元）
全国	1908.23	16394.86	11179.70	5215.16	137462.00	685505.80	138.82	8.59	11.93	4.99
广东	248.12	1866.81	1654.59	212.22	10849.00	72812.55	228.70	7.52	17.21	6.71
江苏	182.15	2093.30	1459.36	633.94	7976.30	70116.38	228.36	11.49	26.24	8.79
山东	134.34	1083.74	481.87	601.87	9847.16	63002.33	136.42	8.07	11.01	6.40
上海	133.48	1031.17	551.08	480.09	2415.27	25123.45	552.64	7.73	42.69	10.40
浙江	129.21	1692.80	1028.49	664.32	5539.00	42886.49	233.27	13.10	30.56	7.74
北京	103.78	848.60	581.97	266.63	2170.50	23014.59	478.13	8.18	39.10	10.60
四川	78.09	817.88	743.92	73.96	8204.00	30053.10	95.19	10.47	9.97	3.66
河北	70.83	244.85	154.30	90.55	7424.92	29806.11	95.39	3.46	3.30	4.01
河南	70.52	453.74	285.88	167.87	9480.00	37002.16	74.39	6.43	4.79	3.90
湖北	70.41	569.74	313.30	256.44	5851.50	29550.19	120.33	8.09	9.74	5.05
福建	64.59	568.67	454.03	114.64	3839.00	25979.82	168.24	8.80	14.81	6.77
安徽	57.42	429.13	326.87	102.26	6143.60	22005.63	93.47	7.47	6.98	3.58
重庆	54.40	684.17	526.55	157.62	3016.55	15717.27	180.34	12.58	22.68	5.21
辽宁	53.86	344.81	240.45	104.36	4382.40	28669.02	122.89	6.40	7.87	6.54
陕西	45.52	173.54	133.23	40.32	3793.00	18021.86	120.00	3.81	4.58	4.75
湖南	44.44	680.64	586.63	94.01	6783.03	28902.21	65.51	15.32	10.03	4.26
广西	43.58	338.49	168.07	170.42	4796.00	16803.12	90.88	7.77	7.06	3.50
江西	40.43	459.02	261.52	197.50	4565.63	16723.78	88.56	11.35	10.05	3.66
云南	39.45	334.38	78.60	255.78	4741.80	13619.17	83.20	8.48	7.05	2.87
贵州	33.76	261.21	87.85	173.36	3529.50	10502.56	95.65	7.74	7.40	2.98
山西	32.08	234.40	131.63	102.78	3664.12	12766.49	87.55	7.31	6.40	3.48
天津	29.24	117.49	105.83	11.66	1546.95	16538.19	189.03	4.02	7.59	10.69
吉林	25.83	244.26	196.76	47.50	2753.32	14063.13	93.80	9.46	8.87	5.11

续表

地区	户数（万户）	就业人数（万人）	城镇就业人数（万人）	乡村就业人数（万人）	人口数（万人）	GDP（亿元）	万人拥有私营企业数（户）	户均就业人数（人）	私营企业就业数占人口数（%）	人均 GDP（万元）
黑龙江	25.28	47.34	38.70	8.63	3811.70	15083.67	66.32	1.87	1.24	3.96
内蒙古	24.96	208.59	168.08	40.50	2511.04	17831.51	99.41	8.36	8.31	7.10
甘肃	20.89	178.76	100.19	78.57	2599.55	6790.32	80.34	8.56	6.88	2.61
新疆	18.98	145.17	130.70	14.48	2359.73	9324.80	80.43	7.65	6.15	3.95
海南	15.93	110.25	93.16	17.09	910.82	3702.76	174.93	6.92	12.10	4.07
宁夏	9.38	71.74	51.79	19.95	667.88	2911.77	140.44	7.65	10.74	4.36
青海	4.86	24.73	12.81	11.93	588.43	2417.05	82.62	5.09	4.20	4.11
西藏	2.42	35.46	31.50	3.96	323.97	1026.39	74.63	14.67	10.95	3.17

资料来源：根据《中国统计年鉴2016》数据计算整理。

表 3.12　　2015 年全国各地区个体就业人数

地区	户数（万户）	就业人数（万人）	城镇就业人数（万人）	乡村就业人数（万人）	人口数（万人）	GDP（亿元）	万人拥有私营企业数（户）	户均就业人数（人）	私营企业就业数占人口数（%）	人均 GDP（万元）
全国	5407.94	11682.20	7799.87	3882.33	137462.00	685505.80	393.41	2.16	8.50	4.99
广东	492.99	1153.64	896.34	257.30	10849.00	72812.55	454.41	2.34	10.63	6.71
山东	453.04	958.70	423.50	535.20	9847.16	63002.33	460.07	2.12	9.74	6.40
江苏	387.22	697.77	518.33	179.44	7976.30	70116.38	485.46	1.80	8.75	8.79
湖北	319.37	959.91	539.30	420.62	5851.50	29550.19	545.79	3.01	16.40	5.05
浙江	317.75	724.80	466.60	258.20	5539.00	42886.49	573.65	2.28	13.09	7.74
四川	301.40	527.12	382.59	144.52	8204.00	30053.10	367.38	1.75	6.43	3.66
河南	261.72	541.32	426.81	114.51	9480.00	37002.16	276.07	2.07	5.71	3.90
河北	236.82	560.38	275.65	284.73	7424.92	29806.11	318.96	2.37	7.55	4.01
安徽	204.61	490.22	428.26	61.96	6143.60	22005.63	333.05	2.40	7.98	3.58

续表

地区	户数（万户）	就业人数（万人）	城镇就业人数（万人）	乡村就业人数（万人）	人口数（万人）	GDP（亿元）	万人拥有私营企业数（户）	户均就业人数（人）	私营企业就业数占人口数（%）	人均GDP（万元）
湖南	202.42	382.70	331.00	51.70	6783.03	28902.21	298.42	1.89	5.64	4.26
辽宁	200.63	545.55	336.23	209.33	4382.40	28669.02	457.81	2.72	12.45	6.54
云南	185.07	337.68	118.57	219.11	4741.80	13619.17	390.29	1.82	7.12	2.87
江西	165.94	405.79	255.62	150.16	4565.63	16723.78	363.46	2.45	8.89	3.66
福建	161.56	344.75	212.46	132.29	3839.00	25979.82	420.84	2.13	8.98	6.77
广西	149.32	307.94	212.42	95.52	4796.00	16803.12	311.34	2.06	6.42	3.50
贵州	149.21	253.54	104.82	148.72	3529.50	10502.56	422.75	1.70	7.18	2.98
陕西	140.22	309.99	271.47	38.52	3793.00	18021.86	369.68	2.21	8.17	4.75
吉林	136.67	336.10	244.31	91.78	2753.32	14063.13	496.38	2.46	12.21	5.11
重庆	132.45	246.87	199.53	47.35	3016.55	15717.27	439.08	1.86	8.18	5.21
内蒙古	130.23	303.43	248.24	55.18	2511.04	17831.51	518.63	2.33	12.08	7.10
黑龙江	126.16	256.03	214.85	41.19	3811.70	15083.67	330.98	2.03	6.72	3.96
山西	125.65	262.90	140.64	122.26	3664.12	12766.49	342.93	2.09	7.17	3.48
甘肃	97.89	191.59	110.13	81.46	2599.55	6790.32	376.56	1.96	7.37	2.61
新疆	85.37	149.10	128.51	20.59	2359.73	9324.80	361.79	1.75	6.32	3.95
北京	65.94	103.13	56.43	46.70	2170.50	23014.59	303.78	1.56	4.75	10.60
上海	40.61	52.49	34.64	17.86	2415.27	25123.45	168.13	1.29	2.17	10.40
海南	37.46	65.38	50.44	14.94	910.82	3702.76	411.29	1.75	7.18	4.07
天津	35.52	66.64	52.89	13.75	1546.95	16538.19	229.63	1.88	4.31	10.69
宁夏	30.92	64.26	41.78	22.48	667.88	2911.77	462.96	2.08	9.62	4.36
青海	21.76	46.07	43.89	2.18	588.43	2417.05	369.74	2.12	7.83	4.11
西藏	12.03	36.40	33.57	2.83	323.97	1026.39	371.28	3.03	11.24	3.17

资料来源：《中国统计年鉴 2016》。

表 3.13　　2015 年按行业分规模以上工业企业私营企业主要指标

行业	企业单位数（个）	资产总计（亿元）	主营业务收入（亿元）	利润总额（亿元）	平均用工人数（万人）
总计	216506	229006.48	386394.60	334569.19	24249.73
非金属矿物制品业	20910	19079.96	31375.28	26892.69	2118.11
农副食品加工业	15931	13841.49	32249.71	28450.07	1827.82
通用设备制造业	14727	12625.71	21076.08	17979.01	1388.40
纺织业	14016	11403.68	21368.68	18946.30	1264.23
化学原料和化学制品制造业	13828	18377.41	32206.92	27921.67	2139.15
电气机械和器材制造业	13088	16111.66	24941.36	21410.33	1618.81
金属制品业	12993	11610.28	20648.44	17944.11	1306.40
橡胶和塑料制品业	10610	8485.44	15706.58	13649.79	1022.28
专用设备制造业	10065	10960.64	16778.31	14220.16	1130.51
纺织服装、服饰业	9034	5444.00	10622.33	9161.07	674.77
汽车制造业	7114	8993.20	12687.91	10831.45	850.60
木材加工和木、竹、藤、棕、草制品业	6784	3736.57	9619.72	8372.13	626.12
黑色金属冶炼和压延加工业	6243	13272.45	23182.52	21045.25	920.43
计算机、通信和其他电子设备制造业	5964	8348.80	12706.85	10767.24	771.23
皮革、毛皮、羽毛及其制品和制鞋业	5130	2737.71	6551.15	5673.09	433.23
文教、工美、体育和娱乐用品制造业	5079	3804.85	7417.34	6443.38	480.40
食品制造业	4680	4079.81	7746.36	6537.15	557.68
有色金属冶炼和压延加工业	4182	9184.72	16443.32	14892.46	818.07
造纸和纸制品业	4037	3218.38	5562.58	4820.30	330.82
酒、饮料和精制茶制造业	3520	3303.07	5551.01	4492.67	473.26
家具制造业	3433	2349.12	4219.36	3562.69	280.38
医药制造业	3242	5192.74	7600.16	6165.32	613.74

续表

行业	企业单位数（个）	资产总计（亿元）	主营业务收入（亿元）	利润总额（亿元）	平均用工人数（万人）
煤炭开采和洗选业	3229	5223.67	4777.91	3919.84	310.06
印刷和记录媒介复制业	3119	2095.68	3733.62	3175.64	261.39
铁路、船舶、航空航天和其他运输设备制造业	2690	3794.08	5700.64	4897.33	384.94
非金属矿采选业	2381	1654.03	3209.43	2670.45	239.18
仪器仪表制造业	2026	2275.18	3472.70	2850.11	279.16
黑色金属矿采选业	1730	3242.07	3750.49	3145.04	333.18
化学纤维制造业	1364	2361.11	3146.50	2865.58	137.47
石油加工、炼焦和核燃料加工业	1034	5335.50	5455.82	4976.69	163.41
其他制造业	1000	568.48	1244.27	1069.80	80.32
有色金属矿采选业	915	1343.57	2040.38	1743.20	148.36
电力、热力生产和供应业	900	2949.20	836.24	648.57	98.96
废弃资源综合利用业	824	898.63	1798.30	1602.07	116.24
燃气生产和供应业	305	566.76	553.61	486.44	25.15
水的生产和供应业	170	270.94	130.63	103.96	9.41
金属制品、机械和设备修理业	139	124.77	165.53	142.28	8.09
开采辅助活动	43	77.49	51.66	42.17	3.50
其他采矿业	14	9.38	20.01	15.15	1.04
石油和天然气开采业	9	33.52	33.60	28.11	2.16
烟草制品业	4	20.69	11.29	8.41	1.25

资料来源：《中国统计年鉴 2016》。

随着国家调整产业结构的步伐加快，个体工商户、私营企业实有户数在第一、第三产业增长较快，所占比重进一步增大，第二产业个体工商户、私营企业户数逐年增长，但在三个产业中所占比重逐年下降。

表 3.14　　2011～2015 年私营企业在一、二、三产业的分布

年份	第一产业户数（万户）	占比%	第二产业户数（万户）	占比%	第三产业户数（万户）	占比%
2011	24.46	2.53	269.47	27.85	673.75	69.63
2012	31.20	2.87	290.5	26.76	764.02	70.37
2013	39.57	3.16	320.32	25.55	893.98	71.30
2014	53.55	3.46	366.38	23.69	1126.44	72.84
2015	83.70	4.38	418.23	21.92	1406.3	73.70

表 3.15　　2011～2015 年个体工商户在一、二、三产业的分布

年份	第一产业户数（万户）	占比%	第二产业户数（万户）	占比%	第三产业户数（万户）	占比%
2011	62.02	1.65	304.85	8.12	3389.6	90.23
2012	76.25	1.88	317.75	7.83	3665.27	90.29
2013	93.36	2.11	324.36	7.31	4018.57	90.58
2014	117.80	2.36	351.53	7.05	4514.92	90.59
2015	145.54	2.69	376.10	6.95	4886.30	90.35

第三产业个体工商户超过个体工商户总数的 90%，主要集中在批发和零售业、居民服务和其他服务业、住宿和餐饮业、传统制造业以及交通运输、仓储和邮政业。从事第三产业的私营企业超过私营企业总数的 70%，主要集中在批发和零售业、租赁和商务服务业、交通运输、仓储和邮政业等。

3.2　年度政策措施及重大事件

3.2.1　工商总局等五部门联合发布《关于贯彻落实<国务院办公厅关于加快推进“五证合一”登记制度改革的通知>的通知》

2016 年 7 月 6 日，工商总局等五部门联合发布《关于贯彻落实<国务院办公厅关于加快推进“五证合一”登记制度改革的通知>的通知》，继去年 10 月 1 日全面实行“三证合一”后，再度整合社会保险登记证和统计登记证，实现“五证合一、一照一码”。按照《通知》要求，改革将全面实现“五证合一”，全面实行“一套材料、一表登记、一窗受理”的工作模式，申请人办理企业注册登记时只需填写“一张表格”，向“一个窗口”提交“一套材料”。

改革后，原要求企业使用社会保险登记证和统计登记证办理相关业务的，一律改为使用营业执照办理，各级政府部门、企事业单位及中介机构等均要予以认可，不得要求企业提供其他身份证明材料。对于已按照“三证合一”登记模式领取加载统一社会信用代码营业执照的企业，不需要重新申请办理“五证合一”登记，由登记机关将相关登记信息发送至社会保险经办机构、统计机构等单位。企业原证照有效期满、申请变更登记或者申请换发营业执照的，登记机关换发加载统一社会信用代码的营业执照。各地和相关部门积极推进“五证合一”申请、受理、审查、核准、发照、公示等全程电子化登记管理，加快实现“五证合一”网上办理。改造升级各相关业务信息系统和共享平台，保证数据信息在各相关部门业务系统有效融合使用。登记机关将企业基本登记信息及变更、注销等信息及时传输至信息共享平台；暂不具备联网共享条件的，登记机关限时提供上述信息。《通知》还要求，取消社会保险登记证和统计登记证的定期验证和换证制度，改为企业按规定自行向工商部门报送年度报告并向社会公示，年度报告要通过全国企业信用信息公示系统向社会保险经办机构、统计机构等单位开放共享。

从“三证合一”到“五证合一”，降低费用、节省时间，减少企业创立时的各种制度性成本，对于中小创业企业来说，有助于抢得市场先机。有助于更多的人投身创业大军，也将促进就业增加和经济社会持续健康发展。

3.2.2　全面推开营改增试点方案

2016 年 3 月 18 日，国务院常务会议审议通过了全面推开营改增试点方案，明确自 2016 年 5 月 1 日起，全面推开营改增试点，将建筑业、房地产业、金融业、生活服务业纳入试点范围。其中建筑业和房地产业适用 11% 税率，金融业和生活服务业适用 6% 税率。此次新增试点行业涉及的纳税人近 1000 万户，是前期营改增试点纳税人总户数的近 1.7 倍；涉及的年营业税规模是 1.9 万亿，占到了原来营业税总比例的 80%。将不动产纳入抵扣范围，比较完整地实现了规范的消费型增值税制度，有利于扩大企业投资，增强企业经营活力。全面推开营改增试点，实现增值税对货物和服务的全覆盖，基本消除了重复征税，打通了增值税抵扣链条，促进了社会分工协作，有力支持服务业发展和制造业转型升级。

营改增试点从制度上基本消除货物和服务税制不统一、重复征税的问题，有效减轻企业税负。从前期试点情况看，截至2015年底，营改增累计实现减税6412亿元，无论是试点纳税人还是原增值税纳税人，都实现了较大规模的减税。

3.2.3 工业和信息化部发布促进中小企业发展五年规划，把推动创业创新作为重点工作

2016年6月，工业和信息化部正式发布《促进中小企业发展规划（2016～2020年）》（以下简称《规划》）。《规划》明确了以提质增效为中心，以提升创业创新能力为主线，推动供给侧结构性改革，优化发展环境，促进中小企业发展的指导思想，从创业兴业、创新驱动、优化结构、推进改革等方面提出了基本原则。从推进创业兴业、提升创新能力、转型升级、拓展内外市场、职能转变等5个方面提出了促进中小企业发展的主要任务。力图把握促进中小企业发展的关键点和着力点。如，把提高有效供给能力、“专精特新”发展、品牌建设、绿色发展、集群发展、协调发展作为“推动转型升级，改善供给”的关键点，把“专精特新”发展的着力点放在培育一大批“专精特新”中小企业、打造一批“单项冠军”等。《规划》围绕提升中小企业创业创新能力提出了“互联网＋”小微企业专项行动、“专精特新”中小企业培育工程、服务能力建设工程、产业集群发展能力提升工程、中小企业管理能力提升工程、中小企业国际化促进专项行动6大关键工程与专项行动。如，“互联网＋”小微企业专项行动，把提升互联网和信息技术应用能力，推动发展新业态和新模式，加强互联网和信息技术服务支撑作为重点。又如，在中小企业国际化方面，工信部与中国银行联合发布《促进中小企业国际化发展五年行动计划（2016～2020年）》，支持中小企业利用全球要素，优化资源配置，积极融入全球产业链和价值链，鼓励其把国外先进技术、优质资产、高端人才和先进管理经验引到中国，促进其转型升级和技术创新。《规划》明确提出了加强组织领导、加大财税支持、加强融资保障、加强服务支撑、加强运行监测等5个方面的保障措施，突出从财税、融资、服务等方面为促进中小企业发展提供保障。如，强调要发挥国家中小企业发展基金的作用、推进中小企业信用担保体系建设、贯彻落实《中小企业促进法》、推动建立中小企业维权机制、推动建立和完善中

小企业运行监测体系等。

3.2.4　国务院开展促进民间投资督导检查和政策第三方评估

为应对2016年以来民间投资比重下滑严重的形势，深入推进民营经济发展改革，健全和完善促进民营经济健康发展的体制机制，优化民营经济发展环境，将民营企业培育成为增强经济活力、推动振兴发展的重要力量，国务院于2016年5月派出9个督查组赴18个省（区、市）开展实地督查，并组织开展第三方评估和专题调研。

专项督查重点围绕以下九个方面展开：一是党中央、国务院关于促进民间投资有关政策的贯彻落实。重点督查是否存在政策落实不到位、出台配套措施不及时等问题。二是放宽民间投资市场准入。重点督查是否存在市场反映的民间资本准入门槛高、困难多、阻力大等问题。三是加强和改善政府管理服务。重点督查政府是否存在政策多变、难以预期，“玻璃门”、“弹簧门”、“旋转门”，以及不作为、懒作为等问题。四是营造公平竞争的投资环境。重点督查是否存在民间投资不能享受与其他企业同等的财政补助、土地供应、贷款贴息、用电用水用气用热价格等问题。五是发挥政府投资的引导带动作用。重点督查政府通过投资补助、基金注资、担保补贴等方式，支持社会资本重点参与市政基础设施、社会事业、农林水利等投资建设领域存在的问题。六是大力促进创业创新中民间投资发展。重点督查是否支持创业投资企业进行长期投资、价值投资、战略投资和民营企业技术创新、产品升级等。七是加大对民间投资的金融支持。重点督查是否存在金融机构对民营企业贷款动力不足和中小微企业融资难、融资贵、期限短等问题。八是大力推进政府和社会资本合作（PPP）模式。重点督查PPP模式是否存在政策不完善、机制不科学、承诺不兑现等问题。九是落实地方政府和部门责任促进民间投资持续稳定增长。重点督查政府是否强化对民营企业的服务，建立健全有关工作机制，保障企业的合法权益等。

第三方评估和专题调研具体安排是国务院发展研究中心对法规政策制定落实方面开展评估；国家行政学院对政府管理服务方面开展评估；全国工商联对市场环境方面开展评估；新华社对民间投资开展专题调研。由国务院办公厅统筹协调，重点评估分析当前促进民间投资在政策落实、政府管理服务和投资环境等方面存在的问题和典型做法并开展相关调研，有针对性地提出对策建议。

3.2.5 《中小企业法》（修订草案）提请人大常委会修订

《中小企业促进法》颁布实施已12年。2014年2月，全国人大财政经济委员会委牵头成立了《中小企业促进法（修改）》起草小组，启动了修改起草工作。2016年10月31日，中小企业促进法第十二届全国第二十四次会议审议，这是该法自2003年实施以来的首次修订。修改主要集中在保障中小企业公平参与市场竞争、融资促进、创新支持等方面。此次法律修订的最大原则是强化政府对中小企业权益保护的力度。草案设立了“权益保护”专章，在总则中明确提出“各级政府应取消没有法律、法规依据的检查、评比等行为”，规定涉企收费、现场检查等行政行为，需建立目录清单制度，目录清单之外严禁行政事业性收费。针对一些大企业及政府部门拖欠中小企业资金这一突出问题，草案明确说“不”，并规定中小企业有权要求拖欠方对拖欠造成的损害进行赔偿。法律草案对简政放权，特别是规范行政许可事项、实现行政许可便捷化、减轻企业负担、简化小型微型企业税收征管程序和注销登记程序等方面作了明确规定，为中小企业发展创造良好环境。修订草案对中小企业特别是小型微型企业的融资支持作出了一系列具体规定，如要求银行业监管机构对金融机构开展小型微型企业金融服务实行差异化监管，政策性金融机构应当采取多种形式为中小企业提供金融服务，还提出推动建立全国统一的动产融资登记互联网公示系统，支持金融机构为中小企业提供动产担保融资等。修订草案设置了创业扶持、创新支持两章，规定政府需为创业者提供法律法规、工商财税、社会保险等方面的咨询服务，鼓励引导社会服务机构为小微型企业提供创业培训等综合服务，鼓励发展为小微型企业创业提供服务的互联网平台等。规定国家统计部门应当建立健全中小企业统计调查制度，加强监测分析，定期发布有关信息；各级政府中小企业促进工作综合协调部门的网站，应当汇集并提供涉及中小企业的法律法规、政策及创业、创新、金融、市场、权益保护等各类政府信息供免费查询。

3.2.6 多部门进一步推进全国中小企业股份转让系统发展

证监会于2016年11月推出《进一步推进全国中小企业股份转让系统发展的若干意见》，提出要充分认识加快发展全国股转系统的重要意义和目标任务，进一步提高审查工作的效率和透明度，坚持和完善以信息披露为核心的理念，加快构建以投资者需求为导向的差异化信息披露制度体系，巩固和完善小额、快速、灵活、多元的投融资机制，增强市场融资功能。坚持和完善主办券商制度和多元化交易机制，鼓励证券公司建立适应全国股转系统特点的证券业务体系，强化主办券商执业能力。建立健全主办券商激励约束机制，坚持并完善多元化交易机制，改革优化协议转让方式，大力发展做市转让方式，建立健全盘后大宗交易制度和非交易过户制度，改善市场流动性，提高价格发现效率。实施全国股转系统内部分层和差异化管理；大力发展和培育机构投资者队伍，支持封闭式公募基金以及混合型公募基金投资全国股转系统挂牌证券。支持证券公司、基金管理公司及其子公司、期货公司子公司、商业银行等机构，开发投资于挂牌证券的私募证券投资基金等产品。研究落实合格境外机构投资者及人民币合格境外机构投资者参与全国股转系统市场的制度安排。推动将全国股转系统挂牌证券纳入保险资金、社保基金和企业年金等长期资金投资范围。持续加强投资者权益保护工作，落实主办券商投资者适当性管理责任，规范开户管理和产品销售行为，完善风险提示基本规范和纠纷调解制度。严格执行证券账户实名制规定，严禁开立虚拟证券账户、借用出借证券账户、垫资开户等行为。提高信息披露质量，建立健全投资者关系管理制度，保障投资者参与权、知情权和异议股东合法权益。加强市场监管，坚持以市场化、法治化为导向推进监管转型，坚持以信息披露为本，以公司自治和市场约束为基础，以规则监管为依据，构建职责明确、分工清晰、信息共享、协同高效的监管体系。

中国保监会于2016年8月印发了《关于保险公司在全国中小企业股份转让系统挂牌有关事项的通知》，确立了鼓励采取做市或竞价等更公开透明转让方式的政策导向，规范了保险公司申请挂牌的有关工作程序，明确了保险公司挂牌以后的股权监管要求，允许自然人投资以做市或竞价方式挂牌的保险公司股份，并比照上市保险公司进行股权监管。

新三板市场分层制度一直以来是市场关注的焦点，被视为新三板的一大制度改革。2015年11月24日，股转系统就发布了《全国股转系统挂牌公司分层方案》，提出划分创新层、基础层的标准。2016年5月27日，股转系统宣布《全国中小企业股份转让系统挂牌公司分层管理办法（试行）》正式发布实施，包括总则、分层标准和维持标准、层级划分和调整、附则等。自6月27日起，全国股转公司正式对挂牌公司实施分层管理。尚未正式挂牌的申请挂牌公司可以按照《分层管理办法》的规定申请进入创新层。申请进入创新层的申报文件、操作流程和申请挂牌同时发行股票的具体要求另行发布。分层制度实施后，新三板市场分化会进一步明显，挂牌企业之间会有非常大的差距，将会有退市制度把不符合在新三板市场发展的企业淘汰，

3.2.7 工业和信息化部公布第一批国家小型微型企业创业创新示范基地名单

2016年1月，根据《国务院关于进一步支持小型微型企业健康发展的意见》（国发〔2012〕14号）、《国务院关于进一步做好新形势下就业创业工作的意见》（国发〔2015〕23号）和《国务院关于大力推进大众创业万众创新若干政策措施的意见》（国发〔2015〕32号）有关要求，按照《工业和信息化部国家小型微型企业创业示范基地建设管理办法》（工信部企业〔2015〕110号），经推荐、评审和公示，工业和信息化部公布了第一批国家小型微型企业创业创新示范基地名单，全国范围内同意授予北京市汇龙森小微企业创业基地、天津市津南区北闸口电子工业园小企业创业基地、河北省秦皇岛市高新技术创业基地等95家基地“国家小型微型企业创业创新示范基地”（以下简称示范基地）称号。要求示范基地要在现有基础上，不断完善创业创新设施和环境，创新服务和运行模式，完善服务功能，提高服务能力；要集聚社会服务资源，畅通信息渠道，不断满足小微企业的创业创新需求；要主动开展公益性服务，积极承担政府部门委托的各项任务，发挥示范带动作用。各地中小企业主管部门要定期对辖区内示范基地的服务质量、服务收费以及服务满意度等运营情况进行检查；要认真总结和推广示范基地的经验，结合本地区经济发展实际情况，做好小型微型企业创业创新基地的培育和认定工作。工业和信息化部将委托中介机构组织专家对示范基地进行不定期测评，并对示范基地实行滚动管理，每三年复核一次，对不合格的撤销示范基地称号。

3.2.8 修订《高新技术企业认定管理办法》，更多向中小企业倾斜

2016年1月29日颁布的新修订的《高新技术企业认定管理办法》加大了对科技型中小企业的倾斜支持，适当放宽对中小企业的认定条件，助力大众创

业、万众创新。大大降低了高新技术企业享受税收优惠的门槛，主要体现在以下三个方面：一是取消了企业通过“自主研发、受让、受赠、并购等方式”取得主要产品核心技术的自主知识产权“近三年”的时间限制。只要是企业主要产品核心技术的自主知识产权通过自主研发、受让、受赠、并购等方式获取的，就可申请优惠。同时，对企业取得核心知识产权的要求也有所放宽，由“对其主要产品（服务）的核心技术拥有自主知识产权”改为“获得对其主要产品（服务）在技术上发挥核心支持作用的知识产权的所有权”。二是降低了最近一年销售收入小于5000万元（含）的企业近三个会计年度的研究开发费用标准。由原来的研究开发费用总额占同期销售收入总额的比例不低于6%降为不低于5%，降低了对中小企业的研发费用占比要求。对于最近一年销售收入大于5000万元的企业近三个会计年度的研究开发费用要求保持不变，最近一年销售收入在5000万元至20000万元的企业，比例不低于4%；最近一年销售收入在20000万元以上的企业，比例不低于3%。三是降低了研发人员所占比例的要求。将“具有大学专科以上学历的科技人员占企业当年职工总数的30%以上，其中研发人员占企业当年职工总数的10%以上”的要求，修改为“企业从事研发和相关技术创新活动的科技人员占企业当年职工总数的比例不低于10%”。

3.3　中小企业当前面临的困难与特点

3.3.1　中小企业生存发展压力不断加大，民营企业投资下滑明显

纵向来看，过去几年，我国中小企业的发展成绩斐然，尤其在发展实力、发展环境、创业创新能力等方面，总体保持增长和持续改善态势。然而，横向来看，当前中小企业的发展形势依然不容乐观。

2016年中国宏观经济连续3个季度处于低迷状态，外部环境严峻，世界经济深度调整、复苏乏力，外部环境的不稳定不确定因素增加，与此同时，我国经济发展进入新常态，这给中小企业发展带来多重挑战。信用风险正在从东部向中西部地区、从中小企业向大型企业、从核心企业向上下游产业蔓延、从信贷资产向类信贷资产蔓延。实体经济增长面临下行压力，形势严峻。资金、产业等问题已成为束缚我国中小企业与非公经济发展的“瓶颈”，受经济下行压

力影响，中小企业普遍面临生产成本上升、盈利水平下降等问题，生存与发展的压力不断加大。多数中小企业产业层次较低、科技水平不高、抵御外部风险能力较弱。国家统计局数据显示，2016 年 6 月份，中国制造业采购经理指数（PMI）为50.0%，其中，大型企业 PMI 为51.0%，比上月上升0.7 个百分点，持续高于临界点；中型企业 PMI 为49.1%，比上月下降1.4 个百分点，降至临界点以下；小型企业 PMI 为47.4%，比上月下降1.2 个百分点，继续位于临界点以下。中小型企业 PMI 回落幅度较大，表明其生产经营中的困难更为突出。中小企业依然面临着较大的经营压力，资本、土地等要素成本持续维持高位，招工难、用工贵以及融资难融资贵等问题仍有待进一步缓解，传统产业领域中的大多数中小企业处于产业链中低端，存在高耗低效、产能过剩、产品同质化严重等问题，盈利能力依然较弱，转方式、调结构任务十分艰巨。

在现实中，民营企业不仅有融资难的问题，还有投资难的问题。民营企业之所以能够生存下来，主要依赖它的创新、灵活性、拼搏精神。民营企业在这个过程中，要创新，要进入新的领域市场，必然需要资金的支持，没有资金的支持很难撬动这个市场。但是自身又没有可抵押物，虽然现在有一些专利技术，少数的银行能够接受作为抵押物，但也接受得很少。他们融资很难。很多企业在转型升级过程中，必须转型升级，但是又必须从传统企业跳出来，进入新的领域，找不到很好的项目，拿着钱投不出去。今年上半年普遍出现投资下滑的现象。

2016 年三季度中国中小企业发展指数（SMEDI）为 92.3，由降转升，比上季度上升 0.3 点。分行业指数 6 升 2 降，分项指数 7 升 1 降，下降的面比上季度明显缩小，升降幅度不大的特点继续保持。目前经济下行压力仍然较大，企业特别是小微企业虽然总体平稳趋强，但中小企业发展指数低位小幅波动的态势将持续。

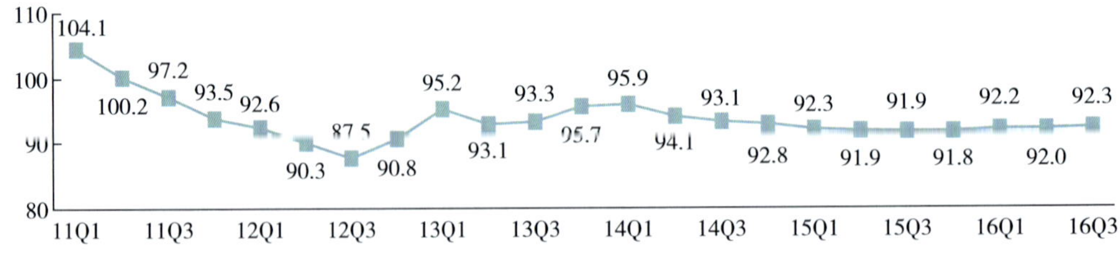

图 3.3　中国中小企业发展指数运行图

3.3.2　“融资难”依旧是制约中小企业发展的主要因素之一

各方面特别是广大企业反映，“融资难”依旧是制约中小企业发展的主要因素之一。在中国中小企业协会的网络调查中，43%的受访者反映存在融资难问题，排在突出问题的第一位。能够获得融资的中小企业也存在融资成本过高的问题。不计算5500万户个体工商户的融资问题，仅看2700万户企业的融资状况，只有700余万户的企业在全国各个商业银行当中有贷款余额，即中国有1600万~1700万家小微企业因为没有不动产做抵押等原因而无法从商业银行获得贷款，只能从民间融资、借高利贷或者是凭借自己的利润滚动发展。这2700万户企业，只有很少的一部分，约1/4和银行有关，剩下的3/4的企业和银行无关。说明尽管2009年以来央行、证监会、商业银行在体制改革上做了很大的努力，提效率、降收费等等，一定程度上取得了成绩，但只是对那六七百万户企业成绩明显，近70%的中小微企业多年来存在“融资难、融资贵”的问题没有得到很好的解决。中小企业民间融资占比大，其正常生产经营受资金问题影响很大。与美国1999年的数据相比，银行资产规模1亿美元给小企业贷款的比例是96.7%，1亿~3亿美元给小企业贷款的比例是85%，3亿~10亿的是63.2%，10亿~50亿是31.8%。大于500亿的是6.9%。说明是小银行给小企业贷款服务，大银行主要是为大企业服务。而中国十分缺少为小微企业服务的小银行，为他们服务的银行机构不够，这是小微企业贷款难的原因之一。美国有8000家银行，非吸收存款类的小金融机构5万家。香港有1000家银行，而中国目前包括城市商业银行、农村商业银行在内也只有3000多家。发达国家的企业直接融资占70%以上，中国的大企业直接融资比例是30%，而中国小微企业几乎没有办法从证券市场、债券市场融资。深圳交易所、上海交易所开业至今26年，这两家交易所上市的公司一共3000多家。中国的新三板2016年会突破10000家，但是有做市商做市的只有很少的一部分。

现行法律对中小企业融资方面的支持规定得较为原则、缺乏可操作性，也是中小企业融资问题迟迟得不到明显改善的一个重要原因。

3.3.3　中小企业权益得不到有效保护，负担重、维权难

中央把降成本、减负担作为推进供给侧结构性改革的重要任务，从降低

企业税费、融资、人工、用能、物流和制度性交易成本等方面密集出台了多项政策措施，并从收费规范检查、清理涉企欠款和保证金等方面多次作出重大部署，体现了中央对减轻企业负担工作的高度重视和对稳定经济增长的决心。但仍有许多中小企业反映自身权益得不到有效保护，面临负担重、维权难的问题。一是来自行政机关的各类检查、评比多，行政审批事项流程繁琐，存在乱收费、乱摊派现象，干扰了企业正常生产经营，增加了企业负担。二是一些大企业滥用市场支配地位，长期拖欠中小企业大量资金，导致中小企业销售回款难。三是缺乏正规有效的维权渠道维护自身的合法权益，维权成本过高。

工信部中小企业发展促进中心 2016 年在全国范围内开展了企业负担调查工作，6000 多家企业参与了调查工作。在第五届全国减轻企业负担政策宣传周披露的企业负担调查工作数据显示，在当前经济下行压力下，企业对负担主观感受有所增强，56% 的企业认为当前总体负担较重。和上年相比，46% 的企业认为人工成本负担加重，28% 的企业认为融资成本加重。同时，有 20% 的企业认为行政审批及监督检查负担有所减轻。企业认为当前负担重的领域依次为人工成本、融资成本、水电气土地等要素成本，这三个方面也是近年来企业反映较为突出的成本负担问题。调查显示，经过多年整治，对企业乱收费、乱摊派的现象大幅减少，90% 以上的企业反映不存在此类问题或问题不明显；但是个别地区和领域仍存在强制服务并收费等现象。有企业提出，企业减负需政策“落地生根”，要有监管评估机制，让企业去评定，是否真正为企业减轻了负担。如果效果不明显的话，还可以考虑哪些收费项目可以取消，进一步为企业减负。在最希望国家出台的政策中，70% 以上的企业建议出台相关“结构性减税”、“降低融资成本和拓展融资渠道”等方面政策，60% 以上企业希望“降低企业用能、用地成本”、“取消不必要的审批手续、降低制度性交易成本”，有部分企业提出涉企收费的结果及相关资金使用情况不够透明，建议进一步加强政务公开。

“营改增”改革之后，由于当前相当多的中小企业经营不规范，导致这些企业难以拿到“进项税”的抵扣发票，使税负在短期内有所增加，部分企业反映“营改增”后税负增加了 2 ~ 3 个百分点。

3.3.4　中小企业立法面临多方面复杂问题，迫切需要加快解决

《中华人民共和国中小企业促进法》自从2013年纳入本届人大立法规划以来，已经过3年多，2016年11月，十二届全国人大常委会第二十四次会议分组审议了《中华人民共和国中小企业促进法》草案，明确提出了很多问题。

首先在草案的立法对象界定范围上，把中型企业放在本次修法内，会挤压对小微企业扶持的效果。代表希望能够更精准地瞄准小微企业，解决小微企业的问题，建议将本法改为《小微企业促进法》或《小微企业法》。同时，在附则里面加上一句，“中型企业可以参照小微企业的促进办法来执行”。这个问题也是本章作者多年来一直呼吁的问题。

其次是立法的主要措施，2003年版本更多篇幅在扶持措施上，如专设章节规定财政资金政策、税收优惠政策、公共服务扶持政策等。而应对新形势，在国务院发展研究中心企业研究所的调研中，很多中小企业反映给扶持、给项目不如给政策给公平的保护。这也是中小企业立法面临的一个重要问题，即“扶持和权益保护两手都要硬”。如有代表提出，政府和大型国企拖欠款项是中小企业发展的长期问题，草案虽然对此有所关注但力度有待加强。水、电、气是中小企业额外开支比较多的三个方面，因为是这三个要素目前是部门专营，中小企业在政策沟通和权益维护中处于弱势，希望法律修改对此关注。同时，草案对乱罚款、乱摊派这种行为有所关注，但规定偏软，必须于条文上加有力的制止手段与问责行为定义。

第三，2003年中小企业促进法版本中存在部分条款操作性不强的问题，不能只有促进鼓励没有问责条款。法律规定中许多“国家支持”、“国家鼓励”都是“软性法律”，虚规定太多，在实践中企业很难感受得到，政府不做或做不到并不需要负责，更不会受到惩罚。有代表提出，促进法虽然对保护中小企业起到一定作用，但对违反规定的却没有设置任何法律责任，特别是对于中小企业遇到乱收费、乱罚款、乱摊派甚至拖欠等不公平待遇时，没有赋予其基本的法律诉讼权，使得中小企业在合法权益受损失时，也包括中小企业的职工在合法权益受到企业侵害时，没有明确的法律途径获得救济。

第四，在一些专门章节上的可操作性问题，如有代表指出，近些年，金融领域的改革开放和中小企业资金的强烈需求，催生了融资性的担保公司、小额

贷款公司、信用评级公司等融资服务机构，用市场手段及时解决了中小企业对资金的渴求。但是这些机构存在良莠不齐的情况，甚至有机构的半路跑路，希望用法律制度来规范。也有代表指出，对微型企业放低市场准入门槛。工商部门、税务等政府部门必须适应新的变化，创新管理体制，对小微企业放宽市场门槛，对灵活就业、大众创业要放宽，打破传统的现有的管理体制才行。建议更多的条款向微型企业方面倾斜，既要照顾到中小企业的发展，也要突出微型企业的健康。

3.4 政策建议

3.4.1 对小微企业实施差异化社保税收政策，快速减缓小微企业经营压力

调研中中小企业对五险一金等社保费率在人工成本中占比过高已经有很多反映。各省对养老保险、医疗保险等的收缴比例，全国层面上普遍达到40%以上。2016 年以来经济形势严峻，民间投资的大幅下滑，对降成本要求更加迫切。人力资源和社会保障部响应 2015 年中央经济工作会议提出的降成本要求，出台了政策将社保收缴比例降低了 1 个百分点。

建议对小微企业实施差异化社保缴费政策，给予更大的降费比例，而不是与大企业一刀切的实施同样的缴费比例。一是小微企业本身处于发展初级阶段，各方面实力都很弱，同样的社保缴费比例，其缴费额度占比以及衍生出来的经办管理人员的财务成本，对大企业来讲占经营成本比例较低，但小微企业来说占比却很高，尤其是对以高技术人才为主的科技型中小企业和主要以人工成本为主的服务业企业；二是在各种大型工程招投标以及政府采购方面，小微企业由于在资金保障、人员实力、技术储备、品牌等多方面不完善，也不具备大企业所具有的资质，因此，承担的社保费用义务应该与大企业有所差异；三是对于社保基金的收支压力来说，大企业社保缴费占整体收入很高，大企业降费 1 个点，对大企业的经营成本改善有限，但对社保基金收入的压力影响较大。而小微企业社保缴费比例大幅度降低，对社保基金收入来说相对影响不那么大，但涉及的企业面却很广，对小微企业降成本的改善效果也非常明显。因此，建议社保缴费费率根据企业的规模确定差异化的缴费政策。

3.4.2 加强督导检查和第三方评估，促进营商环境公平，减轻企业负担

督导检查和中小企业政策的第三方评估，有效地对相关部门的政策制定和落实形成了正反馈，发挥了良好的作用。建议进一步加强中小企业政策落实的督导检查和第三方评估，以促进公平竞争、规范涉企收费、加快信用体系建设为重点，不断完善小微企业发展的营商环境。重点包括：①借鉴国际经验，有效制止大企业拖欠中小企业货款。很多发达国家已有相对较为成熟的法规制度经验，如明确规定大企业在跟下包中小企业签订供货采购合同时，中小企业主管部门有权抽查下包合同签订情况，如果没有支付期限条款将受到处罚；有延迟支付行为发生时，对当事部门责任人甚至公司法人追责、诉讼甚至承担刑事责任。可以借鉴相关经验，在新修订的《中小企业法》中补充相关条款。②结合负面清单制度改革，着力解决办证难问题。支持有条件的地区加快开展负面清单改革试点，鼓励其先行出台比国家要求更高的负面清单。从中央到地方要对后置许可审批事项进行系统梳理，加强部门协同与改革同步，加快出台改革配套政策，着重解决工商登记制度改革与银行、商贸、海关、运输等领域的协同问题，加快推进新版营业执照在各个领域的应用。对确实需要保留的许可审批事项要进一步优化审批流程，形成后置审批事项清单，明确审批条件、时限等要求，并向社会公布，使办证时间进一步缩短。选择一些许可事项较多、小微企业反映问题较突出的行业，如餐饮、食品、商业、城市物流、养殖、化工等行业逐行业清理企业在开展经营活动中遇到的诸多许可与审批事项，降低许可门槛，同时放管结合，尽快建立相应的事中事后监管能力。③建立健全公开透明的涉企收费监管制度。按照收费项目只减不增的原则，继续清理规范行政事业性收费和政府性基金。在规范收费目录的基础上，着力规范收费行为和创新收费机制，加大力度清理查处隐性收费、搭车收费，严禁各级部门在实施行政审批时，指定第三方机构借提供服务之名收取高额费用。借鉴地方探索经验，可考虑采用集中收费、收支分开等方式，切实切断各部门与收费的利益关系。深化涉企经营服务性收费改革，积极引入经营性服务和中介机构的竞争机制，通过竞争促进服务质量提升和收费水平下降。深化中介服务机构的市场化改革。加快推进市场中介组织、行业协会与行政部门脱钩工作，做到组织分开、场所分开、工作分开、利益分开，切断政府部门与行业协会、市场中介组

织的利益联系。

3.4.3 加快政府信息披露共享机制建设，健全社会信用体系

落实并完善《政府信息公开条例》，建立政府部门及财政资助部门的信息公示清单制度，以公开为原则、不公开为例外，促进政府有关部门信息公开的常态化、制度化，切实落实政府信息公开。规定相关部门在信息公开方面的责任义务，对企业注册登记、行政执法、行政审批、享受扶持政策以及政策实施等相关信息都应公开。对政府信息披露情况开展第三方评估，防止少数机构以各种理由拖延信息公开。有序扩大政府涉企信息对社会的开放，促使政府相关部门、金融机构及其他社会组织之间信息的整合和有效利用，促进人行征信体系、税务、工商等信用信息系统向商业银行、保险、征信机构等开放和共享，优化信用调查、信用评级和信用管理等行业的发展环境。推动征信行业相关管理规范的制定和出台，规范征信机构的行为，提升征信机构的公信力。积极培育社会征信机构和评级机构，鼓励和支持第三方征信发展，拓宽具备个人征信业务资格的商业机构经营范围，促进第三方信用服务。在政府主导下，大力促进征信企业、电子商务平台、行业协会等市场机构，参与共建社会信用平台，加快培育征信行业发展，支持其利用政府涉企信息开展征信服务。促进小微企业和个人的征信数据归集和影响。在中央和省级扶持民营经济及小微企业发展专项资金中，安排或预留扶持小微初创企业征信专项资金，采用服务券或通过政府购买服务的方式，对小微初创企业使用第三方征信开展信用评级给予资助和支持。建立健全小微企业信用评级体系，为金融机构风险评估和服务定价提供参考。加快制定相关法律和法规，规范信用平台建设和涉企信息发布制度。针对企业和个人信用信息、商业秘密等信用信息的征集、发布和使用进行规范，为信用平台的建设提供法律依据，为信用信息的征集和发布提供制度保障。

建立跨部门小微企业运行动态监测体系。建议国务院进行协调，建立跨部门的有效信息共享和联动协作机制，制定各部门信息记录的数据标准、接口标准、格式标准等，打破信息孤岛，推动工商、商务、税务、海关、质检、环保、交通、社保等部门的信息相互开放、互联互通、实时交换。统一小微企业公共服务平台，解决当前普遍存在的条块分割、各自为政问题，建立公共服务

平台之间的互联互通机制。

3.4.4 加快《中小企业促进法》修订步伐

立法思路应由偏重扶持转为保障合法权益和营造公平市场环境。《中小企业促进法》共七章，除总则和附则外，其余五章均是和扶持中小企业有关的内容。关于中小企业合法权益的保护以及公平发展环境的营造，仅在第一章总则中通过两个条款进行了原则性的规定。而政府提供的贴息政策、资金支持这类扶持手段最大弊端是其特定性，即这种政策不可能普惠所有中小企业。对特定企业的选择就可能导致政府权力寻租，也可能导致“扶起一个、倒下一大片”。广大中小企业更需要的是公平的发展环境和公正的权益保护，“给项目给政策，不如给规则”。建议《中小企业促进法》修法思路确立扶持与竞争相结合的原则，“扶持”应以市场化为导向，而“竞争”应为中小企业提供实质的公平竞争机会。建议加强维护中小企业合法权益、营造公平市场环境方面的内容，将总则中第六条、第七条分别展开为一个章节，通过规定明确的具有约束力的权利与义务来保护中小企业合法权益。以后再视情况颁布专门法对中小企业给予特别保护。

促进对象由中小企业聚焦为小企业，法律名称改为《小企业法》。根据2011年《中小企业划型标准规定》，中型企业的最低营业收入和从业人员数量基本为小型企业的10倍，在规模上存在如此巨大差异的中型企业和小型企业所需要的扶持或服务差异很大，不宜通过统一的法规来予以规范。在实践中，“融资难”、“融资贵”的问题主要体现在小微企业中，相对数量不多的中型企业年度贷款余额远高于数量庞大的小微企业年度贷款余额。建议本次修法将现行的《中小企业促进法》改为《小企业法》，重点关注小微企业的发展。针对小微型企业制定专门政策，加强对小微企业的管理。同时要建立专门面向小微企业的基层服务组织，为其创造良好的创业和政策环境。

明确《中小企业促进法》修订版是一部具体法而不是原则法。原法案规定了大量促进中小企业发展的原则性建议。如第六条“任何单位不得违反法律、法规向中小企业收费和罚款，不得向中小企业摊派财物。中小企业对违反上述规定的行为有权拒绝和有权举报、控告”。但对违反限制性和义务性规范的行为，没有设置任何法律责任，没有制定相应的递交举报、控告申请的程序，以及在这一程序中为保护自己免受侵权单位的危害性对待时中小企业应该享有一些特定的程序性权利，这致使该法不具有可诉性，成为了一只“没有牙齿的纸老虎”。建议修订时对现行《中小企业促进法》中大量倡导性的条款进行可操作的细化。如在扶持内容方面，对现行法律中多次提到的“鼓励”，应该明确具体的方式和措施，明确资金支持的方式、优惠的具体政策、促进措施的种类及结构。对各个条款中出现的“有关”或“有关部门”，建议明确列举出来，列举时可采用“包括但不限于以下措施或部门”的句式。也可借鉴上海自贸区实施的负面清单制度的做法。

完善中小企业法律体系。目前，我国形成了以一部法律和四个国务院文件为主的法律政策体系，主要包括 2002 年的《中小企业促进法》、2005 年的《国务院关于鼓励支持和引导个体私营等非公有制经济发展的若干意见》、2009 年的《国务院关于进一步促进中小企业发展的若干意见》、2010 年的《国务院关于鼓励和引导民间投资健康发展的若干意见》和 2012 年的《国务院关于进一步支持小型微型企业健康发展的意见》。但其中仅有《中小企业促进法》是专项立法，对权益保护、市场公平环境营造等专门问题没有强有力地约束性规定，在法律体系的构建方面与发达国家存在很大差距。建议吸收各部委已在实践中证明有效的政策性法规和文件，或纳入新修订的《小企业法》中，或将其上升为专门的法律，如将 2014 年财政部、工业和信息化部、科技部、商务部联合出台的《中小企业发展专项资金管理暂行办法》上升为专门的《中小企业发展专项资金管理法》。

明确规定中小企业法规实施监督机制。《中小企业促进法》删除了前期草案中要求国务院每年就其关于中小企业工作向全国人大常委报告的规定，这本应是检查该法的实施和效力的一个好措施。缺乏这一措施，不利于持续提高促进中小企业发展的质量和效率，也不利于检验政策制定的效果和对政策本身的改进完善。建议修订《中小企业促进法》时明确规定设立直接对国务院负责的小企业局，统筹工业、商业、科技等各部门现有的涉及中小企业的管理职能，更好地促进中小企业发展。建议在修订《中小企业促进法》时加入要求政府部门向人大立法机构就中小企业工作进行报告，包括报告期间中小企业发展状况、创造就业机会、促进中小企业发展及其服务体系的统计数据等内容，以及对所做工作的有效性、效益进行自我评估，提出下一年度的中小企业政策规划等等，以更好地推动中小企业法律的实施。

3.4.5 成立国家中小企业局，加大政府各层面政策协调力度

《中小企业促进法》规定“国务院负责企业工作的部门组织实施国家中小企业政策和规划”。在实践中，主要由工业和信息化部的中小企业司负责以工业为主的中小企业管理职能，并负责对全国中小企业工作进行综合协调、指导和服务。但是这一部门级别较低，协调工作难度大。此外，中小商贸流通等服务业的中小企业工作由商务部商贸流通司负责，科技部还负责中小科技企业的发展工作。虽然在国务院层面上成立了国务院促进中小企业发展工作领导小组，但涉及十几个部委的协调，难度大和效率低。这不仅增加了政策间协调的难度，难以发挥政策的功效，而且容易造成这些相互独立的管理机构政策上的局限性与片面性，难以顾全大局。

从国际经验来看，各国政府为加强对中小企业的宏观管理和服务，都纷纷设立了中小企业的专门管理机构，统筹规划中小企业的发展。如美国专门通过《小企业法》设立了“小企业管理局”，局长由总统直接任命，明确规定小企业管理局由总统直接指导和监督，与联邦政府的其他机构或部门无隶属关系。并且小企业局设立首席律师，重点审查其他联邦政府机构的有关政策是否侵犯了小企业利益，审核和评估小企业管理局自身政策和活动对小企业发展的影响。

建议加强小微企业工作统筹协调力度，建立国家层面的小企业局，替代目前非常设机构的部际协调领导小组，切实把发展小微企业作为实现全面脱贫目标、全面建成小康社会、促进社会公平的重要抓手，把发展小微企业作为社会经济转型成功、扩大就业、实现富民的根本之道，把发展小微企业作为实现“稳增长、调结构”的主要手段和催生经济发展新动力的重要措施。借鉴发达国家统筹协调小企业政策、实现政策协同效果的经验，在此基础上完善中小企业的综合统计体系，协调各部门涉及小微企业发展的政策和行政规范，维护中小企业合法权益。建议国家小企业局的职责主要包括：加强宣传力度，让广大干部更加充分认识到扶持小微企业发展和促进“大众创业、万众创新”的重要意义，认识到小微企业发展的客观规律，自觉将扶持小微企业发展放在优先

位置，改变过去“抓大放小、择强扶优”的政策思路；适应经济社会转型发展要求，重在改进企业发展环境，重在制定普惠性政策，以激发全社会的创造活力；加强政策引导培训，充分发挥有关行业协会、商会等中介组织的作用，推广扶持小微企业发展的先进经验，提高中小企业的社会责任意识，促进中小企业环保绿色转型发展、可持续发展。

执笔人：王继承

第四章 企业跨境投资

4.1 外资企业在华发展基本情况

由于全球经济仍在复苏，总需求持续疲弱，初级商品出口国经济面临困难，跨国公司利润水平下滑，以及政府出于反避税目的对反转交易采取更严格的政策措施等因素，全球外国直接投资（FDI）不确定性增大，FDI 流入总量在 2014 年下降了 16%，但在 2015 年全球外国直接投资又强劲复苏，FDI 流入总量提高 38%。2014 年，流入发展中经济体的投资达到了历史最高水平，中国更首次超过美国成为全球最大 FDI 流入国。2015 年，中国吸收外资全球排名从第一降到第三，但仍保持着稳定增长。截至 2016 年 9 月，全国新批设立外商投资企业达 21292 家，同比增长 12.2%；实际使用外资金额 950.9 亿美元，同比增长 4.2%。在华外资企业的数量继续扩大，质量日益提升。

4.1.1 实际利用外资总额和外商投资企业数均同比增长

根据联合国贸易和发展组织（UNCTAD，简称“贸发组织”）发布的《2016 年世界投资报告》，2015 年全球外国直接投资（FDI）复苏，FDI 流入总量跃升 38%，达到 1.76 万亿美元，这也是自 2008 年全球金融危机爆发以来的最高水平。中国利用外资保持稳定增长，2015 年中国外资流入量增长 6%，达到 1356 亿美元，全球排名第二位，仅次于美国，从外商投资的存量来看，中国在全球居第四位。

2015 年 6 月～2016 年 6 月，中国实际利用外资同比总体持续增长。2015 年 1～12 月，全国新批设立外商投资企业 26575 家，同比增长 11.8%；实际利用外资金额 1262.7 亿美元，同比增长 6.4%。2016 年 1～9 月，全国新批设立外商投资企业 21292 家，同比增长 12.2%；实际使用外资金额 950.9 亿美元，同比增长 4.2%。

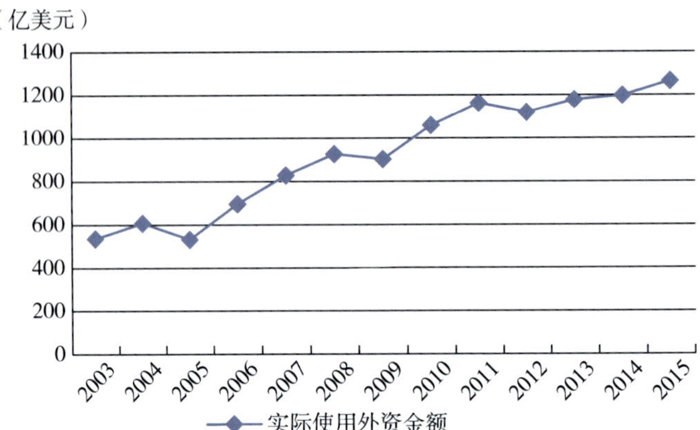

图 4.1　中国吸收外商直接投资情况（实际使用外资金额）(2003～2015 年)

数据来源：商务部统计数据。

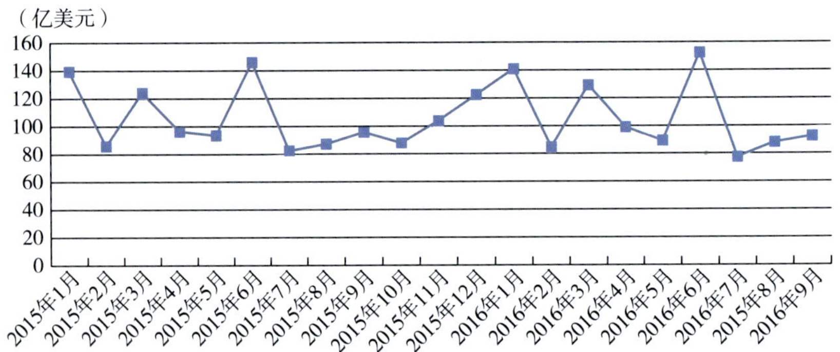

图 4.2　中国吸收外商直接投资情况（实际使用外资金额）(2015 年 1 月～2016 年 9 月)

数据来源：商务部统计数据。

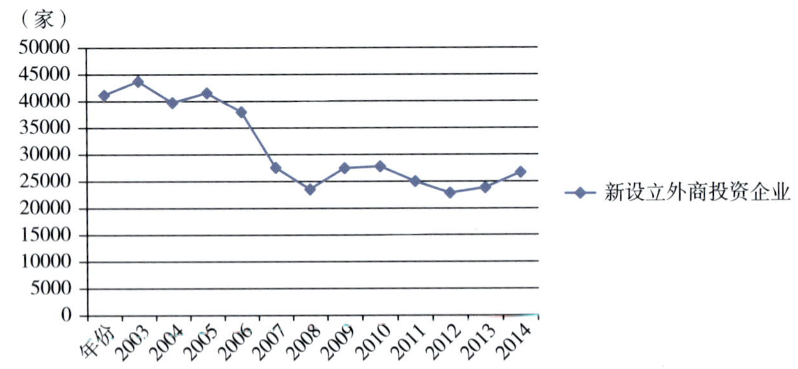

图 4.3　中国新批设立外商投资企业（2003～2015 年）

数据来源：商务部统计数据。

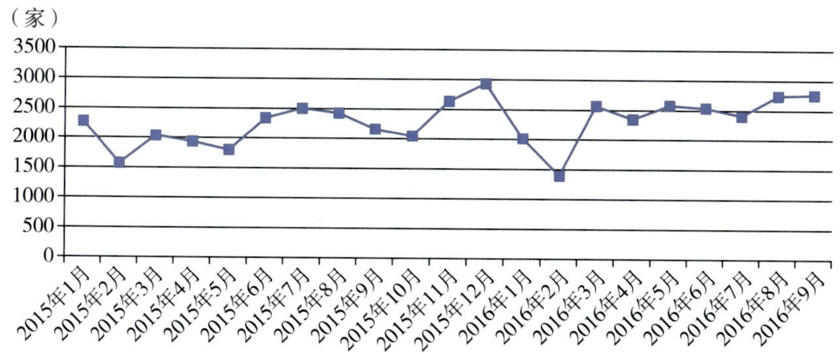

图 4.4　中国新批设立外商投资企业（2015 年 1 月～2016 年 9 月）

数据来源：商务部统计数据。

4.1.2　“一带一路”沿线国家对华投资成绩显著

“一带一路”沿线国家对华投资显著增长。2015 年，“一带一路”沿线国家对华投资新设立企业 2164 家，同比增长 18.3%，实际投入外资金额 84.6 亿美元，同比增长 23.8%。2016 年 1～8 月，“一带一路”沿线国家对华投资新设立企业 1887 家，同比增长 33.2%，实际投入外资金额 47.9 亿美元，同比下降 2.2%。

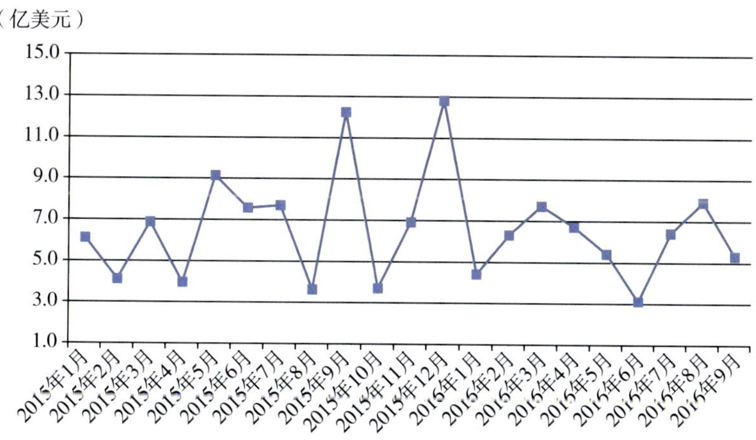

图 4.5　一带一路沿线国家对华实际投入金额（2015 年 1 月～2016 年 9 月）

数据来源：全国吸收外商企业直接投资情况，商务部利用外资统计（2015～2016 年）。

中国与“一带一路”沿线国家的贸易合作也成绩显著。2015 年，中国同“一带一路”参与国双边贸易额突破 1 万亿美元，占中国外贸总额的 25%；中国企业对“一带一路”沿线49个国家的直接投资额近150亿美元、同比增长18%。2016年1~9月，我国企业对“一带一路”相关的51个国家非金融类直接投资111.2亿美元，同比下降7.6%，占同期总额的8.3%，主要投向新加坡、印尼、印度、泰国、马来西亚、老挝、俄罗斯等国家地区。

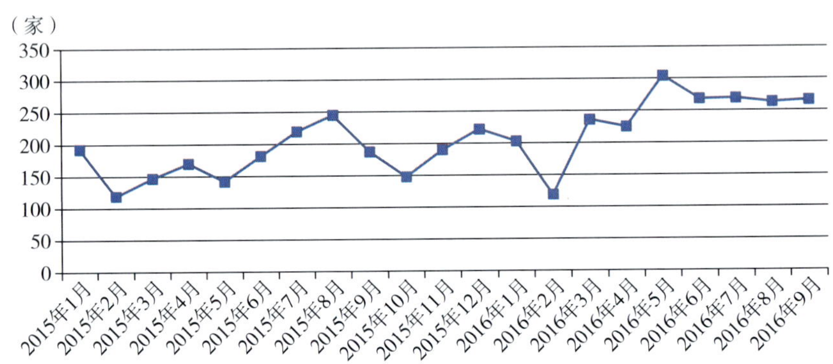

图4.6　一带一路沿线国家对华投资新设立企业数量（2015年1月~2016年9月）

数据来源：全国吸收外商企业直接投资情况，商务部利用外资统计（2015~2016年）。

4.1.3　外商投资企业进出口总额同比下降，贸易净顺差缩小

从进出口看，与2015年相比，外资对进出口的贡献率均有所下降。2015年1~9月，中国进出口整体较上年同期有约7.8%的下降，外商投资进出口总额自上一年的55.4%降为45.5%，降幅也达到9.9%。

2016年1~9月份外商投资企业贸易顺差值为1065亿美元，扣除投资项下进口设备、物料，贸易净顺差值为1098亿美元，相比2015年同期缩小了约12.3%。

表4.1　　2016年1~9月外商投资企业进出口情况表　　单位：亿美元

	全国		外商投资企业		
	金额	同比（%）	金额	占全国比重（%）	同比（%）
进出口总值	26776.7	-7.8	12189	45.5	-9.9
出口总值	15370.1	-7.5	6627	43.1	-10.1
进口总值	11406.6	-8.2	5562	48.8	-32.7

数据来源：商务部利用外资统计（2015~2016年）。

4.1.4　制造业和房地产仍为外商投资的热门产业

从行业来看，制造业和房地产行业在外商直接投资中的占比仍然较高。2014 年房地产行业实际利用外资金额增长 20%，占全国实际使用外资金额的比例从 24% 升高到 29%，连续三年增长。

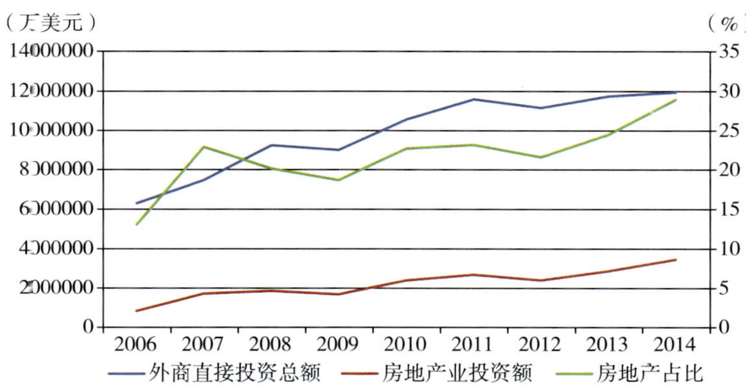

图 4.7　中国历年房地产行业外商直接投资情况（2006～2014 年）

数据来源：中国统计年鉴（2006～2014 年）；全国吸收外商企业直接投资情况，商务部利用外资统计（2006～2014 年）。

2014 年制造业实际利用外资金额同比下降了 12.3%，但占全国实际使用外资金额的比例依然达到 33%。制造业实际利用外资金额连续 4 年出现下降趋势，但在体量上依然是外商投资的热门产业。

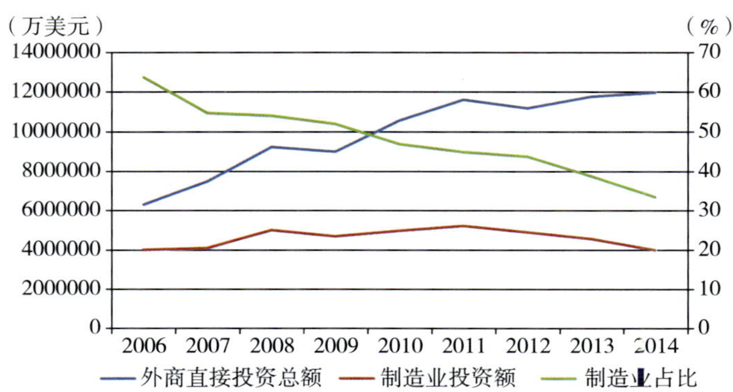

图 4.8　中国历年制造业外商直接投资情况（2006～2014 年）

数据来源：中国统计年鉴（2006～2014 年）；全国吸收外商企业直接投资情况，商务部利用外资统计（2006～2014 年）。

4.2 中国利用外资的基本特点和成效

4.2.1 资本和技术密集型行业吸引外商直接投资的比重持续增大

在新政策引导下，外商投资结构不断得到改善。根据《2016 年世界投资报告》，2015 年，中国吸引外国直接投资（FDI）的行业和区域结构继续优化，质量有所提高。具体表现在：中西部地区占比提高；服务业吸引外资比重提升；外资持续向资本和技术密集型行业（如先进制造业）和高附加值领域（如高端服务业）倾斜。

利用外资的结构不断调整到高技术、高质量、高水平的方向。德勤公司发布的《2016 全球制造业竞争力指数》报告表示，中国再次被列为最具竞争力的制造业国家。随着先进制造业在现实世界和数字世界的融合，对公司和国家的竞争力而言，先进技术已变得更加重要。在大多数发达经济体的全球制造业格局中，技术密集型行业占主导地位，并提供达到或维持制造业竞争力的强有力途径。

表 4.2　全球首席执行官调查：2016 年全球国家/地区制造业竞争力指数排名

排名	国家/地区	指数评分
1	中国	100
2	美国	99.5
3	德国	93.9
4	日本	80.4
5	韩国	76.7
6	英国	75.8
7	台湾	72.9
8	墨西哥	69.5
9	加拿大	68.7
10	新加坡	68.4
11	印度	67.2
12	瑞士	63.6

续表

排名	国家/地区	指数评分
13	瑞典	62.1
14	泰国	60.4
15	波兰	59.1
16	土耳其	59.0
17	马来西亚	59.0
18	越南	56.5
19	印度尼西亚	55.8
20	荷兰	55.7

数据来源：2016 全球制造业竞争力指数。

据商务部统计，2016 年 1 ~6 月新设立投资总额超过 1 亿美元的大型外商投资企业 380 余家，增资超过 1 亿美元的企业 210 余家。投资额较大的企业所属行业既有新材料、新能源汽车及电池、飞机零部件、集成电路和芯片等研发生产的制造业，也包括医疗、养老、电子商务、云计算、物联网技术研发及应用等服务业。在制造业中，医药制造业、通用设备制造业、交通运输设备制造业、专用设备制造业等表现出色。

数据显示，2016 年 1 ~6 月，高技术服务业和高技术制造业外商投资双增长。高技术制造业 FDI49.2 亿美元，同比增长 6.2%。在高技术制造业中，医药制造业、医疗仪器设备及仪器仪表制造业 FDI 增幅较高，同比增长分别为 107.8% 和 74.9%。

4.2.2　服务业吸收外资保持增长态势

根据商务部统计数据，2016 年 1 ~9 月，服务业吸收外资保持增长态势，我国外资产业结构进一步优化。1 ~9 月，服务业实际使用外资 4307 亿元人民币，同比增长 8%，在全国总量中的比重为 70.7%，已成为吸收外资的重要增长点。其中，交通运输、仓储和邮政业，信息传输、计算机服务和软件业，租赁和商业服务业实际使用外资增幅较大。

高技术服务业实际使用外资 84.7 亿美元，同比增长 99.7%。在高技术服务业中，信息技术服务、数字内容及相关服务、科技成果转化服务、研发与设计服务实际使用外资涨幅较高，同比分别增长 305.9%、67.9%、54.9% 和 38.3%。

4.2.3 外商直接投资的区域重心向中西部地区转移

中西部地区吸收外资高速增长，产业结构进一步优化；东部地区保持较快增长。中西部地区中，建筑业、交通运输、仓储和邮政业、信息传输、计算机服务和软件业，租赁和商业服务业实际使用外资增幅显著。

2016 年 1 ~ 10 月，西部地区实际使用外资金额 492.7 亿元人民币，同比增长 29.8%。其中，建筑业，交通运输、仓储和邮政业，信息传输、计算机服务和软件业，金融业实际使用外资同比分别增长 278%、201.8%、155.4% 和 116.4%。东部地区实际使用外资金额 5828.2 亿元人民币，同比增长 6.9%；长江经济带区域实际使用外资 3130 亿元人民币，同比增长 6.5%。

4.2.4 引进外资方式不断创新

引用外资方式不断创新，外资并购交易活跃，外商投资并购规模和比重均有较大幅度扩大和提高。2015 年我国以并购方式实际使用外资金额 168.2 亿美元，同比增长 181%，比重由上年同期的 5.6% 上升到 14.7%，推动引用外资方式的不断升级创新。

此外，自由贸易试验区引资成效显著。广东、天津、福建自贸试验区共设立外商投资企业 5159 家，同比增长 2 倍，扩展区域后的上海自贸试验区吸收外商投资占全市一半。产业结构不断优化，融资租赁、科技研发、创业投资、电子商务、现代物流等高端产业向自贸试验区集聚的态势明显。

2016 年 1 ~ 10 月，以并购方式设立外商投资企业 1073 家，实际使用外资金额 1182.1 亿元人民币，同比增长 16.3%，分别占新设立外商投资企业数和实际使用外资金额的 4.8% 和 17.7%，并购方式占比稳步增加。

4.3 中国利用外资政策的新进展

随着国际经济的恢复，全球经济结构面临深度调整，国内经济进入新常态，发展方式转型和调整进入深水区。面对复杂多变的国内外环境，作为经济发展重要组成部分的国外投资，如何充分引导好、利用好、管理好，使在华外资企业进一步实现良性发展，助推中国经济增长，本质上有赖于更加优化的外资政策环境。

4.3.1 《中国制造2025》转变制造业利用外资战略

外资政策的宏观调整基于两个基本点：一是要不断适应中国经济社会发展宏观政策和对外贸易发展方式的外在发展导向；二是要不断适应优化外资结构、充分利用外资的内在发展需求。

2015年5月8日，国务院印发了《中国制造2025》（国办发〔2015〕28号），作为我国实施制造强国战略第一个十年的行动纲领，深刻影响我国制造业使用外资的战略。

《中国制造2025》制定了打造制造强国的指导思想和基本原则、目标任务、保障措施等三大部分，对提高国家制造业创新能力、推进信息化与工业化深度融合、强化工业基础能力、加强质量品牌建设、全面推行绿色制造、深入推进制造业结构调整、提高制造业国际化发展水平等9个部分都提出了明确的措施和指导意见。其转变制造业利用外资战略的核心内容主要体现在以下几个方面。

①引进来与走出去更好地结合。

统筹利用两种资源、两个市场，实行更加积极的开放战略，将引进来与走出去更好结合，拓展新的开放领域和空间，提升国际合作的水平和层次，推动重点产业国际化布局，引导企业提高国际竞争力。

②提高利用外资与国际合作水平。

进一步放开一般制造业，优化开放结构，提高开放水平。引导外资投向新一代信息技术、高端装备、新材料、生物医药等高端制造领域，鼓励境外企业和科研机构在我国设立全球研发机构。支持符合条件的企业在境外发行股票、债券，鼓励与境外企业开展多种形式的技术合作。

③提升跨国经营能力和国际竞争力。

支持发展一批跨国公司，通过全球资源利用、业务流程再造、产业链整合、资本市场运作等方式，加快提升核心竞争力。支持企业在境外开展并购和股权投资、创业投资，建立研发中心、实验基地和全球营销及服务体系；依托互联网开展网络协同设计、精准营销、增值服务创新、媒体品牌推广等，建立全球产业链体系，提高国际化经营能力和服务水平。鼓励优势企业加快发展国际总承包、总集成。引导企业融入当地文化，增强社会责任意识，加强投资和经营风险管理，提高企业境外本土化能力。

④深化产业国际合作，加快企业走出去。

加强顶层设计，制定制造业走出去发展总体战略，建立完善统筹协调机制。积极参与和推动国际产业合作，贯彻落实丝绸之路经济带和 21 世纪海上丝绸之路等重大战略部署，加快推进与周边国家互联互通基础设施建设，深化产业合作。发挥沿边开放优势，在有条件的国家和地区建设一批境外制造业合作园区。坚持政府推动、企业主导，创新商业模式，鼓励高端装备、先进技术、优势产能向境外转移。加强政策引导，推动产业合作由加工制造环节为主向合作研发、联合设计、市场营销、品牌培育等高端环节延伸，提高国际合作水平。创新加工贸易模式，延长加工贸易国内增值链条，推动加工贸易转型升级。

在战略实施的具体保障方面，《中国制造 2025》指出，要进一步扩大制造业对外开放，深化外商投资管理体制改革，建立外商投资准入前国民待遇加负面清单管理机制，落实备案为主、核准为辅的管理模式，营造稳定、透明、可预期的营商环境。全面深化外汇管理、海关监管、检验检疫管理改革，提高贸易投资便利化水平。进一步放宽市场准入，修订钢铁、化工、船舶等产业政策，支持制造业企业通过委托开发、专利授权、众包众创等方式引进先进技术和高端人才，推动利用外资由重点引进技术、资金、设备向合资合作开发、对外并购及引进领军人才转变。加强对外投资立法，强化制造业企业走出去法律保障，规范企业境外经营行为，维护企业合法权益。探索利用产业基金、国有资本收益等渠道支持高铁、电力装备、汽车、工程施工等装备和优势产能走出去，实施海外投资并购。加快制造业走出去支撑服务机构建设和水平提升，建立制造业对外投资公共服务平台和出口产品技术性贸易服务平台，完善应对贸易摩擦和境外投资重大事项预警协调机制。

4.3.2 自由贸易区进一步推动服务业的对外开放

加快实施自由贸易区战略是我国新一轮对外开放的重要内容。党的十八大提出加快实施自由贸易区战略，十八届三中、五中全会进一步要求以周边为基础加快实施自由贸易区战略，形成面向全球的高标准自由贸易区网络。当前，全球范围内自由贸易区的数量不断增加，自由贸易区谈判涵盖议题快速拓展，自由化水平显著提高。我国经济发展进入新常态，外贸发展机遇和挑战并存，"引进来"、"走出去"正面临新的发展形势。为适应经济发展新常态，加快发展服务贸易，加快实施自由贸易区战略，2015 年 1 月 28 日和 2015 年 12 月 6 日，国务院分别出台了《国务院关于加快发展服务贸易的若干意见》（国发〔2015〕8 号）和《国务院关于加快实施自由贸易区战略的若干意见》（国发〔2015〕69 号）文件，进一步推动服务对外开放。

（1）《国务院关于加快发展服务贸易的若干意见》（国发〔2015〕8 号）（以下简称 8 号文件）

8 号文件着力构建公平竞争的市场环境，促进服务领域相互投资，完善服务贸易政策支持体系，加快服务贸易自由化和便利化，推动扩大服务贸易规模，优化服务贸易结构，增强服务出口能力，培育"中国服务"的国际竞争力，设定了指导思想、基本原则、目标任务和保障措施等三大部分和 21 项措施，并确立了具体重点任务分工及进度安排表。

8 号文件明确提出服务贸易发展的目标，服务业开放水平进一步提高，服务业利用外资和对外投资范围逐步扩大、质量和水平逐步提升。服务贸易规模日益扩大，到 2020 年，服务进出口额超过 1 万亿美元，服务贸易占对外贸易的比重进一步提升，服务贸易的全球占比逐年提高。服务贸易结构日趋优化，新兴服务领域占比逐年提高，国际市场布局逐步均衡，"一带一路"沿线国家在我国服务出口中的占比稳步提升。

8 号文件指出，优化服务贸易结构是下一阶段加快服务贸易发展的主要任务之一。要优化服务贸易行业结构，积极开拓服务贸易新领域，稳步提升资本技术密集型服务和特色服务等高附加值服务在服务进出口中的占比。优化国际市场布局，继续巩固传统市场，在挖掘服务出口潜力的同时，加大资本技术密集型服务进口力度；大力开拓"一带一路"沿线国家市场，提高新兴国家市场占比，积极发展运输、建筑等服务贸易，培育具有丝绸之路特色的国际精品旅游线路和产品，推进承载中华文化的特色服务贸易发展，提高资本技术密集型服务贸易占比。优化国内区域布局，巩固东部沿海地区的规模和创新优势，加快发展资本技术密集型服务贸易，发挥中西部地区的资源优势，培育特色产业，鼓励错位竞争、协同发展。

8 号文件中还强调了规划建设服务贸易功能区的重要任务。要充分发挥现代服务业和服务贸易集聚作用，在有条件的地区开展服务贸易创新发展试点。依托现有各类开发区和自由贸易试验区规划建设一批特色服务出口基地。拓展海关特殊监管区域和保税监管场所的服务出口功能，扩充国际转口贸易、国际物流、中转服务、研发、国际结算、分销、仓储等功能。

（2）《国务院关于加快实施自由贸易区战略的若干意见》（国发〔2015〕69 号）（以下简称 69 号文件）

69 号文件按照“四个全面”战略布局要求，坚持使市场在资源配置中起决定性作用和更好发挥政府作用，坚持统筹考虑和综合运用国际国内两个市场、两种资源，坚持与推进共建“一带一路”和国家对外战略紧密衔接，坚持把握开放主动和维护国家安全，逐步构筑起立足周边、辐射“一带一路”、面向全球的高标准自由贸易区网络，制定了加快实施自由贸易区战略的若干措施。

69 号文件提出要进一步优化自由贸易区建设布局，加快建设高水平自由贸易区，并健全保障体系和完善支持机制，加强组织实施。其关于外商投资政策的核心内容主要体现在以下几个方面。

①加快构建周边自由贸易区。

力争与所有毗邻国家和地区建立自由贸易区，不断深化经贸关系，构建合作共赢的周边大市场。

②积极推进“一带一路”沿线自由贸易区。

结合周边自由贸易区建设和推进国际产能合作，积极同“一带一路”沿线国家商建自由贸易区，形成“一带一路”大市场，将“一带一路”打造成畅通之路、商贸之路、开放之路。

③逐步形成全球自由贸易区网络。

争取同大部分新兴经济体、发展中大国、主要区域经济集团和部分发达国家建立自由贸易区，构建金砖国家大市场、新兴经济体大市场和发展中国家大市场等。

④扩大服务业对外开放。

通过自由贸易区等途径实施开放带动战略，充分发挥服务业和服务贸易对我国调整经济结构、转变经济发展方式和带动就业的促进作用。推进金融、教育、文化、医疗等服务业领域有序开放，放开育幼养老、建筑设计、会计审计、商贸物流、电子商务等服务业领域外资准入限制。

加快发展对外文化贸易，创新对外文化贸易方式，推出更多体现中华优秀文化、展示当代中国形象、面向国际市场的文化产品和服务。讲好中国故事、传播好中国声音、阐释好中国特色，更好地推动中华文化“走出去”。吸引外商投资于法律法规许可的文化产业领域，积极吸收借鉴国外优秀文化成果，切实维护国家文化安全。

在与自由贸易伙伴协商一致的基础上，逐步推进以负面清单模式开展谈判，先行先试、大胆探索、与时俱进，积极扩大服务业开放，推进服务贸易便利化和自由化。

⑤放宽投资准入。

大力推进投资市场开放和外资管理体制改革，进一步优化外商投资环境。加快自由贸易区投资领域谈判，有序推进以准入前国民待遇加负面清单模式开展谈判。在维护好我国作为投资东道国利益和监管权的前提下，为我国投资者“走出去”营造更好的市场准入和投资保护条件，实质性改善我国与自由贸易伙伴双向投资准入。在自由贸易区内积极稳妥推进人民币资本项目可兑换的各项试点，便利境内外主体跨境投融资。加强与自由贸易伙伴货币合作，促进贸易投资便利化。

⑥完善外商投资法律法规。

推动修订中外合资经营企业法、中外合作经营企业法和外资企业法，研究制订新的外资基础性法律，改革外商投资管理体制，实行准入前国民待遇加负面清单的管理模式，完善外商投资国家安全审查制度，保持外资政策稳定、透明、可预期。

4.3.3 房地产市场外资准入和管理的新规范

一系列房地产外资准入新政策的出台，进一步简化了程序，提高了办事效率，优化和改进了外商投资房地产管理。

2015 年 8 月 19 日，住房城乡建设部、商务部、国家发展改革委、人民银行、工商总局、外汇局出台《住房城乡建设部等部门关于调整房地产市场外资准入和管理有关政策的通知》（建房〔2015〕122 号），决定对《关于规范房地产市场外资准入和管理的意见》（建住房〔2015〕171 号）中有关外商投资房地产企业和境外机构、个人购房的部分政策进行调整：①外商投资房地产企业注册资本与投资总额比例，按照《国家工商行政管理局关于中外合资经营企业注册资本与投资总额比例的暂行规定》（工商企字［1987］第 38 号）执行。②取消外商投资房地产企业办理境内贷款、境外贷款、外汇借款结汇必须全部缴付注册资本金的要求。③境外机构在境内设立的分支、代表机构（经批准从事经营房地产的企业除外）和在境内工作、学习的境外个人可以购买符合实际需要的自用、自住商品房。对于实施住房限购政策的城市，境外个人购房应当符合当地政策规定。④住房城乡建设部、商务部、发展改革委、人民银行、工商总局、外汇局等有关部门进一步简化程序，提高办事效率，优化和改进外商投资房地产管理。自本通知印发之日起，外商投资房地产企业可按照相关外汇管理规定直接到银行办理外商直接投资项下相关外汇登记。

2015 年 11 月 6 日，商务部、外汇局出台了《商务部、外汇局关于进一步改进外商投资房地产备案工作的通知》（商资函〔2015〕895 号），为贯彻落实党的十八届三中、四中全会精神，转变政府职能，提高工作效率，促进房地产市场健康平稳发展，进一步改进外商投资房地产管理工作，通知如下事项：①进一步简化外商投资房地产企业管理工作，地方各级商务主管部门根据外商投资法律法规和有关规定批准外商投资房地产企业的设立和变更，并按要求在商务部外商投资综合管理信息系统中填报房地产项目相关信息。②取消商务部网站备案公示程序，外商投资房地产企业在完成前述工作流程后，可按相关外汇管理规定到银行办理外商直接投资项下外汇登记等手续。③为加强事后监管，商务部每季度将对外商投资房地产企业进行一次随机抽查，省级商务主管部门应自收到抽查通知之日起的 5 个工作日内将被抽查企业的审批材料报送至商务部。商务部将对抽查发现的违规行为加大惩处和曝光力度，对违规审批的部门在商务系统内予以通报批评；对违规的外商投资房地产企业及其投资者依法予以处罚，列入“黑名单”，并在商务部网站予以公示。各级商务主管部门对违规或未按要求填报房地产项目相关信息的企业及其投资者以后的投资行为应从严审查，商务部将对列入“黑名单”的外商投资房地产企业及其投资者或有违规审批情况的审批部门加大随机抽查力度。

4.3.4　中国外商投资统计制度得到改善

根据对政府部门统计调查项目的相关要求，为进一步改善外商投资统计制度，商务部修订编制了《外商投资统计制度（2016 年）》，自 2016 年 5 月起执行。主要修订内容包括：

①按照外商投资企业年度投资经营信息联合报告书（2015 年度）内容，在《外商投资企业经营状况统计表》（外资统基 3 表）中充实相关指标。

②将各表下指标解释进行整理和汇总，增加“四、主要指标解释”。

③按照部门统计调查项目文本规范格式，调整“一、总说明”的结构和内容，并在总说明中明确本制度的统计调查方法是全面调查。

中国外商投资统计制度的改善将更加科学、及时、准确、全面地反映全国吸收外商投资情况，并对国家批准的外商投资协议、合同和实际执行情况，以及由此产生的经济效益和已设立外商投资企业运营等方面的情况，进行系统的统计调查、统计分析，实行统计监督，进一步提高利用外商投资的效率。

4.4　外商直接投资企业在华发展的新趋势、新挑战

面对国内外环境变化，外资在华投资结构出现新调整，出现新趋势，面临新挑战，总体表现出有进有退的新形势。具体表现在中国宏观经济结构调整和转型升级带来的经济新常态，国内营商环境的不断改善以及创新驱动战略下利用外资结构的调整等方面。

4.4.1　中国宏观经济发展利好外商投资

在世界经济需求缓慢，复苏不振，贸易保护主义抬头的状况下，中国还是保持了较好的外资流入情况。除了规模持续扩大之外，我国 2015 年利用外资的质量也在持续提升。商务部的数据显示，我国服务业实际使用外资同比大幅增长 17.3%；高技术制造业实际使用外资同比增长 9.5%；而产能过剩的行业，基本上没有批准新设外资企业。这表明中国经济结构调整和转型升级对外

商投资是一大利好。

十八届五中全会提出，形成对外开放新体制，完善法治化、国际化、便利化的营商环境，健全服务贸易促进体系，全面实行准入前国民待遇加负面清单管理制度，有序扩大服务业对外开放。“中国利用外资的政策不会变，对外商投资企业合法权益的保护不会变，为各国企业在华投资兴业提供更好服务的方向不会变。”在亚太经合组织工商领导人峰会上，中国再次发出欢迎外资的强烈信号。

实际上，党的十八大以来，我国相继出台一系列改革措施，为吸引更高质量、更符合中国经济发展阶段的外资做出各项制度安排。在公布的《中华人民共和国外国投资法》（草案）中，我国取消了此前外资法规定的外资投资逐案审批的管理体制，探索准入前国民待遇加负面清单的管理模式；新修订的《外商投资产业指导目录》大幅减少限制性措施；上海、天津、广东、福建等四大自由贸易试验区基本建立了以负面清单管理为核心的外商投资管理制度。

负面清单全面改革已有明确“时间表”。2018 年起，中国将正式实行全国统一的市场准入负面清单制度。在服务业扩大开放上，中国已确定北京为首个综合试点城市，在科技、金融、文化教育、健康医疗、商务和旅游等领域试点 11 条开放措施。目前，中国还不断加强知识产权保护，提高政策法规透明度，促进内外资企业一视同仁、公平竞争。

随着中国经济转型升级，中国的市场机遇和投资机遇都在扩大。一方面，中国居民消费的拓展空间很大，内需正在释放；另一方面，中国基础设施互联互通和新技术、新产品、新业态、新商业模式的投资机会正在不断涌现。提供安全优质产品和服务的企业以及面向新兴产业的企业都将享有良好发展前景。

中国开放的大门永远不会关上。通过开放型经济走向全球经济的中心是大势所趋，也是中国经济增长的动力所在。中国经济的各方面将与“开放”紧密相连，全球资源会被“请进来”，到中国参与配置，而中国也将“走出去”参与全球资源配置。

4.4.2 中国营商环境正得到进一步优化

2014 年 2 月 7 日，国务院以国发〔2014〕7 号印发《关于印发注册资本登记制度改革方案的通知》。《通知》明确设定目标，通过改革公司注册资本及其他登记事项，进一步放松对市场主体准入的管制，降低准入门槛，优化营商环境，促进市场主体加快发展；通过改革监管制度，进一步转变监管方式，强化信用监管，促进协同监管，提高监管效能；通过加强市场主体信息公示，进一步扩大社会监督，促进社会共治，激发各类市场主体创造活力，增强经济发展内生动力。

《通知》强调以便捷高效、规范统一、宽进严管为基本原则。这份改革方案从5个方面提出优化营商环境的改革措施：改革公司注册资本及其他登记事项；进一步放松对市场主体准入的管制，降低准入门槛；将企业年检制度改为年度报告公示制度；简化市场主体住所（经营场所）登记手续，由地方政府具体规定条件；推行电子营业执照和全程电子化登记管理。《通知》的执行将进一步放松对市场主体准入的管制，降低准入门槛，优化营商环境，促进市场主体加快发展，激发各类市场主体创造活力，增强经济发展内生动力。

近年来，中国营商环境持续向好，不仅不存在对海外企业收购中国企业设置障碍的问题，而且在建设法治化营商环境方面也取得了明显的成效，特别是以高技术服务业为代表的新兴领域对外资保持了显著的吸引力。中国经济前景的向好显然是吸引外资来华的根本动力。美国智库彼得森国际经济研究所高级研究员尼古拉斯·拉迪认为①，尽管中国经济增速放缓，但对世界经济增长仍保持约30%的贡献率，仍然是所有国家中最大的。“中国经济正在走上更可持续发展的道路，从主要由工业驱动转向由服务和消费驱动，这形成了一个良性循环。”

4.4.3　创新驱动战略下的外商投资

2016年5月，中共中央、国务院印发了《国家创新驱动发展战略纲要》，并发出通知，要求各地区各部门结合实际认真贯彻执行。党的十八大提出实施创新驱动发展战略，强调科技创新是提高社会生产力和综合国力的战略支撑，必须摆在国家发展全局的核心位置。这是中央在新的发展阶段确立的立足全局、面向全球、聚焦关键、带动整体的国家重大发展战略。

① 王俊岭：‘中国营商环境持续向好”，《人民日报海外版》（2016年10月10日第02版）。

《纲要》明确提出三步走的战略目标：

第一步，到 2020 年进入创新型国家行列，基本建成中国特色国家创新体系，有力支撑全面建成小康社会目标的实现。

第二步，到 2030 年跻身创新型国家前列，发展驱动力实现根本转换，经济社会发展水平和国际竞争力大幅提升，为建成经济强国和共同富裕社会奠定坚实基础。

第三步，到 2050 年建成世界科技创新强国，成为世界主要科学中心和创新高地，为我国建成富强民主文明和谐的社会主义现代化国家、实现中华民族伟大复兴的中国梦提供强大支撑。

《纲要》强调，要全方位推进开放创新。抓住全球创新资源加速流动和我国经济地位上升的历史机遇，提高我国全球配置创新资源能力。支持企业面向全球布局创新网络，鼓励建立海外研发中心，按照国际规则并购、合资、参股国外创新型企业和研发机构，提高海外知识产权运营能力。以卫星、高铁、核能、超级计算机等为重点，推动我国先进技术和装备走出去。鼓励外商投资战略性新兴产业、高新技术产业、现代服务业，支持跨国公司在中国设立研发中心，实现引资、引智、引技相结合。

科技全球化正在形成全球创新网络，在创新驱动的战略下，中国将更注重吸引外商投资提升我国的科技创新能力。国际科技合作也正在呈现新的方式和特点，共建大科学工程、开展全球性重大问题合作研发、基于互联网虚拟平台协作研究、从科学问题延伸至产业合作等成为新方向。跨国公司主导的研发全球化进一步深入，美国和欧洲跨国公司海外研发投入比重已占其研发总投入 70% 以上，跨国技术联盟数量在近十年间几乎翻了一番。跨国合作产生的 PCT 专利从 20 世纪 90 年代中期的 5.8% 提高到 21 世纪初的 7.2% 。

国务院总理李克强 2015 年 9 月在大连与出席夏季达沃斯论坛的中外企业家代表座谈时表示，外资进入中国的领域会更为宽广，方式更为便利。李克强说，我们正在实施创新驱动战略，推动“大众创业、万众创新”，这本身就需要保护知识产权，需要营造公平竞争的营商环境，对在中国注册的外资企业和中国企业一视同仁，不管是合资还是独资。

4.5　中国对外直接投资的基本情况与特点

我国企业“走出去”进入全面开展阶段，海外投资规模高速增长。中国对外投资流量跃居全球第二，超过同期吸收外资规模，实现资本净输出。对外投资合作是中国与世界各国经济深度融合，实现互利共赢的桥梁。2015 年，世界经济整体复苏乏力，但全球外国直接投资逆势上扬，流出流量创 2011 年以来新高。2015 年，在全球外国直接投资流出流量 1.47 万亿美元，较上年增长 11.8% 的背景下，中国对外直接投资流量创下 1456.7 亿美元的历史新高，同比增长 18.3%，超过日本成为全球第二大对外投资国。2016 年 1～10 月，中国对外直接投资（非金融类）1459.6 亿美元，超过 2015 年全年对外直接投资额。

中国对外投资存量持续增长，全球排名位居第八，境外企业资产总额超过 4 万亿美元。截至 2015 年底，中国 2.02 万家境内投资者在国（境）外设立 3.08 万家对外直接投资企业，分布在全球 188 个国家（地区）；中国对外直接投资累计净额（存量）达 10978.6 亿美元，位居全球第 8 位，境外企业资产总额达 4.37 万亿美元。

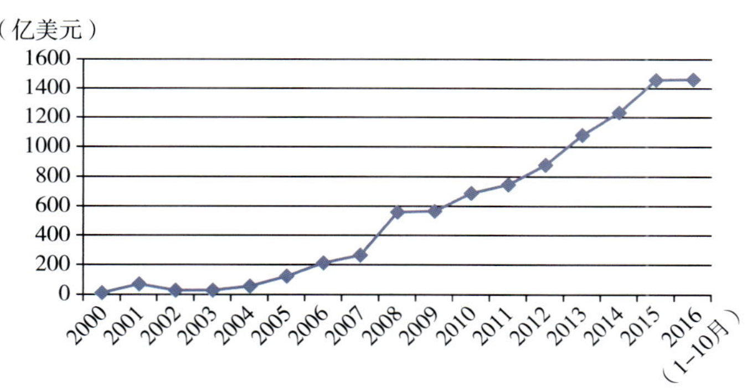

图 4.9　中国对外直接投资流量表（2000～2016 年）

数据来源：中国对外直接投资统计公报（2000～2015 年）；商务部统计数据。

4.5.1　基本特点

①非公经济类企业成为重要力量。

2015 年我国非公经济占对外投资的 65.3%，其对外投资有以下特点：一是投资的地区分布比较广泛，境外企业的数量占80%。二是投资的领域也比较广泛，投资的并购十分活跃。2015年非公企业境外并购金额占当年境外并购金额的75.6%，在数量和金额上均首次超过了公有经济的企业。三是投资的影响力不断加大。非公经济类企业已经成为中国对外投资的一支重要力量。

②中国对外直接投资领域日趋多元，制造业和金融业表现突出。

投资涉及国民经济各行业，制造业、金融业、信息传输/软件和信息服务业等领域的投资大幅增长。2015年底，中国对外直接投资覆盖了国民经济所有行业类别，制造业、金融业、信息传输/软件和信息服务业同比分别增长了108.5%、52.3%、115.2%；租赁和商务服务业、金融业、采矿业、批发和零售业，四个行业的存量均超过千亿美元，合计占比达75.9%。

③新增股权投资首超六成，债务工具占比创历史新低。

2015年对外直接投资流量中，新增股权投资967.1亿美元，占比达66.4%；收益再投资379.1亿美元，占26%；债务工具投资110.5亿美元，较上年占比减少一成，仅为7.6%。

④地方企业表现活跃。近八成的非金融类投资来自地方企业，上海、北京和广东位列前三。

2015年，地方企业对外非金融类直接投资流量达936亿美元，同比增长71%，占全国非金融类对外直接投资流量的77%，上海、北京和广东位列前三。截至2015年底，地方企业对外非金融类直接投资存量达3444.8亿美元，在全国占比达36.7%，较上年增加5.1个百分点。

⑤境外企业对东道国税收和就业贡献明显，对外投资双赢效果显著。

2015年我境外企业向投资所在国缴纳的各种税金总额达311.9亿美元，较上年增加62.9%；雇佣外方员工122.5万人，较上年末增加39.2万人。

4.5.2 发展原因

中国对外投资快速发展主要有以下原因：

一是国际市场上有需求。发达经济体总体经济在复苏，对外国的投资有需求，发展中经济体在进行工业化也需要外来的资金，这些从外部环境上便于中国的企业“走出去”。

二是中国有能力。2015年中国成为资本的净输出国，外汇储备连续多年位居世界首位，这是中国的企业开展对外投资的坚实的物质基础。

三是政策有效应。中国开展“一带一路”和国际产能合作，这些都发挥了引领和推动的作用。

四是企业“走出去”有动力。中国企业要转变发展方式、实现转型升级，必须要充分利用国际上的市场和资源。所以我们感觉到目前企业的“走出去”愿望非常强烈。

4.6　“一带一路”推动中国企业“走出去”

4.6.1　中国企业与“一带一路”相关国家的投资合作

2015 年中国对“一带一路”相关国家投资快速增长。对“一带一路”相关国家的投资占当年流量总额的 13%，高达 189.3 亿美元，同比增长 38.6%，是对全球投资增幅的 2 倍。投资主要流向新加坡、哈萨克斯坦、老挝、印尼、俄罗斯和泰国等。投资存量的八成以上（83.9%）分布在发展中经济体，在发达经济体的存量占比为 14%，另有 2.1% 存量在转型经济体。

对外承包工程方面，2015 年，我国企业在“一带一路”相关的 60 个国家新签对外承包工程项目合同 3987 份，新签合同额 926.4 亿美元，占同期我国对外承包工程新签合同额的 44.1%，同比增长 7.4%；完成营业额 692.6 亿美元，占同期总额的 45%，同比增长 7.6%。

4.6.2　“一带一路”为中国企业国际化带来新机遇

“一带一路”地区覆盖总人口约 46 亿（超过世界人口 60%），GDP 总量达 20 万亿美元（约为全球 1/3）。1990 ~ 2013 年间，“一带一路”区域整体 GDP 年均增长速度达到 5.1%，相当于同期世界经济增速的两倍。即便是 2010 ~ 2013 年全球经济缓慢增长期间，“一带一路”区域的年均增速也达到 4.7%，高于世界平均的 2.4%，对世界经济增长的贡献率达到 41.2%。

推进“一带一路”建设，中国将充分发挥国内各地区比较优势，实行更加积极主动的开放战略，加强东中西互动合作，全面提升开放型经济水平。这些战略需要当地企业的配合、支持才能真正落地。各地区具体策略如下：

（1）西北、东北地区

发挥新疆的区位优势和向西开放重要窗口作用，深化与中亚、南亚、西亚等国家交流合作，形成丝绸之路经济带上重要的交通枢纽、商贸物流和文化科教中心，打造丝绸之路经济带核心区。发挥陕西、甘肃综合经济文化和宁夏、青海民族人文优势，打造西安内陆型改革开放新高地，加快兰州、西宁开发开放，推进宁夏内陆开放型经济试验区建设，形成面向中亚、南亚、西亚国家的通道、商贸物流枢纽、重要产业和人文交流基地。发挥内蒙古联通俄蒙的区位优势，完善黑龙江对俄铁路通道和区域铁路网，以及黑龙江、吉林、辽宁与俄远东地区陆海联运合作，推进构建北京—莫斯科欧亚高速运输走廊，建设向北开放的重要窗口。

（2）西南地区

发挥广西与东盟国家陆海相邻的独特优势，加快北部湾经济区和珠江－西江经济带开放发展，构建面向东盟区域的国际通道，打造西南、中南地区开放发展新的战略支点，形成21世纪海上丝绸之路与丝绸之路经济带有机衔接的重要门户。发挥云南区位优势，推进与周边国家的国际运输通道建设，打造大湄公河次区域经济合作新高地，建设成为面向南亚、东南亚的辐射中心。推进西藏与尼泊尔等国家边境贸易和旅游文化合作。

（3）沿海和港澳台地区

利用长三角、珠三角、海峡西岸、环渤海等经济区开放程度高、经济实力强、辐射带动作用大的优势，加快推进中国（上海）自由贸易试验区建设，支持福建建设21世纪海上丝绸之路核心区。充分发挥深圳前海、广州南沙、珠海横琴、福建平潭等开放合作区作用，深化与港澳台合作，打造粤港澳大湾区。推进浙江海洋经济发展示范区、福建海峡蓝色经济试验区和舟山群岛新区建设，加大海南国际旅游岛开发开放力度。加强上海、天津、宁波－舟山、广州、深圳、湛江、汕头、青岛、烟台、大连、福州、厦门、泉州、海口、三亚等沿海城市港口建设，强化上海、广州等国际枢纽机场功能。以扩大开放倒逼深层次改革，创新开放型经济体制机制，加大科技创新力度，形成参与和引领国际合作竞争新优势，成为“一带一路”特别是21世纪海上丝绸之路建设的排头兵和主力军。发挥海外侨胞以及香港、澳门特别行政区独特优势作用，积极参与和助力“一带一路”建设。为台湾地区参与“一带一路”建设作出妥善安排。

（4）内陆地区

利用内陆纵深广阔、人力资源丰富、产业基础较好优势，依托长江中游城市群、成渝城市群、中原城市群、呼包鄂榆城市群、哈长城市群等重点区域，推动区域互动合作和产业集聚发展，打造重庆西部开发开放重要支撑和成都、郑州、武汉、长沙、南昌、合肥等内陆开放型经济高地。加快推动长江中上游地区和俄罗斯伏尔加河沿岸联邦区的合作。建立中欧通道铁路运输、口岸通关协调机制，打造“中欧班列”品牌，建设沟通境内外、连接东中西的运输通道。支持郑州、西安等内陆城市建设航空港、国际陆港，加强内陆口岸与沿海、沿边口岸通关合作，开展跨境贸易电子商务服务试点。优化海关特殊监管区域布局，创新加工贸易模式，深化与沿线国家的产业合作。

4.6.3 “一带一路”为中国企业国际化带来新挑战

（1）政治风险

我国企业“走出去”面临的最大挑战来自于当地政策和政局变动。如2014年9月，我国主导的斯里兰卡科伦坡港口城项目开工，但2015年1月斯里兰卡新总统上任后就宣布暂停“科伦坡港口城”项目。斯里兰卡新政府认为该项目涉嫌规避当地法律和环境要求，需要重新评估，并要求中方公司提供相关政府部门颁发的有效许可证明。同时，斯里兰卡专门成立由总理、总检察长、财政部、港务局和环境部门等多部门官员组成的项目评估委员会，将发布科伦坡港口城评估最终报告，继续研究这一项目的可行性。又如，中远集团投资的希腊比雷埃夫斯港项目也经受当地政权更迭带来的挑战。2015年1月份希腊左翼政党上台后，叫停包括中远港口项目在内的所有私有化项目，这导致中远集团在后期的收购过程中遇到较大障碍。

（2）经济层面与企业经营层面的挑战

目前，我国的对外投资主要有四种形式：并购资源、能源；收购国际市场；收购国际品牌；获得先进技术、研发和管理能力。其中，资源类的投资最集中，据统计，41.3%的海外投资项目都集中在自然资源上，占所有投资金额的51.3%。虽然我国海外资源投资能为国内经济发展提供稳定的能源和矿产供应，但长期大规模、低水平的海外资源投资不利于国内经济发展方式转变和经济结构调整。

我国企业普遍缺乏国际化运作经验，缺乏对当地政府、工会、社会组织、文化、风土人情的了解，当地员工不守时、低效率但擅长罢工，实现本土化有一定难度。另外，中方管理人员和普通工作人员流动性强也影响企业的正常运营。另外，国内企业对海外企业的采取年度考核模式，这样必然导致企业的短期行为。

缺乏我国的行业标准。一些发展中国家尤其是非洲国家没有自己的行业标准，在此情况下一般采取欧洲或其他发达国家的标准，在此情况我国企业受制于外方，在市场准入，后期的风险防范、索赔和反索赔方面陷入被动。

部分项目缺乏有力的金融支持。国外的一些项目发展前景虽好，但在执行的过程中发现见效慢、存在较大的经营风险，一些银行停止执行贷款协议，导致项目陷入困境。如某国项目，双方企业采取“矿业开发＋基建工程”一揽子合作模式，是目前我国在该国投资规模最大的项目。该项目完成了在国内的全部报批手续，矿业项目勘探、试验、可研等前期工作取得了重要成果，首批急需基建项目实施顺利，正在如火如荼地进行过程之中，原银行不再提供信贷支持，企业被迫调整原有方案，不得不把更多的精力用于融资谈判之中。

宏观经济波动对企业经营产生严重影响。其一，通货膨胀导致企业生产成本上升。一些发展中国家尤其是非洲国家物价快速上涨，导致材料价格不断上升，增加了企业生产成本。与此同时，土地租金也水涨船高并严重影响企业运营，毛里塔尼亚某农场项目，由于没有对土地租金的快速上涨和该国对粮食最高限价的风险缺乏足够重视，导致该项目严重亏损，被迫放弃。其二，人民币升值导致外汇企业蒙受汇率损失。如中国某水电企业在刚果（金）承包的一项工程，合同约定的汇率是1美元兑7元人民币，2013年7月汇率为6.137，由此给企业造成两千多万美元的损失。其三，行业周期影响企业业绩。以矿业为例，前几年大宗商品价格上涨加快了我国企业海外并购或直接投资，但2013年矿产品价格低迷在很大程度上影响了企业的效益，部分企业面临亏损的风险。

（3）文化层面的挑战

“一带一路”沿线国家基本覆盖四大文明古国的全部区域，各国文化差异明显，我国企业在这些国家投资很容易遇到文化融合的问题。企业如果不了解投资国的市场、法律、技术水平，没有本地的工人，投资会遇到较大的困难。此外，“一带一路”沿线各国经济发展水平差异显著，如吉尔吉斯斯坦的人均收入只有990美元；而卡塔尔人均收入高达7.8万多美元，是世界上人均收入最高的国家；巴基斯坦和斯里兰卡是中等收入国家，而马来西亚是中上等收入国家。总体看，我国企业“走出去”之前的国别研究比较薄弱，具体、有针对性的研究基本没有，这样很难与对象国文化、制度、风俗等方面充分融合。

复杂的宗教信仰国情国势。中国在斯里兰卡的港口项目被新上台的政府叫停，在缅甸因为果敢地区冲突而左右为难，在伊拉克的石油项目受到ISIS的威胁。这些沿线国家的国情、民风、宗教信仰情况复杂：有的是政教合一的国家，我们在合作的时候必须考虑到当地宗教势力的影响；有的是动荡不安的国家，我们的很多企业和相关人员的安全都会受到威胁，国际资本都不愿流向这些区域；有的是国内党派对立严重，执政党下台后新政府能否保持已签订项目合约的延续性都有待观察，但以目前的一些情况来看很有可能中国的项目就会被中断。以上这些情况需要我们在实施过程中谨慎对待，做好预案。

沿线国家的怀疑犹豫。“中国威胁论”的说法由来已久，再有世界上一些不怀好意的国家的渲染，一些近邻国家势必会怀疑中国会借此实施扩张，进行军事经济文化等渗透。因此，会对合作共同建设基础设施等存在疑虑，即使参与该项目，也不会让中国过多地参与国内经济的建设，在一些事关民生国计的项目上会将中方排除在外。同时也不会过多地依赖中国，会在大国之间搞平衡战略，这样就很难构造一体化的经济区域，“一带一路”的推行势必就会大打折扣。

4.7　“国际产能合作”推动中国企业“走出去”

4.7.1　中国企业国际产能合作的新进展

国际产能合作，即通过投资建厂，建设生产线、基础设施等方式，将产业整体对外输出。中国官方认为，在全球经济复苏弱于预期的情况下，推进国际产能合作将为世界经济复苏增添动力，也有利于提振外需，抵御经济下行压力。

2015 年，我国非金融类对外直接投资从行业分布情况来看，流向制造业的投资 143.3 亿美元，同比增长 105.9%，其中流向装备制造业的投资 70.4 亿美元，同比增长 154.2%，占制造业对外投资的 49.1%，占同期总投资额的 6%。2016 年 1～9 月，我国非金融类对外直接投资 1342.2 亿美元，同比增长 53.7%，超过 2015 年全年水平。从行业分布情况来看，流向制造业的对外直接投资 243.9 亿美元，增长 168.1%，占 18.2%，其中流向装备制造业 150.6 亿美元，是去年同期的 3.5 倍，占制造业对外投资的 61.7%。同期，电力领域对外承包工程合同额同比增长 32%，铁路、钢铁、电力、通讯、化工、电解铝、装备制造等领域一批重大项目顺利实施。

中国商务部新闻发言人沈丹阳表示，中国企业在非洲实施的铁路、公路、港口、机场、能源、电力等领域基础设施项目，直接带动电力、轨道交通、通讯电子、矿山建设等领域国产装备出口，为开展中非产能合作奠定了基础。与此同时，作为产能合作的重要载体，境外经贸合作区建设初具规模。据商务部数据，截至 2016 年 9 月底，中国企业共在 36 个国家投资建设了 77 个境外经贸合作区，涉及轻纺、家电、钢铁、建材、化工、汽车、机械、矿产品加工等产业，累计投资 233.9 亿美元。中国在推进国际产能和装备制造合作方面都取得了实实在在的初步成效。

4.7.2 国际产能合作战略为中国企业“走出去”带来新机遇

从我国面临形势来看，乘着“一代一路”建设的东风，国际产能合作大有可为，意义深远。首先，推进国际产能和装备制造合作，是保持我国经济中高速增长和迈向中高端水平的重大举措。当前，我国经济发展进入新常态，对转变发展方式、调整经济结构提出了新要求。积极推进国际产能和装备制造合作，有利于促进优势产能对外合作，形成我国新的经济增长点，有利于促进企业不断提升技术、质量和服务水平，增强整体素质和核心竞争力，推动经济结构调整和产业转型升级，实现从产品输出向产业输出的提升。其次，推进国际产能和装备制造合作，是推动新一轮高水平对外开放、增强国际竞争优势的重要内容。当前，我国对外开放已经进入新阶段，加快铁路、电力等国际产能和装备制造合作，有利于统筹国内国际两个大局，提升开放型经济发展水平，有利于实施“一带一路”、中非“三网一化”合作等重大战略。最后，推进国际产能和装备制造合作，是开展互利合作的重要抓手。当前，全球基础设施建设掀起新热潮，发展中国家工业化、城镇化进程加快，积极开展境外基础设施建设和产能投资合作，有利于深化我国与有关国家的互利合作，促进当地经济和社会发展。

从企业实力来看，我国企业在众多领域的国际竞争力不断增强，中国资本、中国装备、中国技术日益受到世界各国特别是发展中国家的欢迎。中国大量的优质产能也为进一步深化国际产能合作提供了基础。目前，中国是不少“一带一路”沿线国家的最大贸易伙伴、最大出口市场和主要投资来源地。根据联合国工业发展组织资料，目前中国工业竞争力指数在136个国家中排名第七位，制造业净出口居世界第一位。按照国际标准工业分类，在22个大类中，中国在7大类中名列第一，钢铁、水泥、汽车等220多种传统工业品产量居世界第一位。与此同时，随着产业升级以及工业化进程的深化，中国已经在多晶硅、光伏电池、风能设备等新兴产业产品，以及在轨道技术、车辆装备、移动信号高端装备制造业等领域具备了优势，具备了较强的技术创新能力，并逐步实现了从单一产品输出到成套输出到具备输出整体解决方案能力的转变。我国企业应抓住当前难得的发展机遇和有利条件，创新合作方式，提高质量和效益，将国际产能和装备制造合作提升至更高的层次和水平，实现从商品到产业到资本输出的转型。

从外部环境来看，各国基础设施建设升温，发展中国家工业化、城市化进程加快，投资需求不断增大，有关国家和地区与我国合作意愿不断加强。“一带一路”沿线国家以发展中国家为主，近年来这一区域的经济增长尤为显著。

4.7.3　国际产能合作战略为中国企业“走出去”带来新挑战

国际竞争日趋激烈。高铁、核电等技术、资金密集型产业，既是中国对外产能合作的重点发展领域，也是发达国家的传统“阵地”。以高铁市场为例，目前，全球俨然形成“中日欧”三雄逐鹿局面。在印度高铁公司的全球招标中，中国公司牵头与印度本地企业组成的联合体，经过与德、法等国企业的激烈竞争，于2015年9月获得授标函，承担新德里至孟买高速铁路的可行性研究工作。为将新干线技术推向海外市场，日本专门成立了国际高铁协会，以减少日企间各自为政的弊端。从印尼的雅万高铁到新马高铁，日本在东南亚展开了强大的高铁推销攻势。核电是敏感技术，更是出口国和接受国长期合作的项目，各国在抉择时都非常慎重。法国、俄罗斯等核电强国海外经验丰富，都在不遗余力地开拓国际市场，中国核电走出去仍需一个渐进的过程。南非目前电力供应紧张，政府计划建设更多核电站，招标金额高达 800 亿美元，已吸引中国、法国、俄罗斯、美国等多国公司参与。南非能源部长明确表示，竞标成功与否关键还看实力。

政治、经济风险因素导致项目停顿或出现波折。有的国家区位优势明显、资源丰富、要素成本低、市场潜力大，但国内政治因素复杂，存在诸如分裂势力猖獗、部族矛盾与民族矛盾交织、党派斗争激烈等问题，往往导致政局不稳、安全堪忧。有的国家市场则存在规制薄弱、法律形同虚设、经济政策高度不确定等问题。而基础设施建设是我国对外产能合作的重要内容，相关建设一般投资较大、周期较长，一旦受到上述政治、经济风险因素干扰，往往导致项目停滞或出现其他波折，损害企业的经济利益。2014 年，中国公司曾遭遇中标墨西哥高铁项目又被取消的意外事件，原因是反对党质疑招标时间太短、对参与企业不公平，政府迫于压力不得不临时变卦。中国参与的东南亚国家基建项目大多经历一番曲折，泰国宪法法院 2014 年 3 月判决已获国会通过的基础设施建设项目违宪，中泰两国达成的“大米换高铁”计划随之暂停。

国内法、环保、劳工等政策差异造成企业的属地化经营障碍。拉美、中亚、东南亚不同地区国家，在产能合作方面的法律、环保理念、劳工保护措施各不相同。比如在工程项目采购方面，一些国家规定关键零部件要遵从本地采购原则，项目技术标准方面要求更多地采用欧美标准。在环境保护方面，实施项目不但要进行环境影响和社会影响评估，向当地社区提交并征求意见，获得各级主管部门的批准，还要受到国际组织的严密监督。而在劳工权益保障方面，有些国家的宪法赋予工人罢工的权利，禁止降薪，对加班设定更为苛刻的条件，解雇员工要付出更高的补偿。这些规定对发挥中国产能优势是一种很大的制约和考验。一些中国企业在调研不充分的情况下仓促出海，忽视相关规定，则会在产能合作过程中出现种种问题延误项目开展，造成企业利益损失，甚至对国家形象造成负面影响。

不实的负面舆论可能对合作的顺利推进造成干扰。一些国家或集团担心中国影响力随着合作项目的实施而增长，会对合作项目设置一些障碍或从舆论上进行“引导”，夸大、渲染甚至扭曲合作过程中出现的正常问题。例如，泰国媒体对中泰铁路合作进行了密集追踪报道，夹杂着一些诸如中国提供的贷款利率太高等抱怨，称日本对泰利率（2% 以下）低于中方（2.5% ~3%）。而真实情况是日元贷款利率表面上低一些，但背后的代价是必须从日本进口设备，昂贵的设备费用加上项目建设和后期维护费，整个项目开支将更加巨大。中国进出口银行提供的是美元贷款，基础利率本身就高于日元贷款利率。少数西方媒体刻意渲染中国投资拉美基础设施，可能带来环境和社会风险。英国《观察家》称，横跨南美大陆的两洋铁路，将大面积穿越亚马逊原始热带雨林，势必威胁到雨林和雨林中生存的原著部落。上述不实报道加深了当地民众对合作项目的误解，使项目承接国政府在决策时不得不有所顾及。

4.8　中国企业的跨国并购

4.8.1　中国企业跨国并购活跃

2015 年，中国企业共实施对外投资并购 579 起，涉及 62 个国家和地区，实际交易金额 544.4 亿美元，其中直接投资 372.8 亿美元，占 68.5%；境外融资 171.6 亿美元，占 31.5%，并购领域涉及制造业、信息传输/软件和信息技术服务业、采矿业、文化/体育和娱乐业等 18 个行业大类。中国化工橡胶有限公司 52.9 亿美元收购意大利倍耐力集团公司（近 60% 股份），是 2015 年中国企业实施的最大海外并购项目。2016 年前八个月，中国企业海外并购延续了快速增长的势头，并购项目 486 个，涉及 67 个国家和地区的 16 大行业，实际交易金额 617 亿美元，也就是说，已经超过 2015 年全年的并购金额。

图 4.10 和图 4.11 展示了 2003 到 2015 年中国企业跨国并购交易金额和占对外直接投资流量的比重。跨国并购金额由 2003 年的 5.22 亿美元上升到 2015 年的 544.4 亿美元，增长了 100 倍。尤其是 2008 年全球金融危机后，中国企业的跨国并购总额大幅度上升。2008 年跨国并购额从 2007 年的 63 亿美元跳升为 302 亿美元，占同期对外直接投资流量的 54%。而 2009 年并购总额下降到

192 亿美元，占投资总量的34%。经过2010~2011年的波动，在2012年跨国并购金额跃升至434亿美元，在2013年突破500亿美元，达到历史新高529亿美元，占对外直接投资流量的49%。从统计数据看，跨国并购总金额随着对外直接投资的增长不断发展，但在整个对外直接投资中的重要性往往随着某些重大并购事件的完成与否呈现波动。

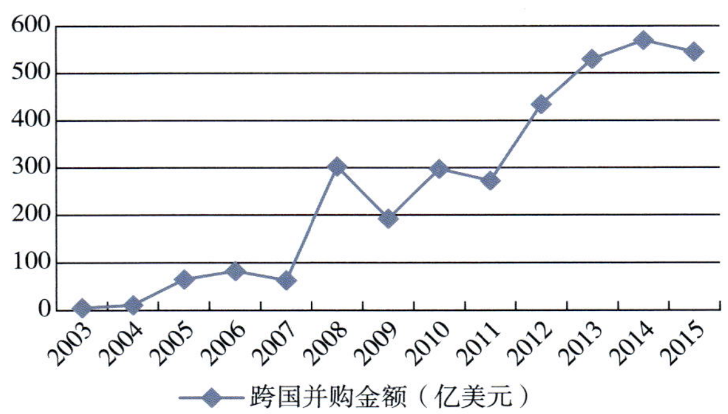

图 4.10　2003~2015 年中国跨国并购金额和占 FDI 比例

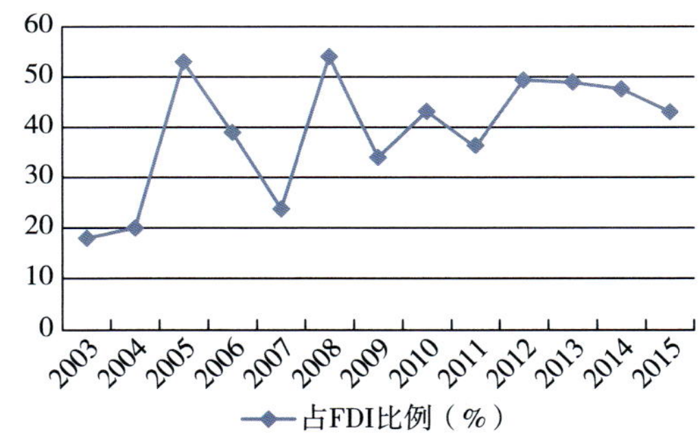

图 4.11　2003~2015 年中国跨国并购金额占 FDI 比例

4.8.2　跨国并购典型案例

案例一：美的集团收购德国机器人制造商 KUKA

美的集团于2016年5月18日下午发布公告，正式宣布拟筹划通过要约方式，以约40亿欧元（折合人民币约292亿元）的现金对价收购德国工业机器人及自动化生产设备制造商库KUKA Aktiengesellschaft（简称“库卡集团”）。根据美的公告，公司拟通过全资境外子公司Mecca以自愿要约收购方式向库卡集团股东发起要约，收购其持有的库卡无面值不记名股票，初步确定要约价格为每股 115 欧元。目前库卡集团全部发行在外的普通股为 39775470 股，美的持有库卡集团约 13.5% 的股份，美的意图获得超过库卡集团 30% 以上的股份，交易标的最高为库卡集团不超过 100% 的股权。若库卡集团除公司外的全部股东接受要约，按照要约价格为每股 115 欧元计算，美的预计最高将支付不超过 40 亿欧元（折合人民币约 292 亿元）的现金对价。

美的集团表示，本次收购的资金来源为银团贷款及公司的自有资金。库卡集团创办于 1898 年，为全球领先的机器人及自动化生产设备和解决方案的供应商之一。公司总部位于德国奥格斯堡，年营业额将近 30 亿欧元。从 2015 年收入分布来看，库卡约 35% 营收来自北美，约 19% 来自亚太地区和其他地区，46% 则来自欧洲。

美的集团表示，本次收购库卡集团股权，是公司深入全面布局机器人产业的关键一步，具有重大战略意义。凭借库卡集团在工业机器人与系统解决方案领域领先的技术实力与美的在中国家电制造、销售及市场推广方面的专长积累，美的与库卡集团将联合开拓广阔的中国机器人市场，并通过优势互补与协同效应，有效提升上市公司业务多样性、全球业务布局及盈利能力，为美的全球业务拓展带来新的增长空间。

同时，本次交易完成后，公司凭借库卡集团在工业机器人和自动化生产领域的丰富经验和完善产品线将进一步提升生产效率并推动公司制造升级，拓展 B2B 产业空间。截至目前，美的机器人应用已超过 1000 台，在工厂自动化领域的投资已超过人民币 50 亿元，并且美的计划在工业机器人和生产自动化领域每年投资 10 亿元。库卡为全球知名汽车工业和一般工业的客户长期提供创新性解决方案，涵盖医疗、电子、食品、消费品、航空、太阳能等诸多细分行业。公司与库卡合作将促进行业一流的自动化制造解决方案向全国一般工业企业的推广，并拓展 B2B 的产业空间。

本次交易完成后，公司子公司安得物流将极大受益于库卡集团子公司瑞士格领先的物流设备和系统解决方案，提升物流效率，拓展第三方物流业务。公司还将与库卡集团将共同发掘服务机器人的巨大市场，提供更加丰富多样化专业化的服务机器人产品。公司先行聚焦刚需的助老助残机器人、康复护理机器人等领域，根据技术成熟的市场需要切入服务机器人。美的和库卡集团将在服务机器人领域展开全方位合作，凭借美的在智能家居领域的多元产品组合和库卡在服务机器人领域的市场优势及强大研发创新能力，继续深度探索更广阔的服务机器人领域，拓展产品范围。

据国外媒体报道，美的收购德国工业机器人巨头库卡获得重大进展，欧盟委员会已在 2016 年 10 月 13 日批准了这一收购案，这项收购目前仍需通过美国的两项审查。

案例二：中国化工收购瑞士先正达公司

中国化工总部设在北京，是中国最大的化工企业，世界 500 强排名第 265 位。中国化工成功收购了法、英、以色列、意大利，德国等国的 9 家行业领先企业。2016 年 2 月 3 日，中国化工集团与瑞士农化集团先正达在瑞士巴塞尔宣布，中国化工将向先正达提出双方协议的 430 亿美元收购出价，创下有史以来单一中国企业最大海外收购行动。此次收购案中，由于先正达在美国的种子和化肥市场占有很大的份额，美国外国投资委员会对这项交易进行了审查，而它的审查被认为中国化工进行收购的最大阻碍。2016 年 8 月 23 日，中国化工集团公司和瑞士先正达公司宣布，中国化工以 430 亿美元收购先正达的交易，获得美国外国投资委员会的批准，这意味着中国化工收购先正达的最大阻碍或许已消除。

中国化工方面表示，先正达可以帮助其加速下一阶段在中国和其他新兴市场的发展，先正达的种子和作物保护产品可以让全球农民更好地利用现有资源来满足全球消费者需求的增长。中国化工董事长任建新称，愿景不仅局限于双方利益，还将保障全球农民和消费者利益最大化。期待双方共同为全球市场持续的增长和粮食需求提供安全、可靠的解决方案。

全球的农资产品市场被六家大企业控制着，分别是美国公司孟山都、杜邦、陶氏化学，瑞士公司先正达，德国企业巴斯夫和拜耳。但孟山都收购先正达曾遭到强烈抵制，该收购没能实现。2015 年 5 月至 8 月，世界最大种子制造商孟山都公司两度宣布，收购先正达失败，发出的是价值 450 亿美元到 470 亿美元的收购要约。

中国化工将先正达纳入麾下，则借道跻身农业化学领域巨头行列。中国耕地面积下滑、玉米产量仅为美国的一半，通过收购先正达获得的种子技术将进一步提升中国的粮食安全保障，符合国家利益。此外，中国化工也将借此扩大杀虫剂和作物市场的国际版图。中国化工董事长任建新曾表示，中式企业如果要可持续发展，就需要作出改变，而这种改变就来自收购西方品牌。

中国化工官网报道，迫于全球农业市场的低迷，包括先正达、孟山都、杜邦等世界农化巨头都在寻求通过合并来自救。根据先正达最新的2015年财报，年收入下降11%，净利润下降17%，每股收益下降8%。先正达急需寻找新的收入增长点。而目前先正达主要的市场在欧洲、美洲、非洲和中东，唯独在亚太地区的市场差强人意。开拓新兴国家市场成为先正达复兴的必经之路，中国作为全球需求量最大的国家，对先正达而言是一个巨大的机遇，而中国化工则可成为先正达立足中国市场，并以中国市场为起点，最终进军全亚太市场的最佳合作伙伴。另外，中国化工已承诺将保留先正达的一切，包括公司名字、公司总部地址、公司管理层、公司员工，不改变先正达现有的运营系统，只添加董事会席位。反之，中国化工要学习先正达先进的技术和管理体系，使两家公司的协同效应发挥到极致。这种模式是中国化工历来收购海外企业的一贯做法，中国化工也正因此获得了巨大成功，这种以尊重为基础的模式得到了先正达董事会的认可和信任。

4.9　2017年展望

统计数据显示，2015年中国经济对世界经济增量的贡献率在25%左右。国际货币基金组织数据显示，过去五年间中国为全球经济增长贡献了35%，并将在2020年底前继续贡献30%的经济增长。

中国经济能够继续保持中高速增长，一方面得益于深化改革带来的最大红利；另一方面得益于开放释放的巨大活力。过去一年，尽管对中国经济的各种担忧不断，特别是有关外资撤离的情绪不时蔓延，但中国经济顶住了压力，用扎实的数据还击了各种质疑。中国的投资环境，风景这边仍好。

与此同时，我们也应看到，跨国公司在华投资环境也正经历一些变化。中国经济增速有所放缓，市场监管更加规范，产业转型升级风起云涌。外资企业还面临劳动力、原材料、土地等成本因素的影响。同时，本土企业日益崛起，市场竞争进一步加剧。面对诸多变化，外资企业如何深刻认识中国市场变化，构筑在中国市场持续的竞争力，备受关注。

2016 年中国对外直接投资预计超过 1700 亿美元，将再创历史新高。这既是“走出去”政策不断加码、企业全球化提速的必然结果，也体现了人民币走弱预期对境外投资，尤其是对美元资产投资需求的激增。中长期看，中国企业已经进入了全球投资的高速增长时期。在“一带一路”等战略的推进下，未来几年中企海外投资有望继续保持两位数的年均增幅，还会通过并购向产业链上游移动，实现产业转型升级，和满足中高端消费需求将继续成为并购的主要目的。

特点上看，制造业投资将持续增长。同时，科技、媒体及电信业和工业品等行业将持续成为海外并购的热门行业，显示出中国企业对获得海外先进技术和服务的兴趣不减。区域分布看，欧洲和北美仍然将是最热门的并购区域。随着国家“一带一路”战略不断推进和标杆工程逐步落实，在基础设施、能源开发等项目稳步走出去同时，如文化旅游、金融服务和现代农业等轻资产项目也将迎来新的海外投资机遇。

执笔人：亓长东　马晓白

第五章　中小成长型公司的创新发展

中小微企业是实体经济的重要组成部分，完成了约65%的发明专利，提供新增就业超90%，生产总值占比也在60%以上。新三板股权交易市场（全称全国中小企业股份转让系统）是我国多层次资本市场的重要组成部分，主要面向成长型、创业创新型中小微企业，为挂牌企业提供融资服务、股权定价、完善公司治理、树立品牌和公众形象等服务，符合中小微企业的实际，是服务中小微企业的重要场所。本章核心内容是探讨新三板挂牌公司目前的基本情况和对这些公司的可持续创新能力进行分析评价。核心问题是：新三板挂牌公司基本情况如何？近两年我国新三板市场企业群体创新投入情况如何？可持续创新能力如何？不同行业企业的创新分布情况如何？为了较科学地分析评价新三板挂牌公司的创新能力，我们以企业研发投入强度和股权激励强度为指标，构建了兼顾企业短期和长期创新投入强度的二维分析模型。通过该模型对公布了上述两个指标的新三板挂牌企业进行了分析，并与我国制造业上市企业、制造业、信息服务业等进行了分类比较分析，以期发现新三板挂牌企业创新投入与股权激励的情况及区域分布结构。

本章共包括五节。第一节概述新三板市场的发展；第二节统计分析了2016年公布了年报的新三板挂牌企业的基本情况；第三节在文献的基础上，提出了评价新三板挂牌公司可持续创新能力的分析评价框架；第四节运用上述评价框架对新三板挂牌公司进行了数据分析评价；第五节进行了小结及提出若干建议。

5.1　新三板市场发展概述

新三板市场，最早起源于STAQ、NET系统剩下的挂牌公司和退市公司，原叫“老三板市场”。2001年依托深圳证券交易所和登记结算公司的证券公司代办股份转让系统建立，主要解决中国证券交易自动报价系统和人民银行发行的报价系统挂牌公司流通股份的流通问题，之后也成为主板终止上市公司的股份交易场所。2006年1月3日，国务院批准将中关村科技园区作为试点，允许园区内具有规定资质的非上市股份有限公司进入证券公司代办转让系统挂牌。此后，为了与之前的市场相区别，改名为“新三板市场”。主要承接中关村科技园区内中小股份公司的股权转让，挂牌企业均为高科技企业，股票转让主要采取协商配对的方式进行成交。2011年初，证监会确定了“十二五”期间“新三板市场”分两步走，一是首先允许国家级高新技术产业开发区内具备条件的未上市股份公司进入证券公司代办股份转让系统进行股份公开转让；二是在制度体系和工作机制基本形成并稳定运行后，将市场服务范扩大到全国具备条件的股份有限公司。2011年底，挂牌企业突破100家。

2012年8月，证监会颁布了《关于规范证券公司参与区域性股权交易市场的指导意见（试行)》，宣布扩大试点范围，进一步增加了上海张江、武汉东湖、天津滨海等3个国家级高新园区。接着，继2013年1月首个全国中小企业股份转让系统揭牌仪式在京举行，针对全国性场外市场运行机构全国股转系统公司的管理办法也正式出台。2013年2月，证监会公布实施了《全国中小企业股份转让系统有限责任公司管理暂行办法》（下简称“暂行办法”)。2014年全国中小企业股份转让系统首批全国企业集体挂牌仪式在北京举行，标志着孕育多年的“新三板”已经迎来重要的发展期。2013年12月13日，国务院发布了《关于全国中小企业股份转让系统有关问题的决定》，宣布境内所有符合条件的股份公司均可申请在全国股转系统挂牌。随着相关管理办法和业务规则相继出台，我国新三板市场进入快速发展时期。

表5.1　　新三板市场发展大事记

2001年6月12日	证监会批准设立代办股份转让系统
2006年1月17日	股份报价转让试点办法发布
2012年7月8日	国务院批准设立全国股份转让系统
2012年9月7日	扩大试点合作备忘录签署首批企业挂牌仪式举行
2012年9月20日	全国股份转让系统公司在工商总局完成登记注册
2013年1月16日	全国股份转让系统揭牌
2013年2月8日	业务规则（试行）发布
2013年5月28日	全国股份转让系统首批企业挂牌仪式
2013年6月19日	国务院确定将中小企业股份转让系统扩大至全国

资料来源：作者根据公开资料整理。

5.2　新三板挂牌公司基本情况与经营简况

5.2.1　新三板挂牌公司基本情况

近年来新三板市场发展迅速，市场交易逐渐活跃。2014 年末挂牌公司数 1527 家，一年时间到 2015 年末挂牌公司数增至 5129 家，比 2014 年末增长了 226%，总市值由 4591 亿元增长至近 2.5 万亿元；股票发行次数也从 2014 年的 329 次增长为 2015 年末的 2565 次，市场融资功能不断增强。表 5.2 统计了 2013～2015 年三年期间新三板市场的主要指标的变化情况，无论从挂牌公司家数、总股本、总市值还是股票发行次数、成交金额到投资者账户情况都呈现出快速发展趋势，与 2013 年末的数据都出现了几倍甚至十几倍的增长。

表 5.2　　新三板市场主要统计指标概览

	2015 年	2014 年	2013 年
挂牌规模			
挂牌公司家数	5129	1572	356
总股本（亿股）	2959.51	658.35	97.17
总市值（亿元）	24584.42	4591.42	553.06
股票发行			
发行次数	2565	329	60
发行股数（亿股）	230.79	26.52	2.92
融资金额（亿元）	1216.17	132.09	10.02
股票转让			
成交金额（亿元）	1910.62	130.36	8.14
成交数量（亿股）	278.91	22.82	2.02
换手率（%）	53.88	19.67	4.47
市盈率（倍）	47.23	35.27	21.44
投资者账户数量			
机构投资者（户）	22717	4695	1088
个人投资者（户）	198625	43980	7436

资料来源：新三板 2014 年度、2015 年度统计快报。

新三板挂牌公司在行业分布上较广，覆盖了从农林牧渔业到金融业等19个行业，但行业分布上却以制造业和信息传输、软件和信息技术服务业为主体。2015年末这两个行业的企业数之和占比73%左右，2014年末占比更是高达近80%（详见表5.3）。

表5.3　　2014～2015年挂牌公司行业分布情况

行业分类	2015年末		2014年末	
	公司家数	占比	公司家数	占比
制造业	2744	53.50%	883	56.17%
信息传输、软件和信息技术服务业	1015	19.79%	360	22.90%
科学研究和技术服务业	219	4.27%	55	3.50%
租赁和商务服务业	210	4.09%	30	1.91%
批发和零售业	169	3.29%	26	1.65%
建筑业	157	3.06%	57	3.63%
农、林、牧、渔业	119	2.32%	38	2.42%
金融业	105	2.05%	12	0.76%
文化、体育和娱乐业	104	2.03%	28	1.78%
水利、环境和公共设施管理业	78	1.52%	24	1.53%
交通运输、仓储和邮政业	59	1.15%	15	0.95%
电力、热力、燃气及水生产和供应业	33	0.64%	5	0.32%
房地产业	26	0.51%	0	0.00%
采矿业	24	0.47%	14	0.89%
卫生和社会工作	24	0.47%	11	0.70%
教育	19	0.37%	4	0.25%
居民服务、修理和其他服务业	13	0.25%	7	0.45%
住宿和餐饮业	11	0.21%	1	0.06%
综合	0	0.00%	2	0.13%
合计	5129	100.00%	1572	100.00%

资料来源：新三板2014年度、2015年度统计快报。

虽然新三板挂牌公司地域分布在全国范围，但实际分布上两极化非常明显。2015年末挂牌公司数最多的北京达763家，占比近15%，而挂牌公司数最少的西藏仅2家，2014年末西藏没有一家新三板挂牌公司。挂牌公司地域分布上和我国的经济与科技分布非常类似，经济发达发展水平高和科技实力较强的区域，创新创业氛围活跃，新三板挂牌公司数量也多。北京2014年末公司家数占比曾高达23%，2015年末北京、广东、江苏、上海、浙江和山东六个省市累计挂牌公司家数就达3284家，占比超过64%。

表 5.4　　2014～2015 年挂牌公司地域分布情况

行业分类	2015 年末		2014 年末	
	公司家数	占比	公司家数	占比
北京	763	14.88%	362	23.03%
广东	684	13.34%	149	9.48%
江苏	651	12.69%	171	10.88%
上海	440	8.58%	166	10.56%
浙江	410	7.99%	69	4.39%
山东	336	6.55%	98	6.23%
湖北	204	3.98%	93	5.92%
河南	195	3.80%	55	3.50%
安徽	162	3.16%	45	2.86%
福建	139	2.71%	41	2.61%
四川	137	2.67%	31	1.97%
辽宁	114	2.22%	41	2.61%
湖南	110	2.14%	33	2.10%
河北	98	1.91%	23	1.46%
天津	92	1.79%	41	2.61%
陕西	64	1.25%	22	1.40%
新疆	63	1.23%	17	1.08%
江西	62	1.21%	13	0.83%
重庆	59	1.15%	22	1.40%
云南	55	1.07%	13	0.83%
黑龙江	51	0.99%	14	0.89%
吉林	41	0.80%	7	0.45%
贵州	36	0.70%	13	0.83%
宁夏	36	0.70%	14	0.89%
山西	32	0.62%	4	0.25%
广西	31	0.60%	5	0.32%
内蒙古	26	0.51%	3	0.19%
甘肃	17	0.33%	3	0.19%
海南	16	0.31%	3	0.19%
青海	3	0.06%	1	0.06%
西藏	2	0.04%	–	–
合计	5129	100.00%	1572	100.00%

资料来源：新三板 2014 年度、2015 年度统计快报。

挂牌公司股东人数分布上，以 3～50 人所占比例最高。2014 年末和 2015 年末 3～10 股东人数与 10～50 股东人数所占比例合计分别超过 80% 和 73%。

表 5.5　　挂牌公司股东人数分布情况

股东人数	2015 年末		2014 年末	
	挂牌公司数	占比	挂牌公司数	占比
2	397	7.74%	146	9.29%
3~10	1741	33.94%	669	42.56%
10~50	2056	40.09%	596	37.91%
50~100	453	8.83%	98	6.23%
100~200	275	5.36%	51	3.24%
200 以上	207	4.04%	12	0.76%
合计	5129	100.00%	1572	100.00%

注：采用上组限不在内原则，如 100~200 区间中不包含 200。

资料来源：新三板 2014 年度、2015 年度统计快报。

5.2.2　新三板挂牌公司业绩情况

统计新三板公司的业绩无法使用前述截至年末的数据，而要基于年报数据。截至 2016 年 4 月 30 日，应披露 2015 年年报的 6945 家挂牌公司。其中共有 6883 家挂牌公司按时完成披露工作，剩余 62 家未按时披露年报的公司已被停牌处理。基于这些公司的年度报告披露的信息，新三板挂牌公司 2015 年年度业绩基本情况如下：

（1）整体业绩增长较快，盈利情况稳定

2015 年挂牌公司平均营业收入 1.64 亿元，同比增长 17.33%；平均净利润 1293.65 万元，同比增长 41.75%；平均净利润率 7.87%，同比提高 1.36 个百分点。平均总资产 2.82 亿元，平均净资产 1.25 亿元，分别同比增长 29.87% 和 48.95%。剔除金融业后，平均营业收入增长 16.04%，平均净利润增长 34.61%，平均净利润率 6.71%；平均总资产、平均净资产分别同比增长 22.38% 和 43.88%。

从盈利面看，5711 家公司实现盈利，占比 82.97%，同比基本持平；4532 家公司实现了净利润增长，占比 65.84%；3892 家公司实现了营收和净利润双增长，占比 56.55%；1817 家公司净利润翻番，占比 26.40%。

（2）偿债能力稳定，整体经营质量继续改善

从偿债能力来看，非金融类企业平均资产负债率 48.99%，同比下降 7.62

个百分点；流动比率为1.53，同比提高18.73%；杠杆率（全部债务/净资产）96%，同比下降两成以上。从营运能力来看，非金融业企业固定资产占总资产比例19.94%，存货占总资产比例15.20%，同比分别下降1.50、1.76个百分点。从盈利能力来看，挂牌公司平均毛利率28.15%，平均净利率7.87%，同比分别提高1.98和1.36个百分点；平均净资产收益率10.22%，同比基本持平。

（3）筹集资金和集聚人才的能力明显提高

挂牌公司筹资活动产生的现金流量净值同比增长195.44%；筹资活动支付的现金同比增长20.43%，远低于筹资净流入增速；财务费用同比降低9.25%。直接融资比例提高、融资渠道拓宽使挂牌公司融资成本得以降低，融资能力进一步增强。

挂牌公司员工人数同比增长9.68%，人力资源质量显著提高。截至2015年末挂牌公司员工总数163.19万人，2015年新增就业14.40万人，增嗝为9.68%，较全国城镇就业人员增长率（2015年为3.36%）高6.32个百分点。其中本科及以上学历员工数达42.69万人，同比增幅为18.39%，高出全体员工增长率近一倍。

（4）挂牌公司分红力度增强

2015年有81家公司进行了中期现金分红，974家公司公布了年度现金分红预案，合计拟发放现金股利约147亿元，约为2014年度实际发放现金股利总额的3倍。根据2015年已完成分红的公司统计，平均股利支付率为42.80%，较2014年提高5.07个百分点。实施分红的公司主要分布于制造业和信息技术业，合计占比68%。

（5）现代服务业整体表现突出，战略新兴产业盈利增幅较大

挂牌公司中有2334家属现代服务业，占比1/3，平均营收和净利润增幄分别为47.17%、56.99%，较总体均值高29.84个百分点、15.42个百分点。其中，租赁和商务服务业净利润同比增长96.09%；金融业净利润同比增长85.76%；科学研究和技术服务业净利润同比增长46.89%。

挂牌公司中有1742家属战略新兴产业，平均营收增长41.22%，平均净利润增长35.84%，平均净利润率7.73%；绿色产业挂牌公司233家，

包括 173 家节能环保企业和 60 家新能源企业，净利润分别增长 36.94% 和 75.19%。在国家信息化进程加速推进背景下，新一代信息技术类挂牌公司数量大幅增加，从 2014 年底 299 家增长到 1163 家，涵盖了物联网、云计算、信息咨询、移动互联网等新兴技术领域，该类公司 2015 年营收增长 59.50%，净利润增长 27.68%。涉及航天航空与国防、智能电子识别设备领域的高端装备制造产业 94 家，其中 74 家智能电子识别设备公司平均净利润增长 77.63%。

表 5.6　　战略新兴产业 2015 年业绩增长情况

行业	公司家数	营业收入增长率	净利润增长率
新一代信息技术	1163	59.50%	27.68%
节能环保	173	14.83%	36.94%
生物	101	18.65%	19.27%
高端装备制造	94	32.15%	61.28%
新能源	60	35.28%	75.19%
新材料	151	5.05%	55.66%

5.3　新三板挂牌公司可持续创新能力评价框架

5.3.1　基于创新投入与股权激励的二维分析模型

国内外衡量企业创新能力主要有两种方法：投入法和产出法。鉴于新三板挂牌企业主要是成长型、创业创新型中小微企业，往往尚处于企业发展初期，成长性好但盈利较弱，有核心技术但可能尚未形成知识产权，有市场但自主品牌尚不强。因此，从产出角度衡量较难。另一方面，一些学者研究了公司治理与持续创新能力的关系。例如 Zenger（1994）研究发现：创新研发涵盖专有信息知识，如果股东无法正确评价高管研发行为的战略价值，会抑制高管的研发兴趣，从而导致企业持续创新能力减弱。而若给予高管持有公司股份的权利，则有助于持续创新，从而使高管和所有者利益趋于一致。Zahra、Neubaum 和 Huse（2000）通过实证研究也发现，企业高管的持股比例与创新活动显著正相关。国内一些学者（马富萍，2009；夏冬，2008）从国内企业实证研究方面验证了上述结论。企业高管及核心员工的股权激励，因改善了公司治理对于创新的认知，且减少了委托代理人的“短视”，直接有助于企业持续创新能力提升。可见，高管和核心员工的股权比例指标很大程度上能力衡量持续创新能力。

为了兼顾短期和长期创新能力，我们选择通过创新投入强度及创新激励强度两个维度对新三板挂牌企业可持续创新能力给予分析和衡量。创新的投入强度通过企业 R&D 投入占销售收入的比例指标来衡量，创新的激励强度以企业股权激励结构（董事、监事、高管以及核心员工持股数占全部股权的比例）来衡量。这两个指标可以较直观地反映了企业的创新投入程度和创新的持续动力，这样形成如图 5. 1 所示的创新投入强度及股权激励强度的二维分析框架。

图 5. 1　企业创新投入强度、股权激励强度的二维分析

以样本企业的平均研发投入强度和平均股权激励作为分割线，形成四个区域。研发投入强度和股权激励强度“双高”的区域，为高投入高激励区；研发投入强度和股权激励强度“双低”的区域，为低投入低激励区域；研发投入高但股权激励强度低的区域，为高投入低激励区域；研发投入强度低、股权激励强度低的“双低”区域，为低投入高激励区域。通过上述区域划分，我们认为落入“双高”区域的企业更可能是创新能力强且创新能力可以持续的“未来之星”企业，更可能成为群体中的“脱颖而出者”，具有向上分层发展的能力和实力；而落入“双低”区域的企业则更可能是创新能力弱、创新持续驱动力也较弱的“易淘汰者”，可能成为向下分层淘汰的对象或被整合的对象。对于落入另外两个区域的新三板企业，则构成了一种中间状况，会向“双高”区域或“双低”区域不断转化和动态演进。

5.4 2016 年新三板挂牌公司可持续创新能力情况

新三板市场的直接目标就是为中小微企业的创新创业服务。从国内外的发展经验看，高研发强度、开展员工股权激励这两项行为与企业创新成长具有显著的正相关性。2015 年末，新三板市场在这两项指标上的总体情况是：总体研发投入、研发强度双增长，发生研发投入的挂牌公司家数同比增加。研发投入合计 389.25 亿元，平均每家 565.52 万元，同比增长 16.41%。研发强度为 3.44%，持续保持在较高水平。有 3897 家挂牌公司研发投入实现了增长，占比 56.62%。6883 家挂牌公司中有 5486 家在当期发生研发投入，占比为 79.70%，同比增加 290 家或 4.21 个百分点。

截至 2015 年末，已有 1186 家挂牌公司有核心员工进行持股，同比增长 473 家，累计激励员工数为 1.28 万人，同比增长 8061 人；96 家挂牌公司对核心员工实施股票期权激励。

基于前述研发投入和股权激励的二维模型，我们对新三板挂牌公司这两方面的情况进行了内在结构分析。

5.4.1 新三板挂牌企业研发投入情况

战略新兴产业挂牌公司创新示范效应明显。研发投入合计 135.52 亿元，同比增长 31.72%，研发投入占全市场研发投入的 34.82%，平均研发强度 6.84%；研发投入同比增长的有 1254 家，占比为 71.99%，较全市场水平高 15.37 个百分点。持续高强度的创新研发加速战略新兴产业挂牌公司专利技术的形成，目前以专利技术等形成的无形资产增速为 19.39%，高于市场平均水平 6.05 个百分点。如游戏开发商墨麟股份，2015 年研发投入在 2014 年 2.44 亿元基础增长 15.04%，而其 2015 年净利润也实现了 59.69% 的增长，充分体现了研发创新的力量。

我们选取了 2014 年及 2015 年公布了研发投入和股权激励数据的新三板挂牌企业作为观察研究对象，共 5180 家（占 2016 年 4 月底全部挂牌企业总数的 75.3%）。此外，我们对占新三板挂牌企业总数比例最高的两个行业——制造业（共 3066 个样本）以及信息传输、软件和信息技术服务业（共 1199 个样本）进行了对比研究。

（1）研发投入总体是强度较高、差异较大、规模相关

新三板挂牌企业创新投入存在着“强度普遍较高、行业差异较大、规模相关较强”三大特点（详见表5.7）。一是创新投入强度普遍较高。挂牌企业研发投入占销售收入的比例普遍超过3%，2014年新三板挂牌企业R&D投入占销售收入的比例，平均数为8.8%，2015年稍有下降也高达8.3%。从中位数来看，企业研发投入强度保持在6%的水平。二是行业差异较大。制造业企业投入强度在7%左右，低于整体水平约1个百分点，而信息传输、软件和信息技术服务业因其高附加值、高技术特征，整体投入强度近两年高达14%～15%，是制造业投入强度的2倍强，且显著高于同期总体三板企业平均投入水平。三是创新投入与规模相关较强。一般而言，规模较小企业成长和发展空间较大，成长速度和市场份额占有优先于盈利目标，因而表现出创新投入强度较高的特点。而随着规模变大，成长速度趋缓和发展空间收窄，稳健和盈利目标优先于速度，往往创新投入强度也会有所降低。做市转让企业的经营规模往往高于协议转让企业和基础层企业，表现为做市转让企业创新投入不仅低于协议转让企业，而且低于整体企业平均数。

表5.7　新三板企业研发投入情况

总样本		投入强度2015	投入强度2014
中位数		5.9%	6%
平均数		8.3%	8.8%
按交易类型分	做市转让企业平均数	7.4%	8.1%
	协议转让企业平均数	8.6%	9%
按行业类型分	制造业企业平均数	6.8%	7.1%
	信息传输、软件和信息技术服务业平均数	14.1%	15%

（2）制造业企业研发整体投入远强于A股同类公司

新三板挂牌制造业企业R&D投入占销售收入的占比近两年均保持在7%左右，是同期A股制造业上市企业平均研发投入强度（约2.6%）的2.7倍。从制造业的细分行业研发投入情况来看，如表5.8所示，化学纤维制造业及仪器仪表制造业企业表现突出，占比均超过10%；计算机、通信和其他电子设备制造业、专用设备制造业以及医药制造业占比也均超过8%，排名靠前。总体

行业排名与沪深两市上市企业细分行业结构类似，但均有超过 1 倍的强度增强（沪深两市同期计算机业、专用设备，以及医药制造业研发强度分别为 5.28%，4.25% 及 3.3%），表现出强劲的创新投入能力，充分表现了其快速成长型新兴企业的显著特点。

表 5.8　　2015 年新三板挂牌制造业企业细分行业及其创新投入强度

制造业细分行业	投入强度 2015	投入强度 2014
电气机械和器材制造业	6.3%	6.8%
纺织服装、服饰业	2.1%	3.2%
纺织业	3.3%	3.5%
非金属矿物制品业	5.7%	5.9%
废弃资源综合利用业	3.2%	3.4%
黑色金属冶炼和压延加工业	4.2%	4.4%
化学纤维制造业	12.4%	8.7%
化学原料和化学制品制造业	5.5%	5.8%
计算机、通信和其他电子设备制造业	9.5%	9.0%
家具制造业	2.5%	3.2%
金属制品、机械和设备修理业	5.3%	5.7%
金属制品业	4.6%	5.4%
酒、饮料和精制茶制造业	1.7%	1.6%
木材加工和木、竹、藤、棕、草制品业	4.5%	4.4%
农副食品加工业	2.9%	3.1%
皮革、毛皮、羽毛及其制品和制鞋业	3.1%	3.1%
其他制造业	4.8%	6.8%
汽车制造业	5.2%	5.2%
石油加工、炼焦和核燃料加工业	3.3%	4.3%
食品制造业	4.5%	4.3%
铁路、船舶、航空航天和其他运输设备制造业	7.2%	9.5%
通用设备制造业	6.6%	6.8%
文教、工美、体育和娱乐用品制造业	5.6%	5.5%
橡胶和塑料制品业	5.4%	5.3%

续表

制造业细分行业	投入强度 2015	投入强度 2014
烟草制品业	7.4%	7.4%
医药制造业	8.0%	9.1%
仪器仪表制造业	10.1%	10.5%
印刷和记录媒介复制业	4.1%	4.7%
有色金属冶炼和压延加工业	4.8%	4.6%
造纸和纸制品业	3.5%	3.7%
专用设备制造业	8.5%	9.3%

5.4.2　新三板挂牌企业股权激励结构情况

我们对新三板挂牌公司高管、董事、监事及核心员工的持股（包含限售及流通股份，但不包含未统计在内的员工期权数据）情况进行了统计分析。突出表现为“长期激励呈现增强趋势和两个显著差异”。总体来看，样本企业的股权激励强度逐步增加，近两年企业高管持股比例占总股本 1/3 强，制造业企业平均股权激励比例从 2014 年的 34.9% 小幅上升至 2015 年的 35.6%，信息服务业则维持在 36% 左右。在重视创新投入的同时，新三板企业越来越重视有长期、持续作用的股权激励。第一个显著差异是新三板企业股权激励水平与沪深主板企业存在着显著差异，新三板企业股权激励水平远高于沪深主板企业；通常来说，做市企业相对于协议转让企业，企业状况更为优质，因此做市机构才更愿意参与，但从股权激励强度来看，新三板挂牌协议转让企业（37.0%）股权激励强度却显著高于做市转让企业（31.8%），这是第二个显著差异。

表 5.9　新三板挂牌企业高董监及核心员工持股情况

总样本		高董监及核心员工持股比例	
		2015 年度	2014 年度
中位数		25.4%	21.9%
平均数		35.8%	35%
按交易类型分	做市转让企业平均数	31.8%	34.3%
	协议转让企业平均数	37%	35.3%
按行业类型分	制造业企业平均数	35.6%	34.9%
	信息传输、软件和信息技术服务业平均数	36.9%	36%

5.4.3 新三板企业创新投入与股权激励区域分布

我们利用前述二维分析框架，来分析一下新三板企业创新投入与股权激励的区域分布情况。

（1）制造业企业细分行业分布情况趋于优化

2015 年和 2014 年相比较，“双高”区域企业比例提升、“双低”区域企业比例降低。2015 年，在 3066 家制造业企业中处于“双高”区的企业占总体数量的 13.6%，比 2014 年增多了近 1 个百分点；同时，在“双低”区域的企业占比却下降了近 2 个百分点，显示出新三板挂牌制造业企业的良好发展趋势。

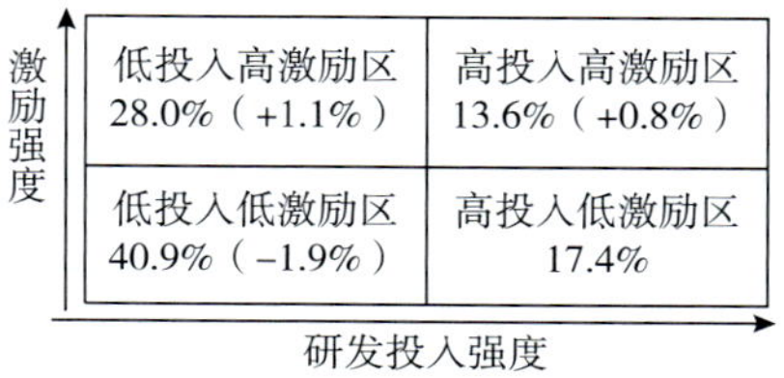

激励强度		
	低投入高激励区 28.0%（+1.1%）	高投入高激励区 13.6%（+0.8%）
	低投入低激励区 40.9%（-1.9%）	高投入低激励区 17.4%
	研发投入强度	

图 5.2 2015 年度新三板制造业挂牌企业分布及与 2014 年的比较（括号内是百分比的变化）

从制造业细分行业分布情况来看，新三板制造业企业细分行业中医药制品业和仪器仪表制造业、计算机通信和其他电子设备制造业、化学纤维制造业投入强度表现突出，但股权激励结构上却较弱，可能导致创新的持续动力不足（图 5.3）。而传统制造业、轻工业等部分细分行业则体现出较强长期激励水平特征，有望未来在创新驱动的转型升级中脱颖而出。

（2）信息服务业企业细分行业分布情况及分析

新三板信息传输、软件和信息技术服务业（简称信息服务业）企业创新竞争优势明显、结构性升级明显。新三板信息服务业创新投入强度平均值保持在 14% ~15% 左右，为新三板制造业企业的一倍左右，是沪深制造业上市公司创新投入强度的 5 倍左右。信息服务业平均股权激励强度也有小幅上升，2015 年达到 36.9%。信息服务业企业数量分布来看，虽然在 1199 家信息业企业中，2015 年处于“双高”区域的比例是 14.5%，比 2014 年有所下降。但是，在“双低”区域的企业占比下降的更多（由 39.6% 下降到 36.5%），下降比例远远大于高创新投入区的变化比例，说明信息服务业企业进行结构性的优化调整情况较好。

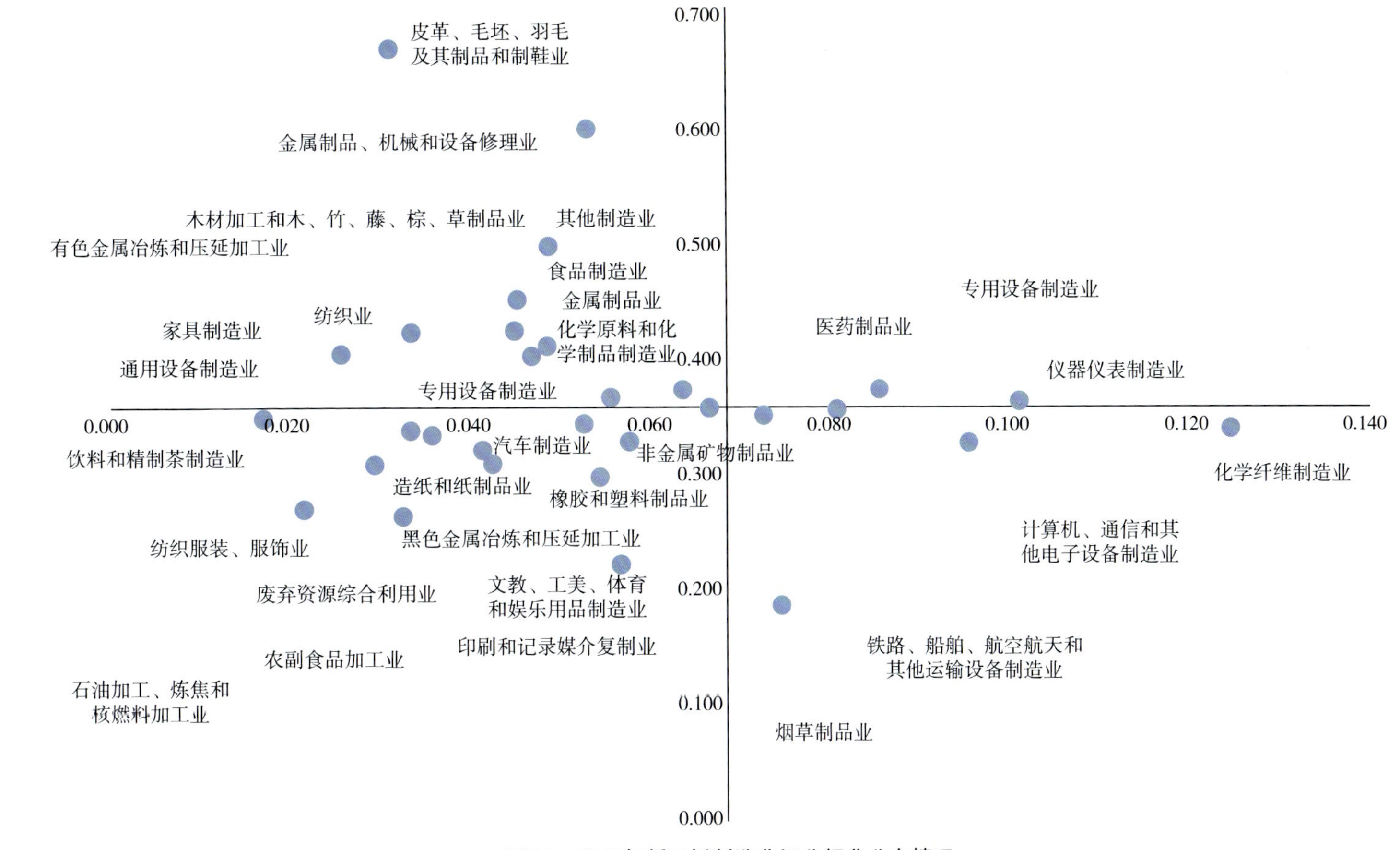

图5.3　2015年新三板制造业细分行业分布情况

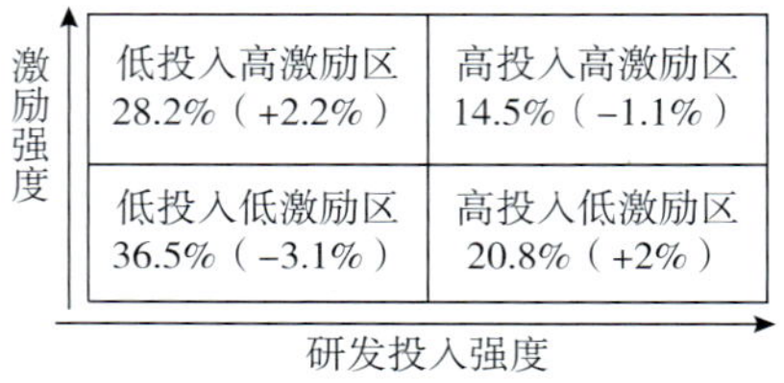

激励强度 ↑	研发投入强度 →
低投入高激励区 28.2%（+2.2%）	高投入高激励区 14.5%（-1.1%）
低投入低激励区 36.5%（-3.1%）	高投入低激励区 20.8%（+2%）

图 5.4　2015 年度新三板信息服务业挂牌企业分布及与 2014 年的比较

从细分行业来看，信息服务业分为三大类行业，电信、广播电视和卫星传输服务、互联网和相关服务以及软件和信息技术服务业，其平均投入强度及激励强度见表 5.10。可以看出，电信服务业作为较为传统的信息服务业，其研发投入水平较低，符合其行业属性，而互联网及软件业研发投入强度约为 14%，也体现出明确的行业特性。但从激励强度看，相较其他两个细分行业，互联网业高管持股比例普遍较小，差异达到接近 8 个百分点，将可能影响其持续创新能力。

表 5.10　　2015 年信息服务业细分行业投入强度及激励强度

信息服务业细分行业	投入强度 2015	激励强度 2015
电信、广播电视和卫星传输服务业	7.8%	38.4%
互联网和相关服务业	14.4%	30.9%
软件和信息技术服务业	14.2%	38.3%

5.5　小结

在前四节新三板市场及挂牌公司基本情况与数据分析的基础上，有如下一些小结。

①新三板市场在服务中小微企业创新创业上能够较好地符合这些企业的特点及满足这类企业的需求，应坚定新三板市场的发展方向和定位，在服务中小微企业发展的基础上进一步突显支持创新。

由于新三板市场准入门槛低、包容性强，挂牌企业数量迅速增长，企业差异化逐渐明显。尽管存在着企业质地良莠不齐现象，但从数据中得出的基本判断：新三板挂牌公司短期创新的研发投入和长期创新的股权激励都显著强于主板市场和创业板市场，这是非常突出的亮点，应给予充分肯定。建议要进一步使新三板市场成为中小微企业发展举足轻重的直接融资渠道，进一步强化资本与产业创新的有机结合，进一步发挥要素集成、筛选发现、企业培育、资金放大与风险分散功能，尤其要进一步突显支持创新。

②新三板挂牌企业出现越来越重视创新投入和注重股权激励趋势，这将有助于提升新三板挂牌企业的可持续创新能力。

没有投入就没有产出，没有持续投入和一致利益创造机制就难有持续创新能力。国际范围内的经验都表明特定行业（尤其是互联网行业）要坚持高强度投入和高强度激励才更可能在竞争中胜出，新三板挂牌企业呈现出越来越重视创新投入和注重股权激励的发展态势。

③完善新三板融资制度，发展多样化融资工具，健全市场融资功能。

融资功能对于中小微企业成长和能力培育至关重要。我们调研的一家移动互联网广告公司的负责人称，这个行业在国内存在着200多家规模较小、各自有一定细分客户群和不同经营模式的中小企业，资本的支持至关重要。他的公司通过新三板实现了融资，获得了发展的转机。而另外近200家同类公司由于融资问题无法解决，被淘汰出市场，丧失了进一步发展和成长的机会，而其中不乏极具竞争力和独具技术优势的企业。再如我们调研的一家教育行业公司通过融资不仅实现了业绩跨越式发展，而且开创了新三板公司收购主板公司第一案，其负责人强调没有新三板市场提供的融资支持，其公司的这种跨越式发展根本就无法实现。调研中许多企业实践都鲜活地印证了新三板的融资功能推动了企业产业的创新与跨越式发展，形成产业与资本的良性互动，促进了创新能力极大提升。

④以培育壮大创新型企业为导向的分层制度尚需不断完善，并且需要分层管理后尽快实施差异化政策。

新三板市场的企业群体多样化强、差异大，只有通过分层管理才能更好地提供针对性、高效率服务并控制市场风险。对于不同层次的企业，在交易方式、信息披露、股票发行、投资者门槛等方面，都需要实施差异化的制度安排。目前新三板的‘创新层”分层管理，已经走出坚实的步伐，正处于进一步实践和探索中。建议在实践中不断完善创新层的分层遴选标准，应更进一步强化创新衡量导向，关注创新投入强度和股权激励强度，给予一定的权重，弱化净利润指标权重。

附录：样本处理

异常值样本清理步骤：

1. 剔除 2015 股权激励份额 <0 的情况，1 家

2. 剔除 2015 股权激励份额 >1 的情况，239 家

3. 剔除 2014 股权激励份额 <0 的情况，1 家

4. 剔除 2014 股权激励份额 >1 的情况，32 家

在未剔除 R&D 投入窑或为 0 的值下，样本总量为 6608 家

5. 剔除 2015 年 R&D 投入 >1 的情况，61 家

6. 剔除 2014 年 R&D 投入 >1 的情况，31 家

7. 剔除 2014 及 2015 年 R&D 投入均等于 0 的情况（默认为无披露），1336 家

由此，样本总量为 5180 家，占总样本的 75.3%，仍然具有十分强的代表性。

执笔人：范保群　吴宇晨

第六章 我国制造业上市企业创新投入强度评价

我国经济正处在从以要素驱动为主向以创新驱动为主转变的关键时期，创新是当前及未来我国经济社会发展的一个重要理念。企业是创新的微观主体，企业自身竞争力的提升，产业结构的优化升级，甚至经济发展模式的转变，都需要依靠企业的持续创新。客观评价企业的创新能力有助于我们掌握企业和行业的创新动向，因情施策。本报告继续以我国制造业上市企业为评价对象，以企业研发投入强度和人均人力资本投入强度为评价指标，对 2015 年的企业创新投入强度进行综合评价。结果显示，2015 年我国制造业上市企业整体研发投入强度不断提高，已达到 2.92%，远高于我国整体 2.07% 的研发强度。企业人均人力资本投入基本保持了与全国城镇居民可支配收入同步增长的幅度，2015 年达到 9.79 万元。在 1747 家制造业上市企业中，强创新投入企业 422 家，占比 24.2%；高研发投入企业 771 家，占比 44.1%；高人力资本投入企业 157 家，占比 9.0%；弱创新投入企业 397 家，占比 22.7%。在 16 个制造业细分行业中，仪器仪表制造业、计算机通信和其他电子设备制造业、专用设备制造业、交通运输设备制造业、通用设备制造业的强创新投入企业比重较高，均超过 30%，企业创新活跃度高，属于创新活跃行业，电气机械和器材制造业、汽车制造业、橡胶和塑料制品业、金属制品业的高研发企业比重均超过 50%，属于研发活跃行业。

6.1　2015 年我国制造业上市企业创新投入总体情况

截至 2015 年底，我国制造业上市企业共有 1909 家，其中，披露研发投入的企业共 1747 家，占 91.51%（第一、二节内容以 1747 家上市企业作为研究样本）。2015 年我国制造业上市企业的研发经费共 2737 亿元，约占全国企业研发经费的 1/4。2015 年制造业上市企业的研发强度为 2.92%，远高于全国 2.07% 的研发强度，其中主板 2.67%、中小企业板 3.69%、创业板 5.26%。2015 年我国制造业上市企业共有员工 837 万人，人均人力资本投入约 9.79 万元，其中主板最高为10.59万元，中小企业板最低为8万元，创业板企业居中，为9.08万元。

表6.1　　2015年我国制造业上市企业创新投入情况

	企业数量（家）	研发投入（亿元）	研发强度（%）	员工总数（万人）	人均人力资本投入（万元）
主板	771	2011.8	2.67	576.3	10.59
中小企业板	602	552.6	3.69	204.5	8.00
创业板	374	172.3	5.26	56.1	9.08
总计	1747	2736.6	2.92	836.9	9.79

从各细分行业的研发投入规模来看，2015年我国制造业上市企业中，研发投入主要集中在计算机通信和其他电子设备制造业、汽车制造业、电气机械和器材制造业、交通运输设备制造业等4个行业，其中，这四个行业分别占全部研发投入的22.7%、16.8%、10.5%和7.3%；食品加工制造业、橡胶和塑料制品业、非金属矿物制品业、纺织服装业、仪器仪表制造业等五个行业的研发投入较少。从研发强度来看，仪器仪表制造业和计算机通信和其他电子设备制造业等两个行业的研发强度最高，均高于5%；纺织服装业、化学原料和化学品制造业、有色金属冶炼和压延加工业、食品加工制造业等四个行业的研发强度较低，均不到2%。从人力资本投入来看，制造业上市企业员工主要集中在计算机通信和其他电子设备制造业、汽车制造业、电气机械和器材制造业、化学原料和化学品制造业、食品加工制造业、黑色金属冶炼和压延加工业等行业，非金属矿物制品业、金属制品业、橡胶和塑料制品业、仪器仪表制造业等行业的企业员工相对较少；从人均人力资本投入来看，交通运输设备制造业、通用设备制造业、专用设备制造业、黑色金属冶炼和压延加工业及汽车制造业等行业的人均人力资本投入较高，均超过10万元，纺织服装业最低，不到7万元。

表6.2　　2015年我国制造业细分行业上市企业创新投入情况

行业分类	企业数量（家）	研发投入（亿元）	研发强度（%）	员工总数（万人）	人均人力资本投入（万元）
电气机械和器材制造业	183	286.0	3.73	76.6	9.13
非金属矿物制品业	61	39.8	2.28	23.6	8.56
黑色金属冶炼和压延加工业	32	198.3	2.16	56.6	11.21

续表

行业分类	企业数量（家）	研发投入（亿元）	研发强度（%）	员工总数（万人）	人均人力资本投入（万元）
计算机、通信和其他电子设备制造业	254	621.1	5.44	136.8	9.65
金属制品业	50	41.6	2.05	20.8	9.00
汽车制造业	96	459.1	2.81	109.8	10.47
铁路、船舶、航空航天和其他运输设备制造业	37	200.8	4.19	46.8	12.56
通用设备制造业	114	138.7	3.85	31.9	12.16
橡胶和塑料制品业	53	55.1	3.62	16.1	9.04
医药制造业	159	153.6	3.61	52.5	9.00
仪器仪表制造业	35	15.0	5.79	4.3	9.22
有色金属冶炼和压延加工业	56	82.9	1.14	32.6	8.95
专用设备制造业	169	153.3	4.19	43.3	11.55
化学原料和化学品制造业	208	145.1	1.55	62.9	9.29
食品加工制造业	95	59.9	1.01	60.9	9.15
纺织服装业	63	32.9	1.96	34.4	6.59

6.2　2015年我国制造业上市企业创新投入强度综合评价

6.2.1　制造业上市企业创新强度的整体分布

通过对不同细分行业的研发强度和人均人力资本投入强度进行二维评价，可以获得每个行业的强创新投入企业、弱创新投入企业、高研发投入企业和高人力资本投入企业，加总之后得到四类企业的总量。结果显示，在1747家制造业上市企业中，有422家属于强创新投入企业，占24.2%，397家属于弱创新投入企业，占22.7%；771家高研发投入但低人力资本投入的企业，占44.1%；157家低研发投入但高人力资本投入企业，占9.0%。如果仅考虑研发投入，有68.3%的企业属于高研发投入，同样，如果只考虑人力资本投入，有33.2%的企业属于高人力资本投入。表明，上市企业在产业转型升级过程中，都优先考虑增加研发投入，而对人力资本投入的增加相对较弱。

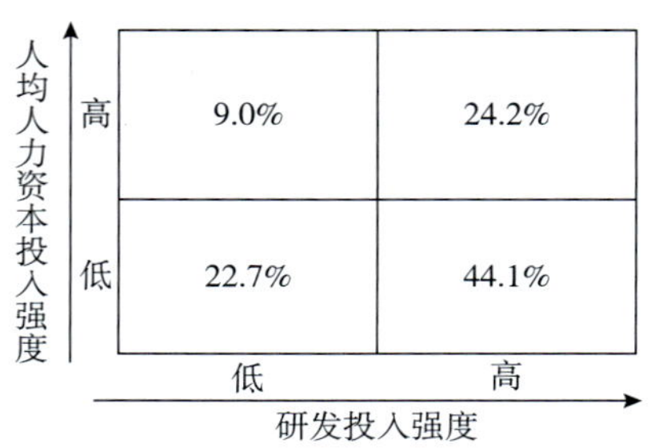

图 6.1　2015 年我国制造业上市企业创新投入强度整体分布

6.2.2　制造业上市企业创新强度行业分布

对 16 个制造业细分行业的平均研发投入强度和人均人力资本投入强度进行二维评价，并以全部样本企业的平均研发强度和人均人力资本投入强度作为轴线，可以形成制造业各细分行业的创新投入强度的行业分布。评价结果显示，通用设备制造、专用设备制造、交通运输设备制造业属于强创新行业，其研发投入强度和人均人力资本投入强度均超过均值；化学原料和化学品制造业、有色金属冶炼业、非金属矿物制品业、金属制品业、食品加工制造业、纺织服装业属于弱创新行业；仪器仪表制造业、电气机械及器材制造业、计算机通信和电子设备制造业、橡胶和塑料制造业、医药制造业属于高研发投入行业，仪器仪表研发投入强度在所有行业中最高；黑色金属冶炼业和汽车制造业属于高人力资本投入行业。

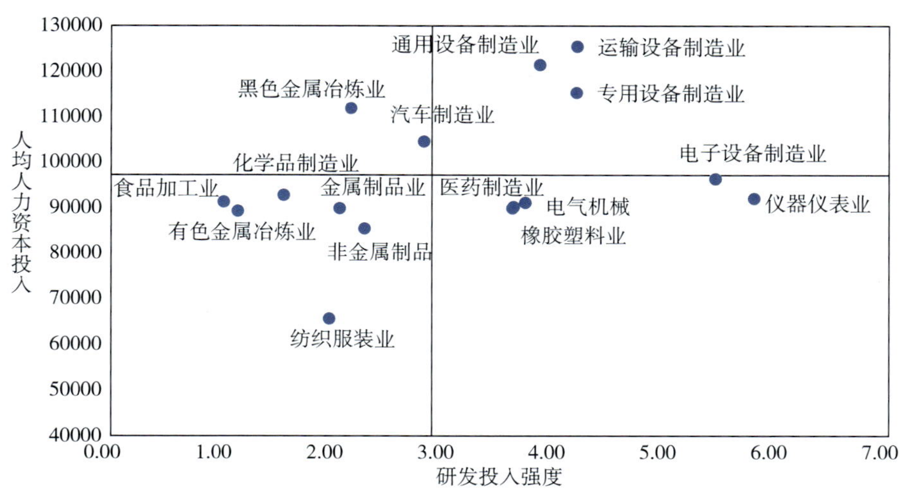

图 6.2　2015 年我国制造业上市企业创新投入强度行业分布

6.2.3　不同上市类型企业创新投入强度分布

从制造企业上市的类型来看，通过对主板、创业板和中小企业板上市企业进行二维分析。评价结果显示，在主板上市的771家企业中，强创新投入企业176家，占22.8%，高研发投入企业244家，占31.6%，高人力资本投入企业119家，占15.4%，弱创新投入企业232家，占30.1%；在中小板上市的602家企业中，强创新投入企业121家，占20.1%，高研发投入企业307家，占51.0%，高人力资本投入企业33家，占5.5%，弱创新投入企业141家，占23.4%；在创业板上市的374企业中，强创新投入企业125家，占33.4%，高研发投入企业220家，占58.8%，高人力资本投入企业5家，占1.3%，弱创新投入企业24家，占6.4%。显然，中小企业板与创业板的企业绝大部分为强创新投入企业和高研发投入企业，主板与中小企业板中弱创新投入企业占比较大，高人力资本投入企业占比在主板较高，在中小企业板和创业板都非常少。

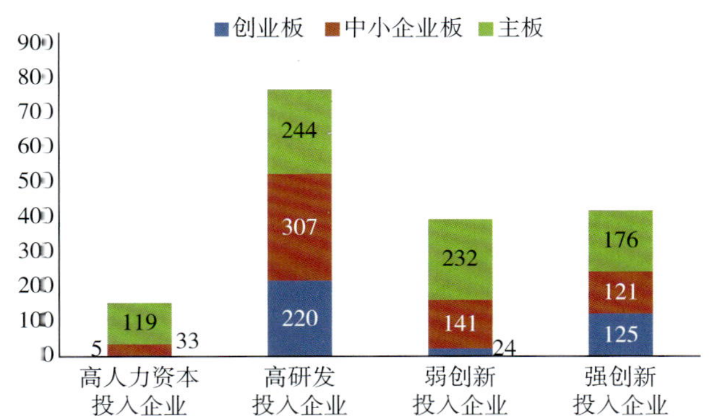

图6.3　2015年制造业上市企业创新投入强度上市类型分布

6.2.4　各细分行业企业创新投入强度分布

对制造业细分行业上市企业分别进行二维评价，可以得到各行业企业创新投入强度的分布结构。评价结果显示，仪器仪表制造业、计算机通信和其他电子设备制造业、专用设备制造业、交通运输设备制造业、通用设备制造业的强创新投入企业比重较高，均超过30%，企业创新活跃度高，属于创新活跃行业。此外，电气机械和器材制造业、汽车制造业、橡胶和塑料制品业、金属制品业的高研发企业比重均超过50%，企业研发投入高，属于研发活跃行业。

表 6.3　　2015 年制造业上市企业创新投入强度分布（%）

行业分类	强创新投入企业	高研发投入企业	高人力资本投入企业	弱创新投入企业
仪器仪表制造业	42.9	54.3	0.0	2.9
计算机、通信和其他电子设备制造业	41.7	44.5	5.1	8.7
专用设备制造业	41.4	47.9	4.7	5.9
铁路、船舶、航空航天和其他运输设备制造业	32.4	37.8	18.9	10.8
通用设备制造业	30.7	53.5	1.8	14.0
电气机械和器材制造业	25.7	59.0	2.2	13.1
医药制造业	23.3	47.8	6.3	22.6
汽车制造业	22.9	51.0	9.4	16.7
橡胶和塑料制品业	18.9	56.6	3.8	20.8
化学原料和化学品制造业	16.8	38.5	16.3	28.4
非金属矿物制品业	11.5	45.9	13.1	29.5
金属制品业	10.0	52.0	8.0	30.0
黑色金属冶炼和压延加工业	9.4	25.0	40.6	25.0
食品加工制造业	7.4	14.7	25.3	52.6
有色金属冶炼和压延加工业	7.1	33.9	14.3	44.6
纺织服装业	4.8	30.2	6.3	58.7

①电气机械和器材制造业。

183 家电气机械和器材制造业上市企业中，有 47 家属于强创新投入企业，占 1/4；24 家属于弱创新投入企业，占 13.1%；108 家属于高研发投入企业，占比接近六成；4 家高人力资本投入企业。

②通用设备制造业。

114 家通用设备制造业上市企业中，有 35 家强创新投入企业，占比接近 1/3；16 家弱创新投入企业，占 14.0%；61 家高研发投入企业，超过一半；只有 2 家高人力资本企业。

③专用设备制造业。

169 家专用设备制造业企业中，强创新投入企业 70 家，占 41.4%；10 家弱创新投入企业，占 5.9%；近半数为高研发投入企业，共 81 家，占 47.9%；

8 家高人力资本投入企业，占 4.7%。

④计算机、通信及其他电子设备制造业。

254 家计算机、通信及其他电子设备制造业上市企业中，有 106 家是强创新投入企业，占比超过四成；22 家弱创新投入企业，占 8.7%；接近一半企业属于高研发投入企业，总数达到 113 家，属于高人力资本投入企业 13 家，占 5.1%。

⑤仪器仪表制造业。

35 家仪器仪表制造业上市企业中，有 15 家强创新投入企业，占 42.8%；只有凤凰光学 1 家企业是弱创新投入企业；高研发投入企业 19 家，占比达到 54.3%，行业内无高人力资本投入企业。

⑥汽车制造业。

96 家汽车制造业上市企业中，有 22 家是强创新投入企业，占 22.9%；49 家高研发投入企业，占 51.0%；高人力资本投入企业和弱创新投入企业分别有 9 家和 16 家，各占 9.4% 和 16.7%。

⑦铁路、船舶、航空航天和其他运输设备制造业。

37 家企业中有 12 家是强创新投入企业，占 32.4%；高研发投入企业 14 家，占 37.8%；高人力资本投入企业 7 家，占 18.9%；弱创新投入企业 4 家，占 10.8%。

⑧医药制造业。

159 家医药制造业上市企业中，有 37 家是强创新投入企业，占 23.3%；36 家是弱创新投入企业，占 22.6%；76 家高研发投入企业，占 47.8%；10 家高人力资本投入企业，占 6.3%。

⑨化学原料和化学品制造业。

208 家包含石油化工、化学纤维制造和化学制品制造业上市企业中，有 35 家是强创新投入企业，占 16.8%；59 家是弱创新投入企业，占 28.4%；80 家高研发投入企业，占 38.5%；34 家高人力资本投入企业，占 16.3%。

⑩橡胶和塑料制品业。

53 家橡胶和塑料制品业上市企业中，强创新投入企业 10 家，弱创新投入企业 11 家，分别占 18.9% 和 20.8%；30 家属于高研发投入企业，超过一半，占56.6%；仅有2家高资本投入企业。

⑪黑色冶炼和压延加工业。

32家样本企业中，只有3家属于强创新投入企业，高研发投入和高人力资本投入企业分别有8家和13家，分别占25.0%和40.6%；弱创新投入企业8家，占1/4。

⑫有色金属冶炼和压延加工业。

56家有色金属冶炼上市企业中，4家强创新投入企业，仅占7.1%；弱创新投入企业多达25家，占44.6%；高研发投入企业19家，占33.9%；高人力资本投入企业8家，占14.3%。

⑬金属制品业。

50家金属制品业上市企业中，5家是强创新投入企业，占10.0%；高研发投入企业占比超过一半，共有26家；高人力资本投入和弱创新投入企业，分别有4家和15家，分别占8.0%和30.0%。

⑭非金属矿物制品业。

61家非金属矿物制品业上市企业中，有7家是强创新投入企业，占11.5%；18家弱创新投入企业，占29.5%；28家高研发投入企业，占45.9%；8家是高人力资本投入企业，占13.1%。

⑮食品加工制造业。

95家农副产品加工、酒水饮料及食品制造业上市企业中，有7家是强创新投入企业，占7.4%；有50家是弱创新投入企业，占52.6%；高研发投入企业14家，高人力资本投入企业24家，分别占14.7%和25.3%。

⑯纺织服装业。

63家纺织和服装服饰上市企业中，仅有3家是强创新投入企业，占4.8%；有37家是弱创新投入企业，占比接近六层成；高研发投入企业有19家，占比30.2%，高人力资本投入企业有4家。

6.3 我国制造业上市企业近四年创新投入强度比较

在2012~2015年的4个年度内，连续公布研发投入和人员工资指标的制造业上市企业共有 1300 家①，占 2015 年 12 月底全部制造业上市企业总数的 68.1%。本节内容以 1300 家制造业上市企业作为样本进行年度比较。

6.3.1　上市企业研发投入增长及分布情况

（1）研发总投入和研发强度逐年稳步提升

2012~2015 年，1300 家制造业上市企业年度研发总投入分别为 1323 亿元、1550 亿元、1756.6 亿元和 1982 亿元，年均增长 13.8%，高于同期全国研发经费增长率 3.7 个百分点。制造业上市企业研发强度稳步提升，从 2012 年的 2.24% 增长到 2015 年的 2.85%；人均研发投入 2.49 万元，到 2015 年突破 3 万元，达到 3.15 万元，同比增长 5.2%。

从增长趋势来看，受经济增长下行压力和企业收入增长减缓等因素影响，2012~2015 年制造业上市企业研发投入增速有所放缓，但相对于营业收入增长的放缓速度，研发投入增长的减缓速度要小得多。2015 年，制造业上市企业收入仅增长 1.5%，比 2013 年下降了 9.2 个百分点。与此同时，研发投入增幅也出现了减缓趋势，但仍保持了两位数的增长，由 2013 年的 17.2% 下降到 2015 年的 12.8%，其中 33.7% 的企业缩减了研发投入。

表 6.4　2012~2015 年制造业上市企业研发投入变化情况

年份	研发投入总量		研发投入强度		人均研发投入	
	绝对值（亿元）	增长（%）	绝对值（亿元）	增长（%）	绝对值（万元）	增长（%）
2012	1323.0	–	2.24	–	2.49	–
2013	1550.0	17.2	2.37	5.9	2.72	9.0
2014	1756.6	13.3	2.56	7.8	2.94	8.5
2015	1982.0	12.8	2.85	11.2	3.15	5.2

（2）制造业细分行业的研发投入差异显著

2015 年，各制造行业整体研发投入情况归为三类：第一类是高增长类，

① 1300 家制造业上市企业中，电气机械和器材制造业 144 家，通用设备制造业 89 家，计算机、通信及其他电子设备制造业 194 家，专用设备制造业 126 家，仪器仪表制造业 28 家，汽车制造业 70 家，医药制造业 123 家，石化、化学原料和化学品制造业 161 家，橡胶和塑料制品业 43 家，有色金属冶炼与加工 45 家，黑色金属冶炼业 16 家，金属制品业 37 家，非金属矿物制品业 52 家，食品加工制造业 67 家，纺织业 50 家，其他 55 家。

持续保持高速增长态势，且高于同期全国研发投入增长（2015 年全国研发投入增长 10.8%）的有 8 个行业，分别是计算机通信及其他电子设备制造业、医药制造业、仪器仪表制造业、橡胶及塑料制品业、化学原料及化学品制造业、非金属矿物制品业、汽车制造业、电气机械及器材制造，其中，计算机通信和其他电子设备制造业增长速度最快，同比增长 24.4%；第二类是平缓增长类，研发投入仍保持增长，但低于同期全国水平，共有 3 个行业，分别是纺织服装业（包括纺织业和服装服饰业）、化学原料及化学品制造业（包括石化、化学纤维制造业）、食品加工制造业（包括酒水饮料制造、农副产品加工业）和通用设备制造；第三类是负增长类，即研发投入呈现负增长，共有 4 个行业，分别是金属制品业、专用设备制造业、黑色金属冶炼和有色金属冶炼及压延加工业，其中，有色金属冶炼加工业下降最大，同比下降 16.7%。

从变化趋势上来看，2015 年化学原料及化学品制造业和非金属矿物制品业 2 个行业进入到了高增长类，其中化学原料及其化学品制造的研发投入增速最大，同比提升了近 7 个百分点；通用设备则从高增长行业跌进了平缓增长型，增速下降了 14.8%。负增长类的 4 个行业没有发生变化，但企业缩减研发投入的势头进一步凸显，其中有色金属从 -0.6% 的降幅扩大到 -16.7%，包括黑色金属冶炼和专用设备制造业三个行业都出现连续三年出现下降趋势。

表 6.5　2015 年制造业各细分行业上市企业人均研发投入情况

类别	行业	人均研发投入（元）	同比增长率（%）
高增长类	计算机通信和其他电子设备制造业	47883	24.4%
	医药制造业	29782	23.6%
	仪器仪表制造业	34638	20.8%
	橡胶和塑料制品业	33086	18.3%
	化学原料和化学品制造业	22294	13.2%
	非金属矿物制品业	17838	12.6%
	汽车制造业	41017	11.9%
	电气机械和器材制造业	37180	10.8%

续表

类别	行业	人均研发投入（元）	同比增长率（%）
平缓增长类	纺织服装业	8880	8.3%
	食品加工制造业	9077	6.5%
	通用设备制造业	37330	2.6%
负增长类	金属制品业	19698	-2.4%
	专用设备制造业	35706	-5.6%
	黑色金属冶炼和压延加工业	30598	-9.2%
	有色金属冶炼和压延加工业	25676	-16.7%

从研发强度来看，各个制造行业表现出了大致类似的变化趋势。与 2012 年相比，除金属制品业、有色金属冶炼和压延加工业、食品加工制造业外，其他行业的研发强度在 2015 年都有所提高，其中计算机通信及其他电子设备制造业增长幅度最大，由 3.61% 增长至 5.71%，金属制品业下降最多，由 2.8% 下降至 1.94%。尤其有色金属冶炼和压延加工业研发强度连续三年出现下滑。

表 6.6　　2012～2015 年各制造行业上市企业研发强度（%）

行业分类	2012 年	2013 年	2014 年	2015 年
仪器仪表制造业	5.39	5.91	5.94	5.82
计算机通信和其他电子设备制造业	3.61	5.02	5.31	5.71
专用设备制造业	4.02	4.17	4.19	4.31
通用设备制造业	3.07	3.15	3.64	3.75
电气机械和器材制造业	3.45	3.56	3.73	3.73
医药制造业	2.86	3.08	3.25	3.71
橡胶和塑料制品业	2.65	2.79	3.04	2.91
汽车制造业	2.44	2.33	2.62	2.69
非金属矿物制品业	1.97	2.01	2.06	2.48
其他	1.75	1.93	1.98	2.13
黑色金属冶炼和压延加工业	1.35	1.62	1.76	2.02
金属制品业	2.8	2.04	1.76	1.94
纺织服装业	1.7	1.71	1.69	1.73
化学原料和化学品制造业	1.36	1.22	1.31	1.58
有色金属冶炼和压延加工业	1.33	1.31	1.27	1.15
食品加工制造业	0.98	0.90	0.91	0.96

6.3.2 上市企业人力资本投入增长及分布情况

（1）人力资本投入总量仍保持快速增长势头

2012～2015年，1300家制造业上市企业支付给职工及为职工支付的现金分别为4107亿元、4664.5亿元、5361.6和6052.6亿元，年均增长达13.8%，超过总收入年均增长率的一倍以上。企业人力资本投入总量的增长可以分解为两项：一是员工规模的扩大；二是人均人力资本投入的增加。截至2015年底，1300家上市企业员工总数达到628.5万人，比2012年增长了近100万人，年均增长5.8%。人均人力资本投入增长缓慢，2012～2015年分别为77442元、81833元、89858元和96309元，年均增长7.6%，低于同期全国城镇居民可支配收入年均8.3%的增长率。这在一定程度上反映出制造业上市企业的人才结构调整效果仍不显著。

表6.7　2012～2015年制造业各细分行业上市企业人力资本投入变化情况

	2012年		2013年		2014年		2015年	
	绝对值	增长（%）	绝对值	增长（%）	绝对值	增长（%）	绝对值	增长（%）
人力资本投入总量（亿元）	4107	–	4664.5	13.6	5361.6	14.9	6052.6	12.9
人均人力资本投入（元）	77442	–	81833	5.7	89858	9.8	96309	7.2

（2）制造业各细分行业的人力资本投入差异显著

从员工规模变化来看，大部分行业都保持了增长趋势，其中，汽车制造业、橡胶和塑料制品业、计算机通信和其他电子设备制造业、电气机械和器材制造业等行业增幅较大；黑色金属冶炼业、食品加工制造业、金属制品业、通用设备制造业、专用设备制造业等行业增长缓慢，仅有个位数增长；纺织服装业和有色金属冶炼业的员工规模则有所下降。

表6.8　2012～2015年各制造行业上市企业员工数量变化（人）

行业分类	2012年	2013年	2014年	2015年	三年增长率（%）
电气机械和器材制造业	414407	441444	465809	523830	26.4
纺织服装业	291743	279191	278687	279264	-4.3

续表

行业分类	2012 年	2013 年	2014 年	2015 年	三年增长率（%）
非金属矿物制品业	180939	200715	201980	205107	13.4
黑色金属冶炼和压延加工业	287824	287544	295632	289564	0.6
化学原料和化学品制造业	465470	513956	524023	538152	15.6
计算机、通信和其他电子设备制造业	780579	817742	909018	1045773	34.0
金属制品业	164720	181443	179816	173398	5.27
汽车制造业	621830	804383	894910	971451	56.2
食品加工制造业	518529	543982	546528	523486	1.0
通用设备制造业	234106	238987	244415	247937	5.9
橡胶和塑料制品业	102467	114734	129954	146691	43.2
医药制造业	381750	416019	436441	468546	22.7
仪器仪表制造业	30449	29676	33765	37866	24.4
有色金属冶炼和压延加工业	299474	293090	281537	280049	-6.5
专用设备制造业	360958	363155	362097	370599	2.7
其他	167994	174010	182107	182789	8.81
合计	5303239	5700071	5966719	6284502	18.5

各细分行业的人均人力资本投入呈现收敛趋势，行业差距在缩小。2015 年制造业上市企业人均人力资本投入增长趋势整体放缓，与 2014 年增速相比下降 3.1 个百分点，其中，12 个行业增速下滑，专用设备制造业增速下滑最明显，从 2014 年的 11.7% 下滑到 2015 年的 2.2%。增速保持上升态势的仅有汽车制造业、仪器仪表制造业、食品加工制造业和其他制造业。从 2012 ~ 2015 年变化趋势来看，各行业的人均人力资本投入均保持了不同幅度的增长，呈现出收敛趋势。一方面，2012 年属于高人均人力资本投入的行业增长幅度相对都比较小，如黑色金属冶炼业 2012 年为 1.11 万元，排各行业最高，到 2015 年为 1.14 万元，年均增长仅有 0.9%，再如通用设备制造业，从 2012 年的 9.75 万元提高到 2015 年的 1.14 万元，年均增长 5.3%。另一方面，2012 年属于较低人均人力资本投入的行业增长幅度相对都比较大，如食品加工制造业从 2012 年的 6.42 万元上升到 2015 年的 9.29 万元，年均增长率高达 13.1%。可

见，除了纺织服装业仍保持较低人均人力资本投入外，各行业都趋向 10 万～11 万元左右收敛，行业间差距越来越小。这说明各行业的刚性成本在不断增加，使得低技术制造业的人均成本增长较快。

表 6.9　2012～2015 年各制造业上市企业人均人力资本投入　单位：元

行业分类	2012 年	2013 年	2014 年	2015 年	年均增长（%）
食品加工制造业	64203	70743	80253	92888	13.1
橡胶和塑料制品业	71943	76676	88578	99198	11.4
医药制造业	65690	76160	84698	89866	11.1
金属制品业	68792	70648	83294	91158	10.0
纺织服装业	48615	55585	60934	63904	9.6
非金属矿物制品业	63086	68330	77889	82377	9.4
化学原料和化学品制造业	70362	76090	83862	90357	8.7
仪器仪表制造业	68705	78246	81130	87539	8.5
电气机械和器材制造业	74478	83685	90357	93038	7.8
专用设备制造业	96247	102832	114818	117357	6.9
计算机通信和其他电子设备制造业	81262	87203	94161	99129	6.9
有色金属冶炼和压延加工业	74602	80078	85640	88224	5.8
通用设备制造业	97539	104027	111016	113855	5.3
汽车制造业	93212	82967	92507	105170	4.7
黑色金属冶炼和压延加工业	111037	114395	115246	114128	0.9

6.3.3　上市企业创新投入强度比较

（1）上市企业创新投入强度总体上没有显著改善

比较 2014 年与 2015 年制造业上市企业创新投入强度分布图可以发现，与 2014 年相比，2015 年的强创新投入企业的比例有较大下降，从 26.9% 下降到 24.9%；高研发投入企业的比例略有提高，从 44.6% 上升到 45.4%，但与 2012 年的 50.4% 相比，有显著下降；高人力资本投入企业的比例也略有上升，从 8.5% 上升到 9.3%；弱创新投入企业的比例基本保持不变，均为 20% 左右，但与 2012 年的 18.0% 相比，这一比例有显著提升。说明在经济下行的压力下，弱创新投入的企业在增加，强创新投入的企业在减少。

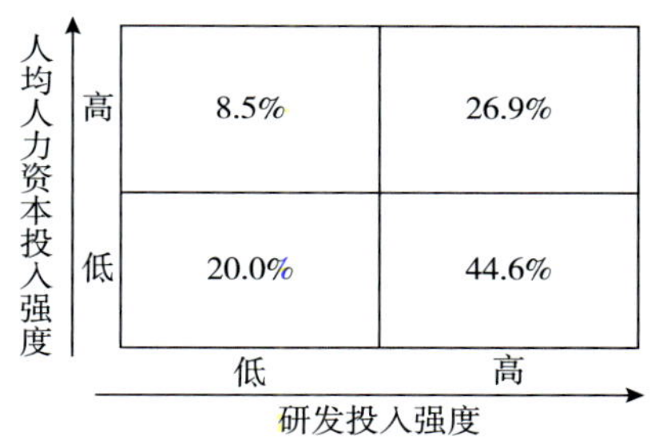

图 6.4　2014 年制造业上市企业创新强度

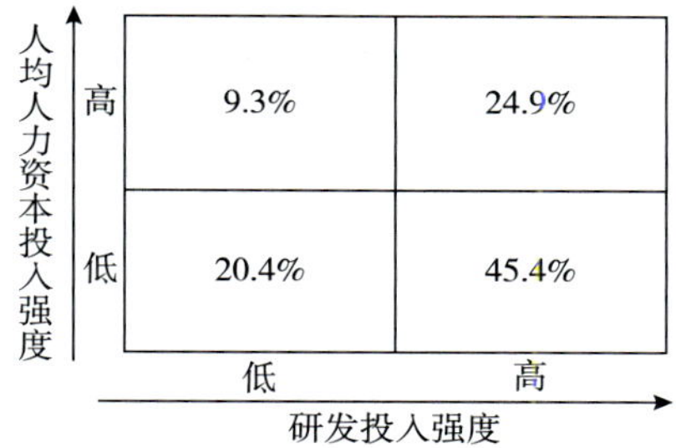

图 6.5　2015 年制造业上市企业创新强度

（2）各细分行业的创新投入强度变化差异显著

相比 2012 年，2015 年制造业各细分行业的创新投入强度变化差异，5 个行业趋好，8 个行业趋差。计算机通信和其他电子设备制造业、专用设备制造业、医药制造业、金属制品业、橡胶和塑料制品业等 5 个行业强创新投入企业比例有较大增长，如计算机通信和其他电子设备制造业强创新投入企业比例从 2012 年的 35.6% 提高到 2015 年的 42.3%，其中，计算机通信和其他电子设备制造业、专用设备制造业、医药制造业等 3 个行业的弱创新投入企业比例也有较大增长，说明行业内部分化较为严重。

表 6.10　　2012 年制造业各细分行业的创新投入强度分布

行业分类	强创新投入企业	高研发投入企业	高人力资本投入企业	弱创新投入企业
电气机械和器材制造业	28.5	60.4	2.8	8.3
纺织服装业	6.0	42.0	4.0	48.0
非金属矿物制品业	19.2	51.9	3.8	25.0
黑色金属冶炼和压延加工业	6.3	12.5	50.0	31.3
化学原料和化学品制造业	18.6	43.5	13.0	24.8
计算机、通信和其他电子设备制造业	35.6	57.2	3.1	4.1
金属制品业	10.8	62.2	2.7	24.3
汽车制造业	25.7	54.3	8.6	11.4
食品加工制造业	13.4	23.9	17.9	44.8
通用设备制造业	32.6	57.3	1.1	9.0
橡胶和塑料制品业	18.6	55.8	7.0	18.6
医药制造业	19.5	52.8	8.1	19.5
仪器仪表制造业	35.7	60.7	0.0	3.6
有色金属冶炼和压延加工业	15.6	26.7	17.8	40.0
专用设备制造业	43.7	50.8	3.2	2.4
合计	24.6	50.4	7.0	18.0

电气机械和器材制造业、纺织服装业、非金属矿物制品业、化学原料和化学品制造业、食品加工制造业、通用设备制造业、仪器仪表制造业、有色金属冶炼和压延加工业等8个行业强创新投入企业比例有较大减少，如仪器仪表制造业从2012年的35.7%下降到2015年的32.1%，其中，电气机械和器材制造业、纺织服装业、化学原料和化学品制造业、通用设备制造业、有色金属冶炼和压延加工业等5个行业的弱创新投入企业比例有较大增加，说明这些行业的整体创新投入强度在趋差。此外，汽车制造业、黑色金属冶炼和压延加工业等2个行业强创新投入企业的比例基本保持不变，如汽车制造业强创新投入企业的比例为25.7%，弱创新投入企业的比例则有较大下降，从11.4%下降到7.1%。

表6.11　　2015年制造业各细分行业的创新投入强度分布

行业分类	强创新投入企业	高研发投入企业	高人力资本投入企业	弱创新投入企业
电气机械和器材制造业	26.4	59.7	2.8	11.1
纺织服装业	4.0	36.0	8.0	52.0
非金属矿物制品业	13.5	50.0	11.5	25.0
黑色金属冶炼和压延加工业	6.3	25.0	37.5	31.3
化学原料和化学品制造业	15.5	38.5	18.6	27.3
计算机、通信和其他电子设备制造业	42.3	45.9	4.1	7.7
金属制品业	13.5	54.1	13.5	18.9
汽车制造业	25.7	54.3	12.9	7.1
食品加工制造业	9.0	16.4	29.9	44.8
通用设备制造业	29.2	53.9	2.2	14.6
橡胶和塑料制品业	25.6	51.2	7.0	16.3
医药制造业	23.6	48.0	6.5	22.0
仪器仪表制造业	32.1	64.3	0.0	3.6
有色金属冶炼和压延加工业	8.9	33.3	11.1	46.7
专用设备制造业	46.0	42.1	4.8	7.1
合计	24.9	45.4	9.3	20.4

6.4　基本结论

6.4.1　在经济下行压力下，我国制造业上市企业创新发展需求迫切，保持了较高的研发投入增长

2012年以来，制造业上市企业营业收入同比增长大幅度下滑，由过去长期保持两位数增长下滑到2015年的1.5%，近一半行业营收出现负增长，包括通用设备制造业、非金属矿物制品业、金属制品业、专用设备制造业、化学原料及化学品制造业、黑色金属冶炼业和有色金属冶炼业等7个行业，其中专用设备和黑色金属冶炼业营收已经连续三年出现下滑。面对经济下行和行业营收减少的压力，传统制造行业表现出积极创新发展的迫切性，2015年制造业研发总体投入保持了两位数的增长，为12.8%，其中化学原料及化学品制造业营收下降了6.5%，但研发投入增长了13.2%，非金属矿物制品业营收下降了7.1%，但研发投入增长了12.6%。受营业收入增速减缓和研发投入保持较快增长的双重影响，我国制造业上市企业的整体研发强度增长较快，2015年已达到2.92%，比2014年提高了0.3个百分点。

6.4.2　制造业各细分行业人均人力资本投入的差距在缩小，呈现出收敛趋势，不利于人力资本向强创新行业集中

受刚性成本增长的影响，弱创新行业的人均人力资本投入增长较快，如食品加工制造业从2012年的6.42万元上升到2015年的9.29万元，年均增长率高达13.1%，远高于同期全国城镇居民可支配收入年均8.3%的增长率。同时，受营业收入增速下降的影响，强创新行业的人均人力资本投入增长较慢，如通用设备制造业，从2012年的9.75万元提高到2015年的1.14万元，年均增长5.3%。这就使得人均人力资本投入的行业差距不断缩小。除去纺织服装业，2012年人均人力资本投入的行业差距最大为4.8万元，最高接近最低的2倍，而到了2015年，行业差距最大值已缩小到3.5万元，最高是最低的1.4倍，各细分行业都在向10万~11万元左右收敛。行业差距的缩小，有利于推进弱创新行业中低效企业的退出，但同时对强创新行业吸引优秀人才、集聚更多人力资本不利。

6.4.3 从制造业上市企业创新投入的趋势来看，当前我国制造业转型升级表现出行业间横向深化显著、行业内纵向深化不足的特征

首先，从行业间的创新投入来看，研发资金和人力资本在持续向技术密集型行业集中。研发投入规模上，计算机通信及其他电子制造业、电气机械和器材制造业、医药制造业、仪器仪表制造业、汽车制造业、橡胶和塑料制品业等技术密集型行业，近四年来的增长率都在 50% 以上，而纺织服装业、食品制造业、黑色金属冶炼业、有色金属冶炼业、金属制品业等劳动密集或资源密集型行业，增长率都在 10% 左右，有的甚至是负增长。人力资本投入上，计算机通信及其他电子制造业、电气机械和器材制造业、医药制造业、仪器仪表制造业、汽车制造业、橡胶和塑料制品业等技术密集型行业，近四年的员工数量增长都在 20% 以上，其中汽车制造业增长了 56%，而同期纺织服装业、食品制造业、黑色金属冶炼业、有色金属冶炼业等行业的员工数量要么基本保持不变，要么是负增长。

其次，从行业内的创新强度分布来看，行业内创新投入向优势企业集中的特征并不普遍。与 2012 年相比，2015 年有计算机通信和其他电子设备制造业、金属制品业、橡胶和塑料制品业、医药制造业、专用设备制造业等 5 个行业的强创新投入企业的比重在增加，说明这些行业的创新资源在向优势企业集中，而其余 10 个行业的强创新投入企业的比重都在减少，说明这些行业的创新资源并没有表现出向优势企业集中的特征，行业内纵向深化不足。

制造业上市企业研发投入评估课题组

负责人：马骏　袁东明

协调人：周健奇

执笔人：袁东明　周健奇　赵龙　马淑萍　廖博

第七章 企业家对宏观形势及企业经营状况的判断、问题和建议

——2016·中国企业经营者问卷跟踪调查报告

本章数据来源：中国企业家调查系统。

当前，世界经济仍处于金融危机后的深度调整之中，国内经济则处于新旧增长动能转换的关键时期，经济工作的中心任务就是积极推进供给侧结构性改革，有效促进结构调整和经济转型，为实现“十三五”目标奠定基础。为了解在此背景下企业的现实状况及企业家对未来发展的信心，了解他们对企业外部环境的评价、对宏观经济政策的看法以及进一步加快经济转型的意见和建议，为政府决策提供参考依据，2016 年 8 月至 10 月，中国企业家调查系统组织实施了“2016 · 中国企业经营者问卷跟踪调查”。

本次调查是由中国企业家调查系统组织的第 24 次全国性企业家年度跟踪调查，得到了国务院发展研究中心公共管理与人力资源研究所、国务院研究室工交贸易研究司、国务院国有资产监督管理委员会企业分配局、国家统计局国民经济综合统计司、中国企业联合会研究部①、国家发展和改革委员会国民经济综合司、人力资源和社会保障部人力资源市场司、人力资源和社会保障部法规司、商务部政策研究室、国家税务总局收入规划核算司、中国证券监督管理委员会公司债券监管部、中国物流与采购联合会等有关部门的支持和指导。与前 23 次年度跟踪调查一样，本次调查以企业法人代表为主的企业家群体为调查对象，参考我国经济结构，按行业进行分层随机抽样。

调查采用邮寄问卷的方式进行，于 8 月 10 日发放问卷，截至 10 月 15 日共回收问卷 2062 份，其中有效问卷 1960 份。通过部分未填写问卷与填写问卷企业的对比分析，未发现存在系统偏差。为使调查分析更为全面和深入，本报告还采用了中国企业家调查系统以往的调查结果。

本次调查主要涉及制造业、批发和零售业、建筑业、租赁和商务服务业、房地产业、农林牧渔业、信息传输软件和信息技术服务业、交通运输仓储和邮政业、电力热力燃气及水的生产和供应业、采矿业等行业，上述行业的企业所占比重分别为：62%、8.8%、5.1%、3.1%、2.9%、2.4%、1.8%、1.8%、0.9%和0.7%。从企业的地区分布看，东部地区企业占 57.9%，中部地区企

① 以上 5 家部门为中国企业家调查系统课题组发起成立单位。

业占23.2%，西部地区企业占18.9%；从企业规模看，大、中、小型企业分别占9.2%、24.8%和66%；从企业经济类型看，国有企业占3.7%，有限责任公司占42.5%，私营企业占26.9%，股份有限公司占17.6%，外商及港澳台投资企业（以下简称“外资企业”）占3.7%，股份合作企业占4.2%，集体企业占0.8%（见表7.1、表7.2）。

表7.1 调查样本基本情况（%）

类别	项目	%	类别	项目	%
行业	农林牧渔业	2.4	经济类型	国有企业	3.7
	采矿业	0.7		集体企业	0.8
	制造业（详见表7.2）	62.0		私营企业	26.9
	电力、热力、燃气及水的生产和供应业	0.9		股份合作企业	4.2
	建筑业	5.1		股份有限公司	17.6
	交通运输、仓储和邮政业	1.8		有限责任公司	42.5
	信息传输、软件和信息技术服务业	3.8		其他内资企业	0.6
	批发和零售业	8.8		外商及港澳台投资企业	3.7
	住宿和餐饮业	2.5		民营企业	75.2
	房地产业	2.9	盈亏	盈利企业	51.1
	租赁和商务服务业	3.1		持平企业	23.3
	其他行业	8.0		亏损企业	25.6
地区	东部地区企业	57.9	生产状况	超负荷生产企业	2.1
	中部地区企业	23.2		正常运作企业	74.3
	西部地区企业	18.9		半停产企业	22.8
规模	大型企业	9.2		停产企业	0.8
	中型企业	24.8			
	小型企业	66.0			

注：①其他行业包括：金融业，科学研究和技术服务业，水利、环境和公共设施管理业，居民服务、修理和其他服务业，教育，卫生和社会工作，文化、体育和娱乐业等行业。

②东部地区包括：京、津、冀、辽、沪、苏、浙、闽、鲁、粤、桂、琼12省（市、自治区）；中部地区包括：晋、蒙、吉、黑、皖、赣、豫、鄂、湘9省（自治区）；西部地区包括：渝、蜀、黔、滇、藏、陕、甘、宁、青、新10省（市、自治区）。

本次调查的企业家平均年龄为52.9岁，其中55岁及以上占43.5%，44岁及以下占21.2%，45～54岁占35.3%。文化程度为大专及以上的占81.8%，其中具有本科及以上学历的占45.1%。所学专业为管理类的占

41.5%，为经济类的占18.8%。职务为企业董事长或总经理、厂长、党委书记的占90.8%，其他职务的占9.2%（见表7.3）。

表7.2　调查样本中制造业基本情况（%）

	制造业细分	%		制造业细分	%
1	农副食品加工业	4.2	17	橡胶及塑料制品业	5.9
2	食品制造业	3.2	18	非金属矿物制品业	5.6
3	酒、饮料和精制茶制造业	1.2	19	黑色金属冶炼及压延加工业	1.3
4	烟草加工业	0.4	20	有色金属冶炼及压延加工业	1.6
5	纺织业	5.1	21	金属制品业	5.1
6	纺织服装、服饰业	3.4	22	通用设备制造业	8.9
7	皮革、毛皮、羽毛及其制品和制鞋业	1.6	23	专用设备制造业	12.2
8	木材加工及木、竹、藤、棕、草制品业	1.4	24	汽车制造业	3.4
9	家具制造业	0.9	25	铁路、船舶、航空航天及其他运输设备制造业	1.8
10	造纸及纸制品业	1.3	26	电气机械及器材制造业	6.2
11	印刷和记录媒介复制业	1.1	27	计算机、通信及其他电子设备制造业	3.0
12	文教、工美、体育及娱乐用品制造业	1.2	28	仪器仪表制造业	2.7
13	石油加工、炼焦及核燃料加工业	0.3	29	其他制造业	2.8
14	化学原料及化学制品制造业	7.5	30	废弃资源综合利用业	1.0
15	医药制造业	3.9	31	金属制品、机械及设备修理业	0.8
16	化学纤维制造业	1.0			

表7.3　调查对象基本情况（%）

性别	男	91.6	文化程度	初中或以下	4.1
	女	8.4		中专、高中	14.1
年龄	44岁及以下	21.2		大专	36.7
	45～49岁	15.7		大学本科	32.1
	50～54岁	19.6		硕士	12.0
	55岁及以上	43.5		博士	1.0
	平均年龄（岁）	52.9			
所学专业	文史哲法律	6.5	现任职务	董事长	58.7
	经济	18.8		总经理	46.1
	管理	41.5		厂长	4.6
	理工农医	20.5		党委书记	11.0
	其他	12.7		其他	9.2

注：由于存在职务兼任情况，因此现任职务比例合计大于100%。

本报告的主要结论：

当前我国宏观经济延续 L 型走势，受企业产品库存见底、产品价格回升等因素的带动，企业产销温和回暖，盈利有所改善。从对未来的预期看，企业家认为未来市场需求稳中有升，预计企业经营前景温和改善，宏观经济可望延续 L 型基本平稳的走势，企业用工需求和投资计划总体平稳但分化态势明显。

在企业景气呈现企稳回升趋势的同时，我国的经济结构呈现不断优化态势，新旧发展动力正在转化，质量效率有所提高。调查分析发现，一方面，以 IT、医药、仪器仪表为代表的新产业正逐步替代煤炭、化纤、钢铁、水泥等资源密集型的传统产业，逐渐开始成长为经济增长的主要引擎；另一方面，企业创新成效开始渐渐显现，企业能耗有所下降，新产品销售收入占比持续增加。随着经济结构的优化和增长动力的转换，企业家的创新活力有所显现，创新投入持续增加，对大学及以上学历毕业生的用工需求持续增长，企业家自主创新意愿有所提升。

与此同时，企业家认为当前企业发展面临的挑战十分严峻、企业困难深重。一是产能过剩现象依然相当严重，设备利用率仍处于低位，企业面临的市场竞争压力明显加大；二是人工成本上升、社保税费负担过重，原材料成本、环保支出增加也较多；三是中小企业融资依然困难，企业应收账款较高，融资成本居高不下；四是房地产局部泡沫比较明显，担忧会对未来经济和企业发展带来较大的风险。

企业家建议，宏观上要保持政策的稳定性和连续性，地方发展要适应新常态，要深入反思单纯依靠产业园区开发和招商引资等传统的以规模扩张为主的拉动地方经济的发展模式，加快发展方式的转变。另外，企业家认为相关改革取得了一定成效，但要实现预期目标尚需付出艰苦的努力，当前特别要加大降成本的力度，同时要着力提高政府办事效率，积极推进法治建设和诚信体系建设，坚持市场化取向的改革，优化公平竞争的市场环境，激发企业活力和经济发展内生动力，充分发挥企业家在推动经济发展中的作用，为企业转型和结构调整创造良好的外部环境。

7.1　对宏观经济形势的判断及企业经营状况的评价

7.1.1　企业景气企稳回升，结构分化十分明显

关于目前企业的综合经营状况，调查结果显示，认为综合经营状况“良好”的企业家占27%，认为“一般”的占52.4%，认为“不佳”的占20.6%；认为“良好”的比“不佳”的多6.4个百分点，这一数据为近三年来的最高值。调查表明，企业景气经过三年的持续下降后，开始温和改善（见表7.4）。

调查发现，不同类型企业的景气状况呈现明显分化态势。从不同地区看，“长三角”地区企业的经营状况明显好于“珠三角”和“京津冀”地区企业；从不同规模看，大中型企业经营状况明显好于小型企业；从不同经济类型看，国有及国有控股公司和外资企业明显好于民营企业（见表7.4）。

表7.4　不同地区、规模及经济类型企业目前综合经营状况（%）

		目前经营状况			良好－不佳
		良好	一般	不佳	
总体	2016年	27.0	52.4	20.6	6.4
	2015年	23.6	54.8	21.6	2.0
	2014年	26.8	51.2	22.0	4.8
	2013年	28.8	49.9	21.3	7.5
	2012年	24.3	52.3	23.4	0.9
	2011年	33.7	49.5	16.8	16.9
“长三角”地区企业		28.8	53.8	17.4	11.4
“珠三角”地区企业		24.7	51.8	23.5	1.2
“京津冀”地区企业		23.5	49.0	27.5	－4.0
大型企业		36.2	51.2	12.6	23.6
中型企业		35.7	49.0	15.3	20.4
小型企业		22.5	53.8	23.7	－1.2
国有及国有控股公司		34.3	44.1	21.6	12.7
外资企业		26.0	58.9	15.1	10.9
民营企业		24.9	53.5	21.6	3.3

注：“长三角”地区包括：上海、江苏、浙江三个省（直辖市）；“珠三角”地区包括：广东省；“京津冀”地区包括：北京、天津、河北三个省（直辖市）。以下同。

调查发现，不同行业企业的景气状况分化也十分明显。调查结果显示，经营状况相对较好的行业有农林牧渔业、电力热力燃气及水的生产和供应业、信息传输软件和信息技术服务业、租赁和商务服务业以及制造业中的医药、汽车、电子设备等，认为“良好”的比认为“不佳”的多20个百分点以上。而采矿业以及制造业中的化纤、非金属制品等行业经营状况相对较差，其认为“良好”的比认为“不佳”的少20个百分点以上（见表7.5）。

值得注意的是，与2015年相比，农林牧渔业、房地产业以及制造业中的造纸、有色金属、专用设备、汽车、电子设备等行业企业景气状况回升较多（见表7.5）。

表7.5　　不同行业企业目前综合经营状况（%）

	目前经营状况			良好－不佳				
	良好	一般	不佳	2016	2015	2014	2013	2012
总体	27.0	52.4	20.6	6.4	2.0	4.8	7.5	0.9
农林牧渔业	47.8	47.9	4.3	43.5	18.0	2.2	9.8	7.2
采矿业	14.3	35.7	50.0	－35.7	－25.0	－42.4	－25.0	－27.9
制造业	23.5	50.0	26.5	－3.0	－8.8	0.5	0.8	－4.7
电力、热力、燃气及水的生产和供应业	53.4	33.3	13.3	40.1	50.1	49.9	32.1	19.2
建筑业	26.3	56.9	16.8	9.5	10.0	11.6	26.7	13.3
交通运输、仓储和邮政业	29.0	51.6	19.4	9.6	17.1	8.3	22.9	13.1
信息传输、软件和信息技术服务业	56.2	43.8		56.2	34.1	44.3	29.5	39.6
批发和零售业	24.0	62.8	13.2	10.8	13.1	9.1	15.8	9.3
住宿和餐饮业	26.1	65.2	8.7	17.4	26.8	16.3	7.7	31.6
房地产业	30.8	53.8	15.4	15.4	－12.9	－10.6	21.2	7.0
租赁和商务服务业	38.6	57.9	3.5	35.1	44.0	50.0	17.4	16.2
食品、酒及饮料制造业	17.2	46.4	36.4	－19.2	－3.4	－9.1	－1.2	6.9
纺织业	14.9	52.3	32.8	－17.9	－18.4	－25.0	－18.4	－16.8
纺织服装、服饰业	20.5	59.0	20.5	0.0	－8.9	－1.6	－12.6	－5.0
造纸及纸制品业	23.5	58.9	17.6	5.9	－23.8	－12.5	10.6	－6.3

续表

	目前经营状况			良好－不佳				
	良好	一般	不佳	2016	2015	2014	2013	2012
化学原料及化学制品制造业	22.3	51.5	26.2	－3.9	－0.7	14.3	－2.1	4.1
医药制造业	38.6	47.8	13.6	25.0	35.1	31.1	24.5	35.7
化学纤维制造业	9.1	54.5	36.4	－27.3	－37.5	－29.4	－43.5	－11.5
橡胶及塑料制品业	26.8	50.7	22.5	4.3	1.2	3.8	4.0	－7.8
非金属矿物制品业	13.5	48.7	37.8	－24.3	－32.4	－18.1	－10.3	－15.8
黑色金属冶炼及压延加工业	26.3	42.1	31.6	－5.3	－21.4	5.9	－20.0	－19.3
有色金属冶炼及压延加工业	46.6	26.7	26.7	19.9	－7.7	－25.0	－17.7	－25.9
金属制品业	24.1	51.8	24.1	0.0	－11.2	13.8	12.4	0.7
通用设备制造业	15.1	50.4	34.5	－19.4	－26.2	－10.4	－0.9	－12.2
专用设备制造业	29.3	44.3	26.4	2.9	－14.5	2.6	8.6	－2.0
汽车制造业	38.7	54.8	6.5	32.2	－16.1	16.9	12.5	－15.4
铁路、船舶、航空航天及其他运输设备制造业	10.5	73.7	15.8	－5.3	0.0	－10.5	－25.0	－2.8
电气机械及器材制造业	26.3	51.3	22.4	3.9	1.2	7.8	9.5	1.8
计算机、通信及其他电子设备制造业	43.2	46.0	10.8	32.4	9.6	26.5	19.7	－10.4
仪器仪表制造业	21.1	57.8	21.1	0.0	17.7	25.7	20.9	20.8

此外，从各行业目前的形势来看，农林牧渔业、电力热力燃气及水的生产和供应业、信息传输软件和信息技术服务业、住宿和餐饮业、租赁和商务服务业以及制造业中的医药、汽车、电子设备等行业相对较好，认为目前形势“良好”的企业要多于“不佳”的，而采矿业、交通运输仓储和邮政业以及制造业中的纺织、服装、非金属制品、通用设备等行业则相对较差，认为目前形势“良好”的比“不佳”的少40个百分点以上。此外，与2015年相比，形势明显好转的行业包括房地产业、有色金属、汽车、铁路船舶航空航天及其他运输设备、电气机械、电子设备等（见表7.6）。

表 7.6　　企业所在行业目前的形势（%）

	良好	一般	不佳	良好－不佳	
				2016 年	2015 年
总体	18.9	46.9	34.2	－15.3	－21.4
农林牧渔业	34.1	50.0	15.9	18.2	6.0
采矿业		50.0	50.0	－50.0	－55.0
制造业	15.8	44.9	39.3	－23.5	－32.1
电力、热力、燃气及水的生产和供应业	21.4	71.5	7.1	14.3	41.0
建筑业	17.0	46.6	36.4	－19.4	－22.2
交通运输、仓储和邮政业	6.5	41.9	51.6	－45.1	－21.9
信息传输、软件和信息技术服务业	53.1	34.4	12.5	40.6	26.1
批发和零售业	18.2	53.9	27.9	－9.7	－16.4
住宿和餐饮业	23.3	55.8	20.9	2.4	7.7
房地产业	20.4	51.0	28.6	－8.2	－28.8
租赁和商务服务业	32.1	52.8	15.1	17.0	15.7
食品、酒及饮料制造业	16.7	50.0	33.3	－16.6	－10.4
纺织业	7.6	34.8	57.6	－50.0	－46.1
纺织服装、服饰业	2.6	47.4	50.0	－47.4	－51.2
造纸及纸制品业	13.3	46.7	40.0	－26.7	－19.0
化学原料及化学制品制造业	7.8	49.5	42.7	－34.9	－35.6
医药制造业	36.4	38.6	25.0	11.4	5.5
化学纤维制造业	9.1	45.4	45.5	－36.4	－50.0
橡胶及塑料制品业	14.7	58.8	26.5	－11.8	－30.5
非金属矿物制品业	8.1	32.4	59.5	－51.4	－56.4
黑色金属冶炼及压延加工业	11.8	41.2	47.0	－35.2	－67.9
有色金属冶炼及压延加工业	26.7	40.0	33.3	－6.6	－42.3
金属制品业	17.2	32.8	50.0	－32.8	－33.0
通用设备制造业	11.2	35.3	53.5	－42.3	－50.7
专用设备制造业	21.0	41.3	37.7	－16.7	－25.6
汽车制造业	22.6	61.3	16.1	6.5	－59.6
铁路、船舶、航空航天及其他运输设备制造业	36.8	36.9	26.3	10.5	－20.8
电气机械及器材制造业	21.6	54.1	24.3	－2.7	－20.4
计算机、通信及其他电子设备制造业	13.5	75.7	10.8	2.7	－11.5
仪器仪表制造业	26.3	42.1	31.6	－5.3	－6.1

企业家对企业现状的满意程度也从一个侧面反映了目前企业的综合经营状况。调查结果显示，对企业现状“非常满意”或“比较满意”的企业家占33.5%，比2015年上升了5.2个百分点，其中“非常满意”占1.6%，“比较满意”占31.9%；“一般”的占35.7%，“不太满意”或“很不满意”的占30.8%。以5分制计算，企业家对企业现状满意度的评价值为2.99，为2012年以来的较高水平。其中，中部地区企业、大中型企业、国有及国有控股公司的企业家对企业现状的满意度评分相对较高（见表7.7）。

表7.7　对企业现状的总体感受（%）

		非常满意	比较满意	一般	不太满意	很不满意	评价值
总体	2016年	1.6	31.9	35.7	25.4	5.4	2.99
	2015年	0.9	27.4	38.4	27.1	6.2	2.90
	2014年	1.4	33.4	34.4	26.3	4.5	3.01
	2013年	1.3	30.6	37.4	25.9	4.8	2.93
	2012年	1.2	25.2	33.5	32.9	7.2	2.80
东部地区企业		1.2	31.2	36.4	25.8	5.4	2.97
中部地区企业		2.9	33.3	35.0	24.4	4.4	3.06
西部地区企业		1.1	32.3	34.2	25.8	6.6	2.96
大型企业		1.7	46.9	33.5	16.2	1.7	3.31
中型企业		2.9	41.7	30.8	22.5	2.1	3.21
小型企业		1.1	26.1	37.8	27.8	7.2	2.86
国有及国有控股公司		1.4	46.5	30.7	17.1	4.3	3.24
外资企业			30.1	39.8	26.0	4.1	2.96
民营企业		1.5	30.1	35.7	26.9	5.8	2.95

注：评价值是由（“非常满意”×5+“比较满意”×4+“一般”×3+“不太满意”×2+“很不满意”）/100计算得出的，最高为5分，最低为1分，分值越高，表示对企业现状越满意，反之则越不满意。

随着企业景气的温和回升，企业家对当前宏观经济形势的判断也趋于乐观。调查结果显示，认为当前宏观经济形势“很好”或“较好”的企业家占20.3%，比2015年上升了2.7个百分点；认为“一般”的占43%；认为“很差”或“较差”的占36.7%，比2015年下降了7个百分点（见表7.8）。

表 7.8　企业家对当前宏观经济形势的判断（%）

年份	很好	较好	一般	较差	很差
2016	3.3	17.0	43.0	30.4	6.3
2015	1.6	16.0	38.1	35.1	8.6
2014	1.7	22.0	48.1	24.6	3.6
2013	1.7	18.7	48.7	26.7	4.2
2012	1.3	13.3	38.1	37.4	9.9
2011	2.4	28.9	43.9	21.0	3.8
2010	5.1	51.2	37.1	5.9	0.7
2009	3.1	36.9	46.7	12.4	0.9
2008	2.8	32.6	40.5	21.1	3.0
2007	11.2	66.0	19.2	3.3	0.3

调查结果显示，认为目前宏观经济“偏冷”的企业家占 48.6%，认为“过冷”的占 6.8%，两者合计比重比 2015 年下降了 5.3 个百分点；认为“正常”的占 32%，认为“偏热”或“过热”的占 5%，均高于 2015 年；认为“尚难判断”的占 7.6%（见图 7.1、表 7.9）。

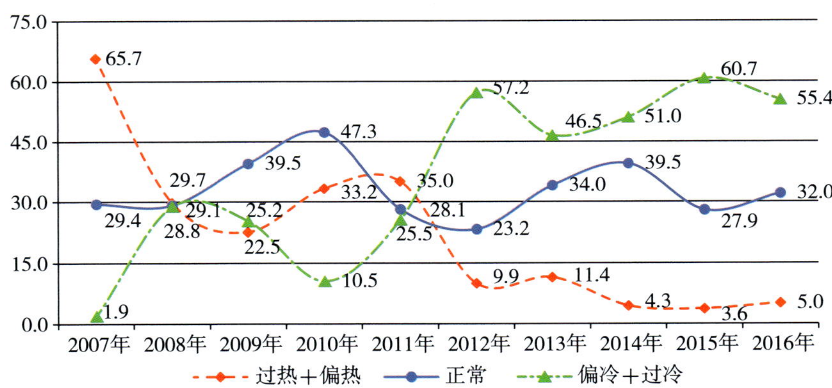

图 7.1　2007～2016 年企业家对宏观经济运行的总体判断（%）

表 7.9　2007～2016 年企业家对宏观经济运行的总体判断（%）

年份	过热	偏热	正常	偏冷	过冷	尚难判断
2016	0.6	4.4	32.0	48.6	6.8	7.6
2015	0.6	3.0	27.9	51.3	9.4	7.8
2014	0.4	3.9	39.5	46.9	4.1	5.2
2013	1.7	9.7	34.0	43.1	3.4	8.1
2012	1.4	8.5	23.2	49.5	7.7	9.7

续表

年份	过热	偏热	正常	偏冷	过冷	尚难判断
2011	5.1	29.9	28.1	23.6	1.9	11.4
2010	2.7	30.5	47.3	10.2	0.3	9.0
2009	1.8	20.7	39.5	24.6	0.6	12.8
2008	3.6	26.1	29.1	27.2	1.6	12.4
2007	8.7	57.0	29.4	1.9	0.0	3.0

注：0.0 表示答题者选择了此项，但选择比重小于 0.05%。以下同。

调查发现，企业家认为当前经济“偏冷”或“过冷”的比重，以及经济形势“很差”或“较差”的比重均有所下降，而认为当前经济“正常”的比重，以及经济形势“一般”的比重均有所上升，这在一定程度表明，企业家的信心有所回升。

7.1.2 价格跌势趋缓，产销温和回升，库存趋于底部，企业盈利改善

调查发现，在库存趋于见底及去产能政策不断推进的背景下，企业产品销售价格下跌趋势有所缓和。调查结果显示，认为目前企业产品价格比去年同期“下降”的企业家占 51.2%，比 2015 年低了 5.9 个百分点；“持平”的占 40%，“上升”的占 8.8%；价格“下降”的比“上升”的多 42.4 个百分点，比 2015 年上升了 8.1 个百分点（见表 7.10）。

表 7.10 相对于去年，不同行业企业目前的销售价格情况（%）

		上升	持平	下降	上升－下降
总体	2016 年	8.8	40.0	51.2	－42.4
	2015 年	6.6	36.3	57.1	－50.5
	2014 年	9.1	43.3	47.6	－38.5
	2013 年	13.7	41.1	45.2	－31.5
	2012 年	13.6	39.8	46.6	－33.0
农林牧渔业		17.8	60.0	22.2	－4.4
采矿业		14.3	14.3	71.4	－57.1
制造业		6.8	36.4	56.8	－50.0
电力、热力、燃气及水的生产和供应业		7.1	64.3	28.6	－21.5
建筑业		5.1	43.0	51.9	－46.8
交通运输、仓储和邮政业			37.9	62.1	－62.1

续表

	上升	持平	下降	上升 - 下降
信息传输、软件和信息技术服务业	40. 6	34. 4	25. 0	15. 6
批发和零售业	10. 5	43. 2	46. 3	-35. 8
住宿和餐饮业	9. 5	47. 6	42. 9	-33. 4
房地产业	21. 3	40. 4	38. 3	-17. 0
租赁和商务服务业	12. 0	66. 0	22. 0	-10. 0
食品、酒及饮料制造业	14. 9	43. 6	41. 5	-26. 6
纺织业	7. 6	37. 9	54. 5	-46. 9
纺织服装、服饰业	2. 6	56. 4	41. 0	-38. 4
造纸及纸制品业	6. 3	37. 5	56. 2	-49. 9
化学原料及化学制品制造业	8. 8	32. 4	58. 8	-50. 0
医药制造业	20. 9	37. 2	41. 9	-21. 0
化学纤维制造业		36. 4	63. 6	-63. 6
橡胶及塑料制品业	5. 7	37. 1	57. 2	-51. 5
非金属矿物制品业	6. 8	31. 1	62. 1	-55. 3
黑色金属冶炼及压延加工业	15. 8	31. 6	52. 6	-36. 8
有色金属冶炼及压延加工业	6. 7	40. 0	53. 3	-46. 6
金属制品业	5. 2	29. 3	65. 5	-60. 3
通用设备制造业	1. 7	30. 5	67. 8	-66. 1
专用设备制造业	5. 1	30. 4	64. 5	-59. 4
汽车制造业	6. 5	41. 9	51. 6	-45. 1
铁路、船舶、航空航天及其他运输设备制造业		63. 2	36. 8	-36. 8
电气机械及器材制造业	2. 7	35. 1	62. 2	-59. 5
计算机、通信及其他电子设备制造业	8. 6	31. 4	60. 0	-51. 4
仪器仪表制造业	5. 6	38. 9	55. 5	-49. 9

从不同行业看，价格下跌较少的行业有农林牧渔业、信息传输软件和信息技术服务业、租赁和商务服务业等，而价格下跌较多的行业有：采矿业、交通运输仓储和邮政业以及制造业中的化纤、金属制品、通用设备、专用设备、电气机械等，其价格“下降”的比“上升”的多60个百分点左右（见表7. 10）。

在产品价格跌势趋缓的同时，企业产品销量的下跌趋势也有所缓和。调查结果显示，认为目前的销售量比去年“减少”的企业家占43%，比2015年低了7.8个百分点；认为“持平”的占34.6%，“增加”的占22.4%；认为“增加”的比“减少”的少20.6个百分点，这一数据比2015年上升了12.1个百分点（见表7.11）。

其中，销售量下滑较多的行业有：采矿业、交通运输仓储和邮政业以及制造业中的造纸等，销售量“增加”的企业比“减少”的少50个百分点以上；而农林牧渔业、电力热力燃气及水的生产和供应业、信息传输软件和信息技术服务业以及制造业中的医药、有色金属、汽车、电子设备则相对较好，销售量“增加”的企业比“减少”的企业要多（见表7.11）。

表7.11　　相对于去年，不同行业企业目前的销售量情况（%）

		增加	持平	减少	增加 - 减少
总体	2016年	22.4	34.6	43.0	-20.6
	2015年	18.1	31.1	50.8	-32.7
	2014年	25.0	33.0	42.0	-17.0
	2013年	28.0	31.4	40.6	-12.6
	2012年	21.0	30.6	48.4	-27.4
农林牧渔业		26.7	51.1	22.2	4.5
采矿业			28.6	71.4	-71.4
制造业		23.1	32.6	44.3	-21.2
电力、热力、燃气及水的生产和供应业		42.9	35.7	21.4	21.5
建筑业		19.8	33.3	46.9	-27.1
交通运输、仓储和邮政业		10.3	20.7	69.0	-58.7
信息传输、软件和信息技术服务业		50.0	28.1	21.9	28.1
批发和零售业		16.9	35.0	48.1	-31.2
住宿和餐饮业		15.0	32.5	52.5	-37.5
房地产业		31.1	35.6	33.3	-2.2
租赁和商务服务业		24.5	49.0	26.5	-2.0
食品、酒及饮料制造业		20.2	38.3	41.5	-21.3
纺织业		15.4	32.3	52.3	-36.9
纺织服装、服饰业		12.8	43.6	43.6	-30.8
造纸及纸制品业		13.3	13.3	73.4	-60.1

续表

	增加	持平	减少	增加 - 减少
化学原料及化学制品制造业	26.2	30.1	43.7	-17.5
医药制造业	39.6	20.9	39.5	0.1
化学纤维制造业	18.2	54.5	27.3	-9.1
橡胶及塑料制品业	21.4	37.1	41.5	-20.1
非金属矿物制品业	17.6	31.1	51.3	-33.7
黑色金属冶炼及压延加工业	26.3	26.3	47.4	-21.1
有色金属冶炼及压延加工业	46.6	26.7	26.7	19.9
金属制品业	20.7	36.2	43.1	-22.4
通用设备制造业	16.9	28.8	54.3	-37.4
专用设备制造业	28.3	24.6	47.1	-18.8
汽车制造业	54.8	22.6	22.6	32.2
铁路、船舶、航空航天及其他运输设备制造业	15.8	57.9	26.3	-10.5
电气机械及器材制造业	23.0	36.5	40.5	-17.5
计算机、通信及其他电子设备制造业	34.3	40.0	25.7	8.6
仪器仪表制造业	16.7	50.0	33.3	-16.6

在产品价格和销售量均呈现出跌势趋缓的情况下，企业的盈利情况有所好转。调查结果显示，上半年盈利（包括“较大盈利”和“略有盈余”，下同）的企业占51.1%，比2015年上升了4.8个百分点，为近五年来的较高水平；“收支平衡”的占23.3%；亏损（包括“亏损”和“严重亏损”，下同）的占25.6%（见表7.12）。

表7.12　企业2016年上半年盈利情况（%）

年份	较大盈利	略有盈余	收支平衡	亏损	严重亏损
2016	5.9	45.2	23.3	22.5	3.1
2015	5.2	41.1	23.5	26.2	4.0
2014	5.9	45.8	21.9	23.7	2.7
2013	5.3	43.5	22.8	25.6	2.8
2012	4.5	45.2	22.1	24.5	3.7
2011	8.0	50.7	20.3	19.1	1.9
2010	13.1	54.8	17.3	13.7	1.1
2009	7.0	44.4	20.5	24.8	3.3
2008	11.6	51.3	16.9	18.0	2.2

调查还发现，认为目前盈利“正常”或“好于正常”的企业家占43.6%，为2012年以来的最高值；“低于正常”的占56.4%。其中，中部地区企业、大型企业和外资企业的盈利情况相对较好（见表7.13）。

表7.13　　不同地区、规模及经济类型企业目前的盈利情况（%）

		好于正常	正常	低于正常	好于正常+正常
总体	2016年	3.0	40.6	56.4	43.6
	2015年	3.1	37.1	59.8	40.2
	2014年	3.1	37.0	59.9	40.1
	2013年	3.2	37.3	59.5	40.5
	2012年	1.9	36.5	61.6	38.4
东部地区企业		2.6	40.2	57.2	42.8
中部地区企业		2.9	43.1	54.0	46.0
西部地区企业		4.3	38.8	56.9	43.1
大型企业		3.5	48.3	48.2	51.8
中型企业		3.3	43.1	53.6	46.4
小型企业		2.8	38.5	58.7	41.3
国有及国有控股公司		3.9	43.8	52.3	47.7
外资企业		4.1	46.6	49.3	50.7
民营企业		2.6	39.1	58.3	41.7

从不同行业看，目前盈利情况相对较好的行业有：农林牧渔业、电力热力燃气及水的生产和供应业、交通运输仓储和邮政业、信息传输软件和信息技术服务业、住宿和餐饮业、房地产业、租赁和商务服务业以及制造业中的医药、有色金属、汽车、电子设备、仪器仪表等行业，盈利“正常”或“好于正常”的企业超过一半，而采矿业、纺织、非金属制品、钢铁、通用设备等行业则相对较差，超过七成的企业盈利“低于正常”（见表7.14）。

表7.14　　不同行业企业目前的盈利情况（%）

	好于正常	正常	低于正常	好于正常+正常				
				2016	2015	2014	2013	2012
总体	3.0	40.6	56.4	43.6	40.2	40.1	40.5	38.4
农林牧渔业	2.3	47.7	50.0	50.0	56.2	47.8	54.3	49.5
采矿业			100.0	0.0	25.0	15.4	21.5	12.2

续表

	好于正常	正常	低于正常	好于正常 + 正常				
				2016	2015	2014	2013	2012
制造业	2.7	35.3	62.0	38.0	33.9	36.6	33.6	33.1
电力、热力、燃气及水的生产和供应业		64.3	35.7	64.3	68.2	73.3	62.7	66.0
建筑业	2.4	42.2	55.4	44.6	41.1	43.4	57.2	46.8
交通运输、仓储和邮政业	3.3	53.4	43.3	56.7	48.6	47.7	52.5	51.4
信息传输、软件和信息技术服务业	3.1	62.5	34.4	65.6	68.6	72.9	67.0	68.7
批发和零售业	3.7	39.3	57.0	43.0	40.3	41.1	45.8	45.5
住宿和餐饮业	2.4	48.8	48.8	51.2	57.5	45.3	41.6	54.7
房地产业	2.0	59.2	38.8	61.2	36.7	30.8	59.6	49.1
租赁和商务服务业	4.1	71.4	24.5	75.5	64.7	72.7	62.7	56.5
食品、酒及饮料制造业	2.1	41.5	56.4	43.6	42.7	42.1	37.1	43.3
纺织业		29.2	70.8	29.2	27.4	19.1	15.8	19.1
纺织服装、服饰业		35.0	65.0	35.0	28.9	27.1	27.6	26.9
造纸及纸制品业		33.3	66.7	33.3	38.1	33.3	36.2	27.1
化学原料及化学制品制造业	3.0	33.0	64.0	36.0	31.3	52.7	37.9	39.0
医药制造业	6.8	45.5	47.7	52.3	62.2	63.6	53.8	57.1
化学纤维制造业		36.4	63.6	36.4	12.5	29.4	21.7	26.9
橡胶及塑料制品业	3.0	37.3	59.7	40.3	37.6	34.3	25.0	30.7
非金属矿物制品业	4.1	17.8	78.1	21.9	16.0	20.0	28.7	28.7
黑色金属冶炼及压延加工业		26.3	73.7	26.3	18.5	26.4	35.0	15.8
有色金属冶炼及压延加工业	6.7	46.6	46.7	53.3	38.5	15.6	28.6	21.1
金属制品业		30.4	69.6	30.4	32.1	34.2	37.8	31.9
通用设备制造业	1.8	26.8	71.4	28.6	20.0	29.0	26.2	30.8
专用设备制造业	2.9	32.4	64.7	35.3	28.0	40.2	40.2	37.7
汽车制造业	9.7	51.6	38.7	61.3	34.4	39.4	35.1	24.3
铁路、船舶、航空航天及其他运输设备制造业		41.2	58.8	41.2	65.2	26.3	32.2	25.7
电气机械及器材制造业	2.7	39.7	57.6	42.4	34.9	44.8	40.1	37.4
计算机、通信及其他电子设备制造业	2.7	56.8	40.5	59.5	52.9	51.0	45.1	34.2
仪器仪表制造业	5.9	52.9	41.2	58.8	50.0	66.7	60.5	50.0

在盈利趋于好转的同时，停产、半停产企业的比重比 2015 年有所下降。

调查结果显示，关于目前企业的生产情况，回答“停产”或“半停产”的企业家占23.6%，比2015年低了5.4个百分点；回答“正常运作”的占74.3%，回答“超负荷生产”的占2.1%，其中，小型企业“停产”、“半停产”的比重相对较高（见表7.15）。

从不同行业看，“停产”、“半停产”的比重相对较高的行业有：采矿业以及制造业中的食品、化工、非金属制品、钢铁等，“停产”、“半停产”的企业在四成左右，这从一个侧面反映出当前部分行业产能过剩的问题仍然突出（见表7.15）。

表7.15　　企业目前的生产状况（%）

		超负荷生产	正常运作	半停产	停产
总体	2016年	2.1	74.3	22.8	0.8
	2015年	1.4	69.6	27.6	1.4
	2014年	1.9	74.3	23.0	0.8
	2013年	3.3	76.4	19.8	0.5
	2012年	2.1	74.8	22.3	0.8
	2011年	4.6	77.8	16.8	0.8
大型企业		2.3	87.5	10.2	
中型企业		2.3	80.9	16.6	0.2
小型企业		1.9	70.3	26.8	1.0
农林牧渔业			84.8	13.0	2.2
采矿业			57.2	35.7	7.1
制造业		2.7	67.6	28.9	0.8
电力、热力、燃气及水的生产和供应业			82.4	17.6	
建筑业			78.6	21.4	
交通运输、仓储和邮政业		3.0	78.8	15.2	3.0
信息传输、软件和信息技术服务业			91.2	8.8	
批发和零售业		1.2	88.0	10.8	
住宿和餐饮业			91.6	6.3	2.1
房地产业		1.8	76.8	21.4	
租赁和商务服务业		1.6	91.8	6.6	

续表

	超负荷生产	正常运作	半停产	停产
食品、酒及饮料制造业	3.9	58.3	35.9	1.9
纺织业	1.4	67.2	31.4	
纺织服装、服饰业	5.1	79.5	15.4	
造纸及纸制品业	5.6	77.7	16.7	
化学原料及化学制品制造业	2.8	59.5	37.7	
医药制造业	2.4	76.2	21.4	
化学纤维制造业		72.7	18.2	9.1
橡胶及塑料制品业	2.7	65.8	31.5	
非金属矿物制品业		45.3	48.0	6.7
黑色金属冶炼及压延加工业		63.1	31.6	5.3
有色金属冶炼及压延加工业		75.0	25.0	
金属制品业	1.7	72.9	25.4	
通用设备制造业	2.5	66.7	30.8	
专用设备制造业	2.8	70.2	27.0	
汽车制造业	9.4	81.2	9.4	
铁路、船舶、航空航天及其他运输设备制造业	5.3	73.6	21.1	
电气机械及器材制造业	1.3	72.7	26.0	
计算机、通信及其他电子设备制造业	2.7	83.8	13.5	
仪器仪表制造业	13.6	63.7	22.7	

企业生产状况的好转还体现在企业目前的生产（服务）量情况上。调查结果显示，认为目前企业的生产（服务）量比去年“减少”的企业家占40%，比2015年低了3.6个百分点；“持平”的占40.3%，“增加”的占19.7%；认为“增加”的比“减少”的少20.3个百分点，这一数据比2015年上升了6个百分点（见表7.16）。

从不同行业看，生产（服务）量下滑较多的行业有：采矿业、交通运输仓储和邮政业以及制造业中的非金属制品等，生产（服务）量“增加”的企业比“减少”的少40个百分点以上；而农林牧渔业、电力热力燃气及水的生产和供应业、信息传输软件和信息技术服务业、租赁和商务服务业以及制造业中的汽车、电子设备等行业则相对较好（见表7.16）。

表 7.16 相对于去年，不同行业企业目前的生产（服务）量情况（%）

		增加	持平	减少	增加－减少
总体	2016 年	19.7	40.3	40.0	－20.3
	2015 年	17.3	39.1	43.6	－26.3
	2014 年	22.8	42.5	34.7	－11.9
	2013 年	26.6	38.6	34.8	－8.2
	2012 年	20.0	37.6	42.4	－22.4
农林牧渔业		27.3	56.8	15.9	11.4
采矿业			28.6	71.4	－71.4
制造业		19.9	38.4	41.7	－21.8
电力、热力、燃气及水的生产和供应业		42.9	35.7	21.4	21.5
建筑业		16.9	42.1	41.0	－24.1
交通运输、仓储和邮政业		6.7	33.3	60.0	－53.3
信息传输、软件和信息技术服务业		43.3	36.7	20.0	23.3
批发和零售业		14.0	40.1	45.9	－31.9
住宿和餐饮业		19.5	43.9	36.6	－17.1
房地产业		15.2	50.0	34.8	－19.6
租赁和商务服务业		29.4	49.0	21.6	7.8
食品、酒及饮料制造业		19.1	36.2	44.7	－25.6
纺织业		17.2	29.7	53.1	－35.9
纺织服装、服饰业		12.8	46.2	41.0	－28.2
造纸及纸制品业		20.0	26.7	53.3	－33.3
化学原料及化学制品制造业		24.3	34.0	41.7	－17.4
医药制造业		27.9	41.9	30.2	－2.3
化学纤维制造业			72.7	27.3	－27.3
橡胶及塑料制品业		14.5	46.4	39.1	－24.6
非金属矿物制品业		8.2	41.1	50.7	－42.5
黑色金属冶炼及压延加工业		21.1	31.6	47.3	－26.2
有色金属冶炼及压延加工业		33.3	33.4	33.3	0.0
金属制品业		19.3	42.1	38.6	－19.3
通用设备制造业		16.5	33.0	50.5	－34.0
专用设备制造业		23.4	37.2	39.4	－16.0
汽车制造业		40.0	36.7	23.3	16.7
铁路、船舶、航空航天及其他运输设备制造业		10.5	63.2	26.3	－15.8
电气机械及器材制造业		18.1	37.5	44.4	－26.3
计算机、通信及其他电子设备制造业		33.3	41.7	25.0	8.3
仪器仪表制造业		16.7	66.6	16.7	0.0

调查还发现，目前企业仍处于去库存的过程中。调查结果显示，认为目前企业的产成品库存“低于正常”的企业家占 13. 3%，为五年来最高；认为“高于正常”的企业家占 18. 5%，为五年来最低；认为“正常”或“低于正常”的企业家占 81. 5%，比 2015 年上升了 4 个百分点，为近五年的最高（见表 7. 17）。

从不同行业看，库存相对较高的行业有：房地产业以及制造业中的化纤、非金属制品等，库存“高于正常”的企业超过三成（见表 7. 17）。

调查表明，长期以来的价格下跌带来了持续的去库存，同时当库存达到低位时又带来了价格的回升。

表 7. 17　　企业目前的产成品库存情况（%）

		高于正常	正常	低于正常	正常 + 低于正常
总体	2016 年	18. 5	68. 2	13. 3	81. 5
	2015 年	22. 5	64. 3	13. 2	77. 5
	2014 年	25. 0	63. 7	11. 3	75. 0
	2013 年	24. 8	67. 4	7. 8	75. 2
	2012 年	25. 3	66. 4	8. 3	74. 7
农林牧渔业		11. 1	77. 8	11. 1	88. 9
采矿业		21. 4	50. 0	28. 6	78. 6
制造业		18. 5	68. 1	13. 4	81. 5
电力、热力、燃气及水的生产和供应业			91. 7	8. 3	100. 0
建筑业		25. 0	57. 9	17. 1	75. 0
交通运输、仓储和邮政业		22. 2	74. 1	3. 7	77. 8
信息传输、软件和信息技术服务业		10. 0	83. 3	6. 7	90. 0
批发和零售业		21. 7	62. 2	16. 1	78. 3
住宿和餐饮业		2. 6	79. 0	18. 4	97. 4
房地产业		34. 7	51. 0	14. 3	65. 3
租赁和商务服务业		12. 5	85. 0	2. 5	87. 5
食品、酒及饮料制造业		16. 7	72. 9	10. 4	83. 3
纺织业		27. 7	63. 1	9. 2	72. 3
纺织服装、服饰业		12. 5	80. 0	7. 5	87. 5
造纸及纸制品业		6. 3	74. 9	18. 8	93. 7
化学原料及化学制品制造业		17. 0	66. 0	17. 0	83. 0
医药制造业		18. 6	69. 8	11. 6	81. 4
化学纤维制造业		40. 0	60. 0		60. 0
橡胶及塑料制品业		18. 8	66. 7	14. 5	81. 2

续表

	高于正常	正常	低于正常	正常 + 低于正常
非金属矿物制品业	33.8	55.4	10.8	66.2
黑色金属冶炼及压延加工业	16.7	66.6	16.7	83.3
有色金属冶炼及压延加工业	20.0	53.3	26.7	80.0
金属制品业	15.8	71.9	12.3	84.2
通用设备制造业	23.9	59.9	16.2	76.1
专用设备制造业	19.4	61.9	18.7	80.6
汽车制造业	19.4	80.6		80.6
铁路、船舶、航空航天及其他运输设备制造业	16.7	55.5	27.8	83.3
电气机械及器材制造业	16.7	73.6	9.7	83.3
计算机、通信及其他电子设备制造业	8.1	91.9		91.9
仪器仪表制造业	10.5	57.9	31.6	89.5

7.2　未来预期及用工投资意愿

7.2.1　市场需求稳中有升，未来预期温和改善

企业订货情况是一个重要的先行指标，在一定程度上预示着未来的需求走向。调查结果显示，认为目前订货“正常”的企业家占48.7%，“高于正常”的占5.4%，两者合计比重比2015年上升了3.2个百分点；订货“低于正常”的企业占45.9%。其中，“京津冀”和“珠三角”地区企业目前订货相对较差（见表7.18）。

表7.18　不同地区企业目前的订货情况（%）

		高于正常	正常	低于正常	正常 + 低于正常
总体	2016年	5.4	48.7	45.9	54.1
	2015年	3.5	47.4	49.1	50.9
	2014年	4.5	51.8	43.7	56.3
	2013年	6.1	50.3	43.6	56.4
	2012年	4.1	46.6	49.3	50.7
“长三角”地区企业		5.4	50.8	43.8	56.2
“珠三角”地区企业		7.8	39.0	53.2	46.8
“京津冀”地区企业		5.0	45.4	49.6	50.4

从不同行业看，农林牧渔业、电力热力燃气及水的生产和供应业、信息传输软件和信息技术服务业、租赁和商务服务业以及制造业中的医药、化纤、汽车、电子设备等行业订货情况相对较好，订货“正常”或“高于正常”的企业比重超过六成；而采矿业以及制造业中的非金属制品、通用设备等行业订货情况相对较差，超过六成的企业订货“低于正常”（见表 7. 19）。

值得注意的是，与 2015 年相比，一些行业的订货情况明显好转，包括：建筑业、房地产业、租赁和商务服务业以及制造业中的钢铁、汽车等，这在一定程度上说明，这些行业的市场需求正在逐渐好转（见表 7. 19）。

表 7. 19　　不同行业企业目前的订货情况（%）

	高于正常	正常	低于正常	高于正常 + 正常				
				2016	2015	2014	2013	2012
总体	5. 4	48. 7	45. 9	54. 1	50. 9	56. 3	56. 4	50. 7
农林牧渔业	2. 3	65. 9	31. 8	68. 2	60. 0	64. 4	69. 0	63. 8
采矿业		35. 7	64. 3	35. 7	40. 0	38. 5	48. 1	24. 4
制造业	6. 2	43. 4	50. 4	49. 6	44. 8	53. 8	51. 2	46. 5
电力、热力、燃气及水的生产和供应业	9. 1	72. 7	18. 2	81. 8	85. 7	88. 5	80. 4	76. 7
建筑业	2. 5	54. 3	43. 2	56. 8	41. 5	58. 8	73. 8	60. 0
交通运输、仓储和邮政业	3. 4	48. 3	48. 3	51. 7	63. 2	65. 7	64. 0	57. 1
信息传输、软件和信息技术服务业	10. 0	70. 0	20. 0	80. 0	79. 8	82. 5	71. 3	75. 3
批发和零售业	3. 4	54. 8	41. 8	58. 2	59. 6	61. 8	64. 4	60. 4
住宿和餐饮业		55. 6	44. 4	55. 6	81. 1	67. 5	50. 9	61. 7
房地产业	7. 3	48. 8	43. 9	56. 1	36. 7	31. 8	60. 6	51. 9
租赁和商务服务业	7. 7	76. 9	15. 4	84. 6	69. 2	73. 7	64. 7	56. 9
食品、酒及饮料制造业	7. 3	46. 9	45. 8	54. 2	61. 8	55. 0	55. 6	59. 1
纺织业	1. 5	46. 2	52. 3	47. 7	48. 6	44. 7	43. 0	46. 8
纺织服装、服饰业	10. 0	47. 5	42. 5	57. 5	57. 8	58. 6	46. 4	52. 5
造纸及纸制品业		46. 7	53. 3	46. 7	42. 9	40. 6	49. 0	40. 4
化学原料及化学制品制造业	7. 1	41. 4	51. 5	48. 5	47. 3	64. 2	51. 3	52. 7
医药制造业	17. 1	46. 3	36. 6	63. 4	67. 6	71. 1	69. 8	75. 0
化学纤维制造业		63. 6	36. 4	63. 6	31. 3	52. 9	39. 1	36. 0
橡胶及塑料制品业	1. 4	52. 9	45. 7	54. 3	44. 4	50. 0	50. 0	42. 1

续表

	高于正常	正常	低于正常	高于正常＋正常				
				2016	2015	2014	2013	2012
非金属矿物制品业	6.8	28.8	64.4	35.6	33.4	42.3	44.5	43.6
黑色金属冶炼及压延加工业		42.1	57.9	42.1	19.2	44.1	37.5	24.6
有色金属冶炼及压延加工业	14.3	42.9	42.8	57.2	61.5	37.5	47.1	35.9
金属制品业	3.6	41.1	55.3	44.7	41.7	63.8	54.4	51.3
通用设备制造业	5.3	33.3	61.4	38.6	24.7	42.2	47.0	37.3
专用设备制造业	10.1	35.5	54.4	45.6	40.9	51.3	49.3	43.4
汽车制造业	9.7	58.0	32.3	67.7	31.2	62.5	54.2	30.8
铁路、船舶、航空航天及其他运输设备制造业		55.6	44.4	55.6	56.5	47.3	42.8	37.1
电气机械及器材制造业	5.6	48.6	45.8	54.2	40.5	59.5	60.5	47.3
计算机、通信及其他电子设备制造业	2.8	61.1	36.1	63.9	59.6	79.2	59.2	41.9
仪器仪表制造业	11.1	38.9	50.0	50.0	48.5	65.7	72.1	48.1

本次调查还了解了与去年相比，目前企业订货的增减情况。调查结果显示，认为目前订货比去年“减少”的企业家占42.5%，比2015年下降了8.9个百分点；“持平”的占37.9%，“增加”的占19.6%；认为“增加”的比“减少”的少22.9个百分点，明显好于2015年的调查结果。其中，“长三角”地区企业订货情况相对较好（见表7.20）。

表7.20　　相对于去年，不同地区企业目前的订货情况（%）

		增加	持平	减少	增加－减少
总体	2016年	19.6	37.9	42.5	－22.9
	2015年	14.5	34.1	51.4	－36.9
	2014年	20.7	36.1	43.2	－22.5
	2013年	23.8	35.0	41.2	－17.4
	2012年	16.7	32.4	50.9	－34.2
“长三角”地区企业		20.1	39.8	40.1	－20.0
“珠三角”地区企业		20.3	35.4	44.3	－24.0
“京津冀”地区企业		19.3	32.1	48.6	－29.3

从不同行业看，农林牧渔业、电力热力燃气及水的生产和供应业、信息传输软件和信息技术服务业、租赁和商务服务业以及制造业中的汽车、铁路船舶

航空航天及其他运输设备相对较好，认为订货“增加”的企业要多于“减少”的，而采矿业、交通运输仓储和邮政业以及制造业中的纺织等行业订货情况相对较差，认为订货“增加”的比“减少”的少40个百分点以上（见表7.21）。

表7.21　　相对于去年，不同行业企业目前的订货情况（%）

	增加	持平	减少	增加-减少				
				2016	2015	2014	2013	2012
总体	19.6	37.9	42.5	-22.9	-36.9	-22.5	-17.4	-34.2
农林牧渔业	31.8	40.9	27.3	4.5	-34.0	-9.0	-5.8	-23.7
采矿业		28.6	71.4	-71.4	-70.0	-60.0	-27.0	-69.0
制造业	19.4	36.0	44.6	-25.2	-42.1	-23.2	-20.9	-38.9
电力、热力、燃气及水的生产和供应业	27.3	54.5	18.2	9.1	19.0	32.2	14.0	16.3
建筑业	18.2	33.8	48.0	-29.8	-44.3	-28.0	1.5	-19.8
交通运输、仓储和邮政业	3.4	44.8	51.8	-48.4	-41.6	-33.4	-10.8	-29.1
信息传输、软件和信息技术服务业	30.0	43.3	26.7	3.3	6.0	22.2	0.0	11.8
批发和零售业	16.9	35.8	47.3	-30.4	-38.4	-25.0	-21.3	-26.5
住宿和餐饮业	12.9	41.9	45.2	-32.3	-23.7	-25.6	-47.1	-16.7
房地产业	30.0	37.5	32.5	-2.5	-47.4	-72.6	-6.8	-44.4
租赁和商务服务业	25.0	54.5	20.5	4.5	-21.5	-10.5	-18.0	-35.3
食品、酒及饮料制造业	18.9	36.7	44.4	-25.5	-21.6	-22.7	-22.1	-14.8
纺织业	12.5	34.4	53.1	-40.6	-53.3	-46.7	-44.4	-45.3
纺织服装、服饰业	23.7	34.2	42.1	-18.4	-42.2	-29.2	-32.9	-42.8
造纸及纸制品业	14.3	35.7	50.0	-35.7	-42.9	-38.7	-13.1	-46.7
化学原料及化学制品制造业	17.6	39.2	43.2	-25.6	-48.9	-13.2	-18.7	-25.8
医药制造业	27.9	37.2	34.9	-7.0	-5.6	7.2	11.5	17.4
化学纤维制造业		54.5	45.5	-45.5	-56.1	-18.7	-56.5	-60.0
橡胶及塑料制品业	17.1	44.3	38.6	-21.5	-39.7	-20.8	-23.2	-40.5
非金属矿物制品业	17.6	32.4	50.0	-32.4	-51.4	-36.9	-29.6	-47.0
黑色金属冶炼及压延加工业	21.1	36.8	42.1	-21.0	-78.6	-23.6	-45.0	-61.3
有色金属冶炼及压延加工业	33.3	26.7	40.0	-6.7	-27.0	-31.1	-30.7	-44.4
金属制品业	17.2	41.4	41.4	-24.2	-54.3	-13.4	-5.8	-36.0
通用设备制造业	14.7	31.0	54.3	-39.6	-62.4	-37.9	-28.5	-58.8
专用设备制造业	24.1	29.9	46.0	-21.9	-45.3	-27.9	-10.7	-32.9
汽车制造业	48.4	25.8	25.8	22.6	-45.2	-2.9	-1.1	-63.0
铁路、船舶、航空航天及其他运输设备制造业	31.6	42.1	26.3	5.3	-13.0	-31.6	-46.3	-47.0
电气机械及器材制造业	15.5	36.6	47.9	-32.4	-42.1	-8.9	-13.2	-40.0
计算机、通信及其他电子设备制造业	27.8	41.6	30.6	-2.8	-15.3	0.0	-7.1	-39.1
仪器仪表制造业	11.1	55.6	33.3	-22.2	-35.4	-6.0	-4.8	-25.1

调查还发现，四季度企业订货降势趋缓。调查结果显示，预计四季度订货“增加”的企业家占24.4%，“持平”的占49.6%，“减少”的占26%；预计“减少”的比“增加”的多1.6个百分点，要好于2015年的调查结果（见表7.22）。调查表明，从目前和未来的订货情况看，市场需求有所回暖。

表7.22　　不同地区企业对今年四季度订货情况的预计（%）

		增加	持平	减少	增加－减少
总体	2016年	24.4	49.6	26.0	－1.6
	2015年	24.7	44.3	31.0	－6.3
	2014年	28.5	47.3	24.2	4.3
	2013年	32.1	45.0	22.9	9.2
	2012年	26.5	43.3	30.2	－3.7
“长三角”地区企业		22.5	52.2	25.3	－2.8
“珠三角”地区企业		33.8	41.5	24.7	9.1
“京津冀”地区企业		28.3	42.7	29.0	－0.7

从不同地区看，“珠三角”地区企业未来订货情况最好，“京津冀”地区企业居中，“长三角”地区企业相对较差。从不同行业看，预计四季度订货增加较多的行业有：农林牧渔业、电力热力燃气及水的生产和供应业、信息传输软件和信息技术服务业、租赁和商务服务业以及制造业中的食品、医药、汽车、铁路船舶航空航天及其他运输设备、电子设备、仪器仪表等，其订货“增加”的比“减少”的多10个百分点以上；而建筑业、交通运输仓储和邮政业以及制造业中的纺织、服装、造纸、非金属制品、钢铁、通用设备、专用设备则相对较差，订货“减少”的比“增加”的多10个百分点以上（见表7.22、表7.23）。

表7.23　　不同行业企业对今年四季度订货情况的预计（%）

	增加	持平	减少	增加－减少				
				2016	2015	2014	2013	2012
总体	24.4	49.6	26.0	－1.6	－6.3	4.3	9.2	－3.7
农林牧渔业	31.1	60.0	8.9	22.2	0.0	31.2	25.7	9.3
采矿业	21.4	57.2	21.4	0.0	0.0	－8.0	0.0	－9.7

续表

	增加	持平	减少	增加－减少				
				2016	2015	2014	2013	2012
制造业	25.0	47.5	27.5	－2.5	－9.9	3.2	6.9	－6.6
电力、热力、燃气及水的生产和供应业	40.0	50.0	10.0	30.0	19.1	42.9	15.3	－4.6
建筑业	16.3	48.7	35.0	－18.7	－10.5	－9.9	24.4	3.5
交通运输、仓储和邮政业	13.8	55.2	31.0	－17.2	－13.5	－5.5	13.5	－6.4
信息传输、软件和信息技术服务业	37.9	51.8	10.3	27.6	29.0	44.8	30.7	25.3
批发和零售业	27.0	46.7	26.3	0.7	－3.0	1.2	6.9	5.1
住宿和餐饮业	21.9	53.1	25.0	－3.1	－13.1	0.0	－8.8	8.7
房地产业	16.7	64.3	19.0	－2.3	－5.1	－8.5	21.6	－10.0
租赁和商务服务业	32.6	53.4	14.0	18.6	－6.2	－5.2	－3.8	－21.2
食品、酒及饮料制造业	37.0	38.0	25.0	12.0	12.7	18.2	17.6	33.3
纺织业	7.7	58.5	33.8	－26.1	－19.6	－7.2	2.4	－9.9
纺织服装、服饰业	17.9	51.3	30.8	－12.9	－11.1	6.9	2.1	－22.7
造纸及纸制品业	21.4	42.9	35.7	－14.3	－4.8	－12.5	17.5	6.4
化学原料及化学制品制造业	24.3	53.4	22.3	2.0	－5.4	12.1	10.4	3.4
医药制造业	41.8	32.6	25.6	16.2	14.3	27.3	28.3	35.7
化学纤维制造业	27.3	36.3	36.4	－9.1	－31.2	17.7	－4.4	－36.0
橡胶及塑料制品业	27.1	47.2	25.7	1.4	－13.2	－0.9	5.6	－3.6
非金属矿物制品业	21.9	42.5	35.6	－13.7	－11.6	－5.8	2.8	－9.5
黑色金属冶炼及压延加工业	16.7	44.4	38.9	－22.2	－32.1	－14.7	－5.0	－33.3
有色金属冶炼及压延加工业	28.6	42.8	28.6	0.0	0.0	15.6	－3.9	－7.4
金属制品业	29.1	45.4	25.5	3.6	－30.5	－0.8	0.0	－22.8
通用设备制造业	16.4	50.8	32.8	－16.4	－33.5	－14.5	－14.2	－18.0
专用设备制造业	23.7	40.7	35.6	－11.9	－12.4	2.7	4.3	－13.6
汽车制造业	45.2	45.1	9.7	35.5	－16.1	26.3	22.9	－13.2
铁路、船舶、航空航天及其他运输设备制造业	36.8	47.4	15.8	21.0	－8.7	－10.5	35.7	－17.2
电气机械及器材制造业	28.6	51.4	20.0	8.6	－13.1	0.0	20.9	－9.6
计算机、通信及其他电子设备制造业	33.3	61.1	5.6	27.7	32.7	10.2	19.4	5.2
仪器仪表制造业	16.7	77.7	5.6	11.1	0.0	22.8	14.0	－9.5

由于市场需求的回稳，企业家预计未来产品价格的跌势趋缓。调查结果显示，预计明年企业产品销售价格“下降”的企业家占30.4%，比“上升”的多14.3个百分点，这一数据要好于2015年的调查结果；预计价格“持平”的占53.5%（见表7.24）。

从不同行业看，预计明年价格下跌较多的行业有：交通运输仓储和邮政业以及制造业中的服装、非金属制品、金属制品、通用设备、专用设备、汽车、电气机械、电子设备等，预计价格“下降”的比“上升”的多30个百分点左右，而农林牧渔业、信息传输软件和信息技术服务业、房地产业、租赁和商务服务业则相对乐观，预计价格“上升”的企业要多于“下降”的企业（见表7.24）。

表7.24　　相对于今年，不同行业企业对明年销售价格的预计（%）

	上升	持平	下降	上升-下降				
				2016	2015	2014	2013	2012
总体	16.1	53.5	30.4	-14.3	-15.8	-11.9	-1.7	-5.6
农林牧渔业	37.8	37.8	24.4	13.4	6.0	13.3	27.1	27.1
采矿业	14.3	71.4	14.3	0.0	-40.0	-30.8	-18.5	-4.7
制造业	12.2	53.7	34.1	-21.9	-26.4	-16.8	-9.3	-12.9
电力、热力、燃气及水的生产和供应业	21.4	42.9	35.7	-14.3	-17.4	-3.3	12.7	20.4
建筑业	15.7	53.0	31.3	-15.6	-10.1	-7.2	12.7	12.2
交通运输、仓储和邮政业	13.8	44.8	41.4	-27.6	-10.8	-5.3	14.9	2.9
信息传输、软件和信息技术服务业	37.5	43.7	18.8	18.7	14.5	18.6	5.0	7.8
批发和零售业	23.5	49.4	27.1	-3.6	2.0	-6.4	9.6	8.9
住宿和餐饮业	14.3	64.3	21.4	-7.1	20.0	24.3	21.0	28.3
房地产业	34.0	52.0	14.0	20.0	-1.7	7.8	39.3	22.4
租赁和商务服务业	19.1	68.1	12.8	6.3	3.0	18.2	5.4	5.8
食品、酒及饮料制造业	19.6	57.7	22.7	-3.1	6.9	21.7	24.9	34.9
纺织业	13.6	59.1	27.3	-13.7	-24.0	-17.7	-5.4	3.3
纺织服装、服饰业	2.5	62.5	35.0	-32.5	-33.3	-15.6	5.3	-8.4

续表

	上升	持平	下降	上升－下降				
				2016	2015	2014	2013	2012
造纸及纸制品业	31.3	25.0	43.7	-12.4	-23.8	-34.4	-2.2	-15.3
化学原料及化学制品制造业	16.8	52.5	30.7	-13.9	-13.0	-12.7	-10.9	-4.2
医药制造业	27.3	40.9	31.8	-4.5	-11.1	-24.4	-15.7	-7.1
化学纤维制造业	18.2	45.4	36.4	-18.2	-18.7	-5.9	-13.0	7.7
橡胶及塑料制品业	18.8	59.5	21.7	-2.9	-26.8	-17.2	-9.5	-16.5
非金属矿物制品业	10.8	48.7	40.5	-29.7	-26.5	-12.4	-15.3	-16.1
黑色金属冶炼及压延加工业	21.1	52.6	26.3	-5.2	-39.3	0.0	2.5	-35.1
有色金属冶炼及压延加工业	20.0	60.0	20.0	0.0	-19.2	-6.2	-6.0	0.0
金属制品业	12.1	44.8	43.1	-31.0	-39.4	-14.0	-16.2	-23.9
通用设备制造业	2.5	63.6	33.9	-31.4	-39.4	-28.4	-21.9	-25.3
专用设备制造业	5.0	55.4	39.6	-34.6	-31.6	-20.5	-19.7	-30.0
汽车制造业	9.7	32.3	58.0	-48.3	-59.7	-45.8	-29.5	-34.2
铁路、船舶、航空航天及其他运输设备制造业	31.6	47.3	21.1	10.5	-17.4	-10.5	-3.6	-20.0
电气机械及器材制造业	8.1	56.8	35.1	-27.0	-41.7	-31.0	-12.2	-15.2
计算机、通信及其他电子设备制造业	13.5	24.3	62.2	-48.7	-30.8	-44.9	-26.8	-40.7
仪器仪表制造业	5.6	66.6	27.8	-22.2	-44.2	-11.4	-14.0	-16.9

在订货降势趋缓的背景下，企业家预计未来企业经营状况将温和改善。调查结果显示，预计四季度企业经营状况将“好转”的企业家占28.2%，预计“不变”的占60.7%，预计“恶化”的占11.1%；预计“好转”的比“恶化”的多17.1个百分点，比2015年的调查结果上升了3.6个百分点（见表7.25）。

从不同地区看，中部地区企业预计“好转”的比“恶化”的多22.6个百分点，高于东部和西部地区；“京津冀”地区企业对四季度预计最为乐观，“长三角”地区企业居中，“珠三角”地区企业则相对较差（见表7.25）。

从不同规模看，大型企业更为乐观；从不同经济类型看，国有及国有控股公司和民营企业预计“好转”的比“恶化”的多15个百分点以上，高于外资企业（见表7.25）。

从不同行业看，对四季度预计较为乐观的行业有：农林牧渔业、采矿业、信息传输软件和信息技术服务业以及制造业中的医药、汽车等，预计“好转”的比“恶化”的多30个百分点以上，而电力热力燃气及水的生产和供应业、交通运输仓储和邮政业以及制造业中的纺织、化纤、钢铁、金属制品和专用设备等行业则相对较差（见表7.25）。

表7.25　对今年四季度综合经营状况的预计（%）

	四季度经营状况预计			好转－恶化				
	好转	不变	恶化	2016	2015	2014	2013	2012
总体	28.2	60.7	11.1	17.1	13.5	17.3	20.9	13.2
东部地区企业	26.8	62.5	10.7	16.1	11.4	15.9	20.1	11.5
中部地区企业	31.8	59.0	9.2	22.6	18.7	19.0	25.0	16.9
西部地区企业	28.0	57.3	14.7	13.3	13.7	22.2	18.7	16.5
“长三角”地区企业	24.1	66.0	9.9	14.2	4.8	13.7	15.8	7.4
“珠三角”地区企业	25.9	55.6	18.5	7.4	17.9	18.2	28.0	13.1
“京津冀”地区企业	34.9	51.0	14.1	20.8	24.5	24.9	25.4	17.3
大型企业	29.7	60.0	10.3	19.4	15.1	18.2	21.5	16.9
中型企业	28.3	60.1	11.6	16.7	14.1	18.1	22.6	16.8
小型企业	27.8	61.2	11.0	16.8	13.0	16.6	19.9	10.2
国有及国有控股公司	30.6	58.2	11.2	19.4	9.0	24.0	20.8	13.0
外资企业	16.4	68.5	15.1	1.3	10.8	18.2	16.8	9.1
民营企业	28.0	60.8	11.2	16.8	13.4	15.6	20.1	12.2
农林牧渔业	41.3	56.5	2.2	39.1	34.0	41.4	36.1	38.2
采矿业	57.2	35.7	7.1	50.1	5.0	0.0	7.1	4.9
制造业	25.5	62.2	12.3	13.2	6.5	15.2	17.1	9.6
电力、热力、燃气及水的生产和供应业	20.0	66.7	13.3	6.7	17.4	37.5	29.0	19.6
建筑业	31.9	58.5	9.6	22.3	18.9	21.1	37.7	18.1
交通运输、仓储和邮政业	12.9	77.4	9.7	3.2	15.0	16.7	15.7	21.3
信息传输、软件和信息技术服务业	50.0	46.9	3.1	46.9	39.5	50.0	45.5	46.9
批发和零售业	27.4	62.8	9.8	17.6	20.0	13.2	22.9	16.1

续表

	四季度经营状况预计			好转 – 恶化				
	好转	不变	恶化	2016	2015	2014	2013	2012
住宿和餐饮业	37.0	47.8	15.2	21.8	34.2	34.9	30.6	26.3
房地产业	33.3	62.8	3.9	29.4	25.8	16.9	27.8	26.1
租赁和商务服务业	33.3	57.9	8.8	24.5	30.1	4.1	24.1	0.0
食品、酒及饮料制造业	33.7	55.1	11.2	22.5	22.2	32.5	32.4	34.1
纺织业	20.0	60.0	20.0	0.0	10.8	6.2	9.0	7.1
纺织服装、服饰业	23.1	66.6	10.3	12.8	2.3	19.7	14.9	5.9
造纸及纸制品业	17.6	76.5	5.9	11.7	0.0	6.3	19.2	14.5
化学原料及化学制品制造业	26.2	62.1	11.7	14.5	11.4	24.2	13.1	16.1
医药制造业	34.9	60.4	4.7	30.2	27.8	28.9	35.9	34.3
化学纤维制造业	18.2	54.5	27.3	–9.1	–18.8	31.3	–13.1	0.0
橡胶及塑料制品业	25.7	64.3	10.0	15.7	12.1	8.6	21.7	10.2
非金属矿物制品业	32.4	48.7	18.9	13.5	1.0	6.7	5.6	12.2
黑色金属冶炼及压延加工业	5.3	63.1	31.6	–26.3	–21.4	–2.9	0.0	–12.5
有色金属冶炼及压延加工业	26.7	60.0	13.3	13.4	0.0	6.2	1.9	–1.9
金属制品业	19.0	70.7	10.3	8.7	–12.1	0.9	13.8	–0.6
通用设备制造业	22.9	64.4	12.7	10.2	–14.7	8.1	7.7	0.0
专用设备制造业	25.9	56.8	17.3	8.6	9.6	16.6	18.2	2.3
汽车制造业	38.7	58.1	3.2	35.5	–3.2	23.6	18.8	2.8
铁路、船舶、航空航天及其他运输设备制造业	26.3	73.7		26.3	25.0	5.2	39.3	14.3
电气机械及器材制造业	29.3	56.0	14.7	14.6	3.6	15.4	21.7	10.8
计算机、通信及其他电子设备制造业	32.4	62.2	5.4	27.0	23.1	28.6	26.7	15.6
仪器仪表制造业	15.8	84.2		15.8	17.7	37.1	28.6	–7.6

调查发现，企业家对明年的预计比对四季度的预计乐观。调查结果显示，预计明年经营状况“好转”的企业家占36.6%，预计“不变”的占49.3%，预计“恶化”的占14.1%；预计“好转”的比“恶化”的多22.5个百分点，这一数据比对四季度的预计上升了5.4个百分点（见表7.25、表7.26）。

表7.26　不同地区、规模及经济类型企业对明年综合经营状况的预计（%）

	好转	不变	恶化	好转－恶化				
				2016	2015	2014	2013	2012
总体	36.6	49.3	14.1	22.5	22.0	25.2	29.1	24.6
东部地区企业	32.0	53.1	14.9	17.1	17.4	24.5	28.6	21.9
中部地区企业	45.6	42.5	11.9	33.7	30.8	26.5	31.2	29.9
西部地区企业	39.8	45.8	14.4	25.4	25.7	26.3	28.1	29.8
“长三角”地区企业	26.7	58.0	15.3	11.4	10.0	20.6	23.3	16.2
“珠三角”地区企业	25.9	58.1	16.0	9.9	16.5	24.1	28.6	21.7
“京津冀”地区企业	47.6	38.8	13.6	34.0	36.5	38.8	35.7	29.9
大型企业	35.4	49.2	15.4	20.0	15.1	21.1	21.0	23.9
中型企业	35.8	49.0	15.2	20.6	21.4	23.5	33.1	26.8
小型企业	36.8	49.6	13.6	23.2	23.0	26.5	28.4	23.1
国有及国有控股公司	33.3	52.6	14.1	19.2	6.4	24.5	28.0	21.7
外资企业	19.2	64.4	16.4	2.8	5.4	25.6	31.5	18.5
民营企业	37.3	48.4	14.3	23.0	22.5	24.0	28.9	25.0

从不同地区看，中部地区企业预计“好转”的比“恶化”的多33.7个百分点，高于东部和西部地区企业；“京津冀”地区企业最为乐观，“长三角”地区企业居中，“珠三角”地区企业则相对较差；从不同规模看，

小型企业对明年更为乐观；从不同经济类型看，民营企业预计“好转”的比“恶化”的多23个百分点，相对乐观（见表7.26）。

从不同行业看，对明年预计较为乐观的行业有：农林牧渔业、信息传输软件和信息技术服务业、房地产业以及制造业中的食品、汽车、仪器仪表等，预计“好转”的比“恶化”的多40个百分点以上，而交通运输仓储和邮政业以及制造业中的纺织、服装、化纤、钢铁、有色金属等行业则相对较差（见表7.27）。

表 7.27　不同行业企业对明年综合经营状况的预计（%）

	好转	不变	恶化	好转－恶化				
				2016	2015	2014	2013	2012
总体	36.6	49.3	14.1	22.5	22.0	25.2	29.1	24.6
农林牧渔业	51.1	40.0	8.9	42.2	28.0	41.0	53.6	41.6
采矿业	42.9	50.0	7.1	35.8	10.0	－7.7	－7.4	35.7
制造业	33.1	51.8	15.1	18.0	16.8	25.4	25.9	20.8
电力、热力、燃气及水的生产和供应业	33.3	53.4	13.3	20.0	18.2	21.8	34.0	41.1
建筑业	42.6	45.7	11.7	30.9	21.2	24.0	41.2	27.9
交通运输、仓储和邮政业	16.1	61.3	22.6	－6.5	20.0	16.7	21.6	24.0
信息传输、软件和信息技术服务业	68.7	18.8	12.5	56.2	51.7	54.9	50.5	55.6
批发和零售业	34.7	51.5	13.8	20.9	23.1	13.4	29.7	24.8
住宿和餐饮业	41.3	39.1	19.6	21.7	42.5	32.6	24.6	28.1
房地产业	53.0	39.2	7.8	45.2	30.7	36.4	50.4	55.6
租赁和商务服务业	36.8	52.7	10.5	26.3	24.7	4.2	23.8	23.5
食品、酒及饮料制造业	53.2	38.5	8.3	44.9	40.8	38.4	40.7	40.5
纺织业	21.2	56.1	22.7	－1.5	14.8	17.4	18.2	21.0
纺织服装、服饰业	10.3	69.2	20.5	－10.2	0.0	15.8	8.6	6.8
造纸及纸制品业	35.3	64.7		35.3	14.3	18.8	19.5	10.6
化学原料及化学制品制造业	37.9	51.4	10.7	27.2	25.8	39.6	29.3	29.0
医药制造业	51.3	34.1	14.6	36.7	29.7	38.7	35.9	30.0
化学纤维制造业	18.2	45.4	36.4	－18.2	6.2	0.0	－4.4	－11.5
橡胶及塑料制品业	31.0	59.1	9.9	21.1	9.7	31.1	28.0	23.7
非金属矿物制品业	31.1	45.9	23.0	8.1	13.1	18.6	17.3	20.0
黑色金属冶炼及压延加工业	15.8	68.4	15.8	0.0	－10.7	21.8	15.0	5.4
有色金属冶炼及压延加工业	33.4	33.3	33.3	0.1	11.6	6.4	6.0	24.5
金属制品业	20.7	65.5	13.8	6.9	－1.9	13.9	18.3	10.1
通用设备制造业	23.9	59.0	17.1	6.8	6.7	18.7	24.3	14.4
专用设备制造业	35.3	44.6	20.1	15.2	22.6	23.5	30.8	14.6

续表

	好转	不变	恶化	好转－恶化				
				2016	2015	2014	2013	2012
汽车制造业	48.4	48.4	3.2	45.2	－1.6	31.4	37.9	20.0
铁路、船舶、航空航天及其他运输设备制造业	57.9	36.8	5.3	52.6	26.2	15.7	46.5	17.1
电气机械及器材制造业	25.7	55.4	18.9	6.8	13.1	26.5	31.3	26.0
计算机、通信及其他电子设备制造业	36.1	55.6	8.3	27.8	26.9	32.7	36.3	22.1
仪器仪表制造业	42.1	57.9		42.1	14.7	45.7	38.1	23.6

从盈利情况看，企业家预计下半年盈利将有所改善。调查结果显示，预计2016年下半年盈利的企业家占56.1%，比上半年实际盈利的企业提高了5个百分点，也高于2015年的调查结果，其中“较大盈利”占7.4%，“略有盈余”占48.7%；预计“收支平衡”的占26.6%；预计亏损的占17.3%（见表7.12、表7.28）。

表7.28 对2016年下半年盈利状况的预计（%）

年份	较大盈利	略有盈余	收支平衡	亏损	严重亏损
2016	7.4	48.7	26.6	14.3	3.0
2015	6.0	43.8	26.3	20.1	3.8
2014	6.9	49.8	23.4	17.0	2.9
2013	8.0	46.2	25.4	18.5	1.9
2012	5.4	46.0	25.1	19.9	3.6
2011	8.3	51.1	23.2	15.2	2.2
2010	15.1	58.2	18.2	7.8	0.7
2009	9.8	51.7	22.3	14.5	1.7
2008	11.0	52.9	19.9	13.7	2.5

基于对企业经营状况温和改善的判断，尽管经济面临着国际市场的不确定性以及国内产能过剩等多重压力，企业家仍预计我国经济将延续L型基本平稳的走势。关于对今明两年我国GDP增速的预计，调查结果显示，企业家预计

2016年我国GDP增速的中位数为6.5%，其中预计GDP增速在“6%以下”的占16.3%，“6%～6.5%”的占50.1%，“6.5%～7%”的占28.3%，“7%以上”的占5.3%；预计2017年我国GDP增速的中位数为6.3%，比对2016年的预计下降了0.2个百分点，其中预计GDP增速在“6%以下”的占21.9%，“6%～6.5%”的占47%，“6.5%～7%”的占21.6%，“7%以上”的占9.5%（见表7.29）。

表7.29　对2016年、2017年我国GDP增长的预计（%）

		6%以下	6%～6.5%	6.5%～7%	7%以上	中位数
2016年	总体	16.3	50.1	28.3	5.3	6.5
	东部地区企业	15.0	51.9	28.8	4.3	6.5
	中部地区企业	17.4	49.2	28.7	4.7	6.5
	西部地区企业	18.9	45.5	26.3	9.3	6.5
2017年	总体	21.9	47.0	21.6	9.5	6.3
	东部地区企业	21.5	48.8	21.2	8.5	6.3
	中部地区企业	22.0	44.4	24.3	9.3	6.3
	西部地区企业	23.1	43.7	19.8	13.4	6.5

注：中位数是一组数据按从小到大（或从大到小）的顺序依次排列时，处在中间位置的一个数。不受分布数列的极大或极小值影响。

7.2.2　用工需求和投资计划分化态势明显

随着企业家对未来预期的温和改善，企业的用工和投资计划也保持平稳。调查结果显示，认为目前企业用工人数与去年“持平”的企业家占45.3%，“增加”的占17.2%，两者合计比重超过六成；认为“减少”的占37.5%。其中，中西部地区企业、大中型企业和国有及国有控股公司用工人数增长相对较多（见表7.30）。

从不同行业看，服务业尤其现代服务业用工人数增长相对较多。具体来看，目前用工人数增长较多的行业有：电力热力燃气及水的生产和供应业、信息传输软件和信息技术服务业、租赁和商务服务业，用工人数“增加”或“持平”的企业超过八成，而采矿业以及制造业中的非金属制品、通用设备等行业用工人数“减少”的企业超过半数（见表7.30）。

表 7.30　　相对于去年，企业目前的用工人数情况（%）

		增加	持平	减少	增加－减少
总体	2016 年	17.2	45.3	37.5	62.5
	2015 年	14.9	48.0	37.1	62.9
	2014 年	20.2	47.0	32.8	67.2
	2013 年	23.5	46.7	29.8	70.2
	2012 年	20.0	46.7	33.3	66.7
东部地区企业		15.9	45.8	38.3	61.7
中部地区企业		19.3	45.0	35.7	64.3
西部地区企业		18.6	44.4	37.0	63.0
大型企业		22.7	45.9	31.4	68.6
中型企业		23.1	44.0	32.9	67.1
小型企业		14.2	45.7	40.1	59.9
国有及国有控股公司		22.9	45.0	32.1	67.9
外资企业		17.8	43.8	38.4	61.6
民营企业		16.2	46.4	37.4	62.6
第一产业：农林牧渔业		19.6	50.0	30.4	69.6
第二产业：		15.6	42.8	41.6	58.4
其中：采矿业			21.4	78.6	21.4
制造业		15.1	43.0	41.9	58.1
电力、热力、燃气及水的生产和供应业		35.7	50.0	14.3	85.7
建筑业		21.6	42.0	36.4	63.6
第三产业：		21.0	51.5	27.5	72.5
其中：交通运输、仓储和邮政业		16.7	56.6	26.7	73.3
信息传输、软件和信息技术服务业		43.8	43.7	12.5	87.5
批发和零售业		15.9	54.2	29.9	70.1
住宿和餐饮业		14.6	56.1	29.3	70.7
房地产业		12.0	52.0	36.0	64.0
租赁和商务服务业		32.7	51.9	15.4	84.6
食品、酒及饮料制造业		16.7	53.1	30.2	69.8
纺织业		7.6	43.9	48.5	51.5
纺织服装、服饰业		15.4	38.5	46.1	53.9

续表

	增加	持平	减少	增加 - 减少
造纸及纸制品业	5.9	58.8	35.3	64.7
化学原料及化学制品制造业	14.9	45.5	39.6	60.4
医药制造业	27.3	43.2	29.5	70.5
化学纤维制造业		63.6	36.4	63.6
橡胶及塑料制品业	14.7	54.4	30.9	69.1
非金属矿物制品业	6.8	43.2	50.0	50.0
黑色金属冶炼及压延加工业	15.8	42.1	42.1	57.9
有色金属冶炼及压延加工业	6.7	53.3	40.0	60.0
金属制品业	10.5	43.9	45.6	54.4
通用设备制造业	7.7	36.8	55.5	44.5
专用设备制造业	16.7	37.7	45.6	54.4
汽车制造业	41.9	35.5	22.6	77.4
铁路、船舶、航空航天及其他运输设备制造业	26.3	42.1	31.6	68.4
电气机械及器材制造业	16.2	37.8	46.0	54.0
计算机、通信及其他电子设备制造业	29.7	40.6	29.7	70.3
仪器仪表制造业	31.6	36.8	31.6	68.4

调查还发现，企业家预计明年用工人数仍将保持平稳。调查结果显示，预计明年用工人数“持平”的企业家占51.8%，“增加”的占21.6%，“减少”的占26.6%。其中，中部地区企业、中型企业、民营企业明年计划用工人数增长相对较多（见表7.31）。

表7.31　对明年企业用工人数的预计（%）

		增加	持平	减少	增加 - 减少
总体	2016年	21.6	51.8	26.6	73.4
	2015年	21.6	50.6	27.8	72.2
	2014年	31.0	50.7	18.3	81.7
	2013年	35.3	48.6	16.1	83.9
	2012年	32.3	47.4	20.3	79.7
东部地区企业		20.1	53.1	26.8	73.2
中部地区企业		24.4	51.9	23.7	76.3
西部地区企业		22.9	47.2	29.9	70.1

续表

	增加	持平	减少	增加－减少
大型企业	18.9	52.1	29.0	71.0
中型企业	22.3	52.8	24.9	75.1
小型企业	21.8	51.3	26.9	73.1
国有及国有控股公司	19.4	50.8	29.8	70.2
外资企业	12.5	56.9	30.6	69.4
民营企业	21.9	51.9	26.2	73.8
第一产业：农林牧渔业	26.7	51.1	22.2	77.8
第二产业：	20.2	50.9	28.9	71.1
其中：采矿业	7.7	46.1	46.2	53.8
制造业	20.4	51.8	27.8	72.2
电力、热力、燃气及水的生产和供应业	23.1	61.5	15.4	84.6
建筑业	19.0	38.0	43.0	57.0
第三产业：	24.8	54.0	21.2	78.8
其中：交通运输、仓储和邮政业	6.9	75.9	17.2	82.8
信息传输、软件和信息技术服务业	40.6	46.9	12.5	87.5
批发和零售业	24.8	52.3	22.9	77.1
住宿和餐饮业	25.0	52.5	22.5	77.5
房地产业	28.6	42.8	28.6	71.4
租赁和商务服务业	28.3	56.5	15.2	84.8
食品、酒及饮料制造业	22.5	47.2	30.3	69.7
纺织业	19.7	52.4	27.9	72.1
纺织服装、服饰业	21.1	57.8	21.1	78.9
造纸及纸制品业	20.0	33.3	46.7	53.3
化学原料及化学制品制造业	22.1	59.0	18.9	81.1
医药制造业	42.9	38.1	19.0	81.0
化学纤维制造业	18.2	45.4	36.4	63.6
橡胶及塑料制品业	25.8	57.5	16.7	83.3
非金属矿物制品业	9.9	53.5	36.6	63.4
黑色金属冶炼及压延加工业	11.1	55.6	33.3	66.7
有色金属冶炼及压延加工业	20.0	53.3	26.7	73.3

续表

	增加	持平	减少	增加－减少
金属制品业	15.5	46.6	37.9	62.1
通用设备制造业	14.5	52.8	32.7	67.3
专用设备制造业	19.3	50.3	30.4	69.6
汽车制造业	36.7	36.6	26.7	73.3
铁路、船舶、航空航天及其他运输设备制造业	57.9	31.6	10.5	89.5
电气机械及器材制造业	16.7	55.5	27.8	72.2
计算机、通信及其他电子设备制造业	19.4	61.2	19.4	80.6
仪器仪表制造业	27.8	61.1	11.1	88.9

从不同行业看，服务业和农业明年计划用工人数增长相对较多。具体来看，目前用工人数增长较多的行业有：交通运输仓储和邮政业、电力热力燃气及水的生产和供应业、信息传输软件和信息技术服务业、租赁和商务服务业以及制造业中的化工、医药、橡胶塑料、铁路船舶航空航天及其他运输设备、电子设备、仪器仪表等，用工人数“增加”或“持平”的企业超过八成，而采矿业、建筑业以及制造业中的造纸等行业预计明年用工人数“减少”的企业超过四成（见表 7.31）。

调查表明，用工计划的变化一定程度上体现了结构调整与产业结构升级的方向，服务业尤其是现代服务业、高端装备制造业用工趋于增长，而传统制造业的用工需求趋于减弱。

保障充分就业是经济发展的重要目标，而目前我国的就业存在明显的结构问题。本次调查了解了企业明年招收农民工和大学毕业生的情况。调查发现，明年企业对大学生的需求要明显高于农民工。调查结果显示，明年计划招收农民工数量“减少”的企业占 34.4%，“持平”的占 49.9%，“增加”的占 15.7%，“减少”的比“增加”的多 18.7 个百分点。其中，西部地区企业、大型企业、国有及国有控股公司和外资企业明年计划招收农民工数量减少相对较多（见表 7.32）。

表 7.32　不同地区、规模及经济类型企业明年计划招收农业工数量的增减情况（%）

		增加	持平	减少	增加－减少
总体	2016 年	15.7	49.9	34.4	65.6
	2015 年	14.2	49.8	36.0	64.0
	2014 年	23.2	51.0	25.8	74.2
	2013 年	28.9	49.3	21.8	78.2
	2012 年	27.8	47.9	24.3	75.7
东部地区企业		13.7	51.9	34.4	65.6
中部地区企业		18.9	48.3	32.8	67.2
西部地区企业		18.2	45.7	36.1	63.9
大型企业		12.7	42.3	45.0	55.0
中型企业		16.9	50.8	32.3	67.7
小型企业		15.6	50.6	33.8	66.2
国有及国有控股公司		8.8	43.1	48.1	51.9
外资企业		6.0	56.7	37.3	62.7
民营企业		16.8	49.6	33.6	66.4

从不同行业看，计划招收农民工数量减少较多的行业有：采矿业、建筑业、交通运输仓储和邮政业、信息传输软件和信息技术服务业以及制造业中的食品、化纤、专用设备、仪器仪表等，农民工招工计划“减少”企业超过四成（见表 7.33）。

表 7.33　不同行业企业明年计划招收农业工数量的增减情况（%）

		增加	持平	减少	增加－减少
总体	2016 年	15.7	49.9	34.4	65.6
	2015 年	14.2	49.8	36.0	64.0
	2014 年	23.2	51.0	25.8	74.2
	2013 年	28.9	49.3	21.8	78.2
	2012 年	27.8	47.9	24.3	75.7
第一产业：农林牧渔业		31.0	52.3	16.7	83.3
第二产业：		16.4	48.4	35.2	64.8
其中：采矿业		9.1	18.2	72.7	27.3
制造业		16.4	49.5	34.1	65.9

续表

	增加	持平	减少	增加 - 减少
电力、热力、燃气及水的生产和供应业	25.0	50.0	25.0	75.0
建筑业	17.1	38.2	44.7	55.3
第三产业：	12.1	53.8	34.1	65.9
其中：交通运输、仓储和邮政业	7.7	46.1	46.2	53.8
信息传输、软件和信息技术服务业	4.5	50.0	45.5	54.5
批发和零售业	10.7	57.9	31.4	68.6
住宿和餐饮业	18.4	55.3	26.3	73.7
房地产业	16.3	46.5	37.2	62.8
租赁和商务服务业	5.9	67.6	26.5	73.5
食品、酒及饮料制造业	15.9	41.5	42.6	57.4
纺织业	20.6	52.4	27.0	73.0
纺织服装、服饰业	17.1	60.0	22.9	77.1
造纸及纸制品业	28.6	35.7	35.7	64.3
化学原料及化学制品制造业	14.5	48.2	37.3	62.7
医药制造业	23.7	47.4	28.9	71.1
化学纤维制造业	10.0	50.0	40.0	60.0
橡胶及塑料制品业	24.6	47.7	27.7	72.3
非金属矿物制品业	10.8	52.3	36.9	63.1
黑色金属冶炼及压延加工业	14.3	57.1	28.6	71.4
有色金属冶炼及压延加工业	15.4	61.5	23.1	76.9
金属制品业	11.5	50.0	38.5	61.5
通用设备制造业	13.0	53.0	34.0	66.0
专用设备制造业	13.7	44.4	41.9	58.1
汽车制造业	32.0	44.0	24.0	76.0
铁路、船舶、航空航天及其他运输设备制造业	26.7	60.0	13.3	86.7
电气机械及器材制造业	14.1	51.5	34.4	65.6
计算机、通信及其他电子设备制造业	15.6	53.1	31.3	68.7
仪器仪表制造业	10.0	50.0	40.0	60.0

调查结果显示，明年计划招收大学毕业生数量“增加”的企业占38.6%，“持平”的占41.4%，“减少”的占20%，“增加”的比“减少”的多18.6个百分点，明显好于农民工的招工计划。其中，中部地区企业、中型企业、民营企业以及电力热力燃气及水的生产和供应业、信息传输软件和信息技术服务业、有色金属、汽车、电子设备等行业企业明年计划招收大学毕业生的数量增长相对较多（见表7.34）。

调查表明，总体来看，近年来企业用工呈现分化态势，一方面服务业尤其是现代服务业、高端装备制造业用工趋于增长，而传统制造业的用工需求趋于减弱；另一方面企业对大学生的需求要明显高于农民工，并且呈现持续增长的态势。这种分化态势在一定程度上也反映了近年来我国产业结构调整的成效初显。

表 7.34　　企业明年计划招收大学毕业生数量的增减情况（%）

		增加	持平	减少	增加 - 减少
总体	2016 年	38.6	41.4	20.0	80.0
	2015 年	38.4	41.5	20.1	79.9
	2014 年	43.4	41.5	15.1	84.9
	2013 年	46.4	38.7	14.9	85.1
	2012 年	45.8	39.1	15.1	84.9
东部地区企业		38.7	41.3	20.0	80.0
中部地区企业		39.4	44.2	16.4	83.6
西部地区企业		36.9	38.5	24.6	75.4
大型企业		42.6	38.9	18.5	81.5
中型企业		43.7	40.0	16.3	83.7
小型企业		35.9	42.2	21.9	78.1
国有及国有控股公司		31.7	45.0	23.3	76.7
外资企业		28.1	46.9	25.0	75.0
民营企业		39.5	40.1	20.4	79.6
第一产业：农林牧渔业		41.9	39.5	18.6	81.4
第二产业：		39.0	39.2	21.8	78.2
其中：采矿业		27.3	27.3	45.4	54.6
制造业		40.0	39.4	20.6	79.4
电力、热力、燃气及水的生产和供应业		40.0	60.0		100.0
建筑业		27.8	35.4	36.8	63.2
第三产业：		37.0	47.2	15.8	84.2
其中：交通运输、仓储和邮政业		40.0	44.0	16.0	84.0
信息传输、软件和信息技术服务业		41.9	48.4	9.7	90.3
批发和零售业		38.3	48.9	12.8	87.2

续表

	增加	持平	减少	增加－减少
住宿和餐饮业	28.6	51.4	20.0	80.0
房地产业	29.5	43.2	27.3	72.7
租赁和商务服务业	39.1	47.9	13.0	87.0
食品、酒及饮料制造业	38.8	38.8	22.4	77.6
纺织业	35.8	32.1	32.1	67.9
纺织服装、服饰业	27.3	45.4	27.3	72.7
造纸及纸制品业	26.7	46.6	26.7	73.3
化学原料及化学制品制造业	46.1	39.6	14.3	85.7
医药制造业	56.1	31.7	12.2	87.8
化学纤维制造业	50.0	25.0	25.0	75.0
橡胶及塑料制品业	35.9	45.3	18.8	81.2
非金属矿物制品业	24.6	37.7	37.7	62.3
黑色金属冶炼及压延加工业	43.7	31.3	25.0	75.0
有色金属冶炼及压延加工业	35.7	64.3		100.0
金属制品业	46.0	34.0	20.0	80.0
通用设备制造业	33.3	47.3	19.4	80.6
专用设备制造业	45.8	30.5	23.7	76.3
汽车制造业	55.6	37.0	7.4	92.6
铁路、船舶、航空航天及其他运输设备制造业	63.2	26.3	10.5	89.5
电气机械及器材制造业	35.5	43.5	21.0	79.0
计算机、通信及其他电子设备制造业	51.4	40.0	8.6	91.4
仪器仪表制造业	40.0	46.7	13.3	86.7

关于企业明年计划投资额的增减情况，调查结果显示，明年计划投资额“增长”的企业占33.9%，“不变”的占39.9%，两者合计比重超过七成；“减少”的占26.2%。其中，中型企业和国有及国有控股公司明年计划投资额增长相对较多（见表7.35）。

表 7.35 企业对明年计划投资额增减的预计（%）

		增加	持平	减少	增加-减少
总体	2016 年	33.9	39.9	26.2	73.8
	2015 年	34.0	40.5	25.5	74.5
	2014 年	36.7	40.8	22.5	77.5
	2013 年	44.1	36.8	19.1	80.9
	2012 年	42.1	36.7	21.2	78.8
东部地区企业		32.2	40.9	26.9	73.1
中部地区企业		36.1	39.4	24.5	75.5
西部地区企业		36.4	37.7	25.9	74.1
大型企业		38.0	33.3	28.7	71.3
中型企业		37.0	40.1	22.9	77.1
小型企业		32.1	40.7	27.2	72.8
国有及国有控股公司		36.4	41.9	21.7	78.3
外资企业		30.0	38.6	31.4	68.6
民营企业		33.2	40.1	26.7	73.3
第一产业：农林牧渔业		38.6	40.9	20.5	79.5
第二产业：		33.5	37.6	28.9	71.1
其中：采矿业		23.1	53.8	23.1	76.9
制造业		33.2	38.0	28.8	71.2
电力、热力、燃气及水的生产和供应业		71.5	21.4	7.1	92.9
建筑业		33.3	32.1	34.6	65.4
第三产业：		34.2	45.8	20.0	80.0
其中：交通运输、仓储和邮政业		30.0	40.0	30.0	70.0
信息传输、软件和信息技术服务业		53.1	34.4	12.5	87.5
批发和零售业		28.1	50.0	21.9	78.1
住宿和餐饮业		26.2	54.8	19.0	81.0
房地产业		40.9	36.7	22.4	77.6
租赁和商务服务业		32.0	52.0	16.0	84.0
食品、酒及饮料制造业		43.7	32.3	24.0	76.0
纺织业		18.8	37.5	43.7	56.3
纺织服装、服饰业		15.8	52.6	31.6	68.4

续表

	增加	持平	减少	增加 - 减少
造纸及纸制品业	29.4	35.3	35.3	64.7
化学原料及化学制品制造业	40.8	32.0	27.2	72.8
医药制造业	46.5	25.6	27.9	72.1
化学纤维制造业	10.0	30.0	60.0	40.0
橡胶及塑料制品业	31.3	44.8	23.9	76.1
非金属矿物制品业	21.6	46.0	32.4	67.6
黑色金属冶炼及压延加工业	38.9	22.2	38.9	61.1
有色金属冶炼及压延加工业	40.0	26.7	33.3	66.7
金属制品业	22.4	44.8	32.8	67.2
通用设备制造业	29.3	36.2	34.5	65.5
专用设备制造业	33.1	37.5	29.4	70.6
汽车制造业	61.2	32.3	6.5	93.5
铁路、船舶、航空航天及其他运输设备制造业	63.2	26.3	10.5	89.5
电气机械及器材制造业	32.9	42.4	24.7	75.3
计算机、通信及其他电子设备制造业	40.5	43.3	16.2	83.8
仪器仪表制造业	31.6	47.3	21.1	78.9

从不同行业看，明年计划投资额增长较多的行业有：电力热力燃气及水的生产和供应业、信息传输软件和信息技术服务业以及制造业中的汽车、铁路船舶航空航天及其他运输设备等，其计划投资额“增长”企业超过半数；而纺织、化纤等行业则相对较差，计划投资额“减少”的企业超过四成（见表 7.35）。

从企业最希望投资的行业也能看出企业未来投资意愿的增强。调查结果显示，当问及“如果目前条件成熟，您最希望投资哪个行业”时，选择继续投资“本行业”的企业家占 74%，为近 5 年来的最高值。从不同行业看，农林牧渔业、电力热力燃气及水的生产和供应业、信息传输软件和信息技术服务业以及制造业中的造纸、医药、有色金属、汽车、铁路船舶航空航天及其他运输设备、电气机械、仪器仪表等行业企业家投资本行业的意愿更强（见表 7.36）。

表 7.36　企业最希望投资的行业（%）

		本行业	其他行业
总体	2016 年	74.0	26.0
	2015 年	69.6	30.4
	2014 年	67.1	32.9
	2013 年	61.7	38.3
	2012 年	66.5	33.5
农林牧渔业		82.2	17.8
采矿业		64.3	35.7
制造业		74.7	25.3
电力、热力、燃气及水的生产和供应业		82.4	17.6
建筑业		69.1	30.9
交通运输、仓储和邮政业		61.8	38.2
信息传输、软件和信息技术服务业		80.0	20.0
批发和零售业		71.7	28.3
住宿和餐饮业		79.2	20.8
房地产业		66.1	33.9
租赁和商务服务业		66.1	33.9
食品、酒及饮料制造业		75.2	24.8
纺织业		61.2	38.8
纺织服装、服饰业		63.9	36.1
造纸及纸制品业		81.3	18.8
化学原料及化学制品制造业		72.6	27.4
医药制造业		81.4	18.6
化学纤维制造业		77.8	22.2
橡胶及塑料制品业		78.6	21.4
非金属矿物制品业		67.6	32.4
黑色金属冶炼及压延加工业		52.9	47.1
有色金属冶炼及压延加工业		80.0	20.0
金属制品业		74.5	25.5
通用设备制造业		73.1	26.9
专用设备制造业		75.4	24.6
汽车制造业		85.7	14.3
铁路、船舶、航空航天及其他运输设备制造业		94.7	5.3
电气机械及器材制造业		81.1	18.9
计算机、通信及其他电子设备制造业		77.1	22.9
仪器仪表制造业		90.0	10.0

7.3 当前企业发展面临的困难

7.3.1 产能过剩现象依然十分严重

本次调查了解了目前不同行业企业产能过剩的具体情况。调查结果显示，认为本行业产能过剩“非常严重”的企业家占13.1%，“比较严重”的占58.1%，两者合计比重略低于2015年的调查结果，但仍处于历史高位；认为“基本不存在”的占28.8%（见表7.37）。

表7.37 对本企业所在行业产能过剩情况的判断（%）

		非常严重	比较严重	基本不存在
总体	2016年	13.1	58.1	28.8
	2015年	16.1	58.6	25.3
	2014年	15.5	58.5	26.0
	2013年	12.8	58.3	28.9
	2012年	12.8	54.3	32.9
农林牧渔业		4.3	34.0	61.7
采矿业		21.4	50.0	28.6
制造业		15.4	60.5	24.1
电力、热力、燃气及水的生产和供应业		5.9	47.0	47.1
建筑业		11.2	65.3	23.5
交通运输、仓储和邮政业		23.5	50.0	26.5
信息传输、软件和信息技术服务业		5.9	44.1	50.0
批发和零售业		10.2	64.5	25.3
住宿和餐饮业		6.3	68.7	25.0
房地产业		14.3	58.9	26.8
租赁和商务服务业		8.5	35.6	55.9
食品、酒及饮料制造业		21.6	51.9	26.5
纺织业		15.5	73.2	11.3
纺织服装、服饰业		7.9	63.2	28.9
造纸及纸制品业		23.5	58.9	17.6

续表

	非常严重	比较严重	基本不存在
化学原料及化学制品制造业	9.5	70.5	20.0
医药制造业	11.9	54.8	33.3
化学纤维制造业	10.0	60.0	30.0
橡胶及塑料制品业	16.4	48.0	35.6
非金属矿物制品业	21.6	68.9	9.5
黑色金属冶炼及压延加工业	15.8	68.4	15.8
有色金属冶炼及压延加工业	18.8	43.7	37.5
金属制品业	10.3	67.3	22.4
通用设备制造业	28.9	57.9	13.2
专用设备制造业	12.0	65.5	22.5
汽车制造业	3.1	59.4	37.5
铁路、船舶、航空航天及其他运输设备制造业	21.1	42.1	36.8
电气机械及器材制造业	13.5	63.5	23.0
计算机、通信及其他电子设备制造业	13.5	62.2	24.3
仪器仪表制造业	9.1	54.5	36.4

从不同行业看，纺织、造纸、非金属制品、钢铁、通用设备等行业产能过剩问题突出，产能过剩“比较严重”或“非常严重”的企业超过八成；农林牧渔业、电力热力燃气及水的生产和供应业、信息传输软件和信息技术服务业、租赁和商务服务业则相对较好，超过四成的企业家认为“基本不存在”产能过剩（见表 7.37）。

调查表明，产能过剩存在明显的行业差异。在部分行业产能过剩问题突出的同时，也有一些行业特别是现代服务业存在良好的发展空间，这为推进产业结构升级和经济转型创造了良好的条件。

设备利用率也能反映产能过剩的严重程度。调查结果显示，认为 2016 年设备利用率在“75% 及以下”的企业家占 58%，“75% ~90%”的占 28.2%，“90% 以上”的占 13.8%，企业总体平均设备利用率为 68%，其中，制造业企业的平均设备利用率为 67.5%，与 2015 年的调查结果大体相当。从不同行业看，食品、造纸、非金属制品、通用设备等行业平均设备利用率低于 65%，相对较低；而纺织、电子设备等行业平均设备利用率相对较高（见表7.38）。

表7.38　　不同制造业企业今年的设备利用率情况（%）

		75%及以下	75%～90%	90%以上	平均设备利用率
总体	2016年	58.0	28.2	13.8	68.0
	2015年	58.6	29.9	11.5	67.8
	2014年	50.9	32.8	16.3	72.2
	2013年	51.2	32.9	15.9	72.0
	2012年	49.2	34.1	16.7	72.7
制造业总体	2016年	60.0	27.0	13.0	67.5
	2015年	62.5	28.2	9.3	66.6
	2014年	53.9	32.4	13.7	71.0
	2013年	54.8	32.7	12.5	70.8
	2012年	52.0	33.8	14.2	71.8
食品、酒及饮料制造业		68.7	20.2	11.1	60.9
纺织业		44.3	31.4	24.3	75.2
纺织服装、服饰业		65.8	15.8	18.4	70.8
造纸及纸制品业		88.2	5.9	5.9	62.6
化学原料及化学制品制造业		61.4	22.8	15.8	67.0
医药制造业		46.3	31.7	22.0	70.7
化学纤维制造业		50.0	30.0	20.0	68.0
橡胶及塑料制品业		62.4	30.4	7.2	66.9
非金属矿物制品业		72.6	17.8	9.6	58.0
黑色金属冶炼及压延加工业		47.3	31.6	21.1	72.4
有色金属冶炼及压延加工业		60.0	26.7	13.3	72.8
金属制品业		66.6	24.6	8.8	66.3
通用设备制造业		64.5	24.8	10.7	64.0
专用设备制造业		57.0	32.6	10.4	69.8
汽车制造业		46.8	34.4	18.8	73.4
铁路、船舶、航空航天及其他运输设备制造业		33.3	61.1	5.6	73.8
电气机械及器材制造业		65.4	25.3	9.3	67.7
计算机、通信及其他电子设备制造业		38.9	50.0	11.1	74.5
仪器仪表制造业		71.5	19.0	9.5	67.8

从对2017年企业设备利用率的预计来看，调查结果显示，预计2017年设备利用率在“75%及以下”的企业家占53.1%，“75%～90%”的占30.5%，“90%以上”的占16.4%，预计2017年企业总体平均设备利用率为70.8%，其中制造业企业预计为70%，略好于今年的情况。从不同行业看，食品、造纸、非金属制品、通用设备等行业预计2017年平均设备利用率在65%左右，相对较低；而纺织、医药、有色金属、汽车、铁路船舶航空航天及其他运输设备、电子设备等行业预计2017年平均设备利用率相对较高（见表7.38、表7.39）。

表7.39　　不同制造业企业对明年设备利用率的预计（%）

		75%及以下	75%～90%	90%以上	平均设备利用率
总体	2016年	53.1	30.5	16.4	70.8
	2015年	54.3	31.2	14.5	70.2
	2014年	43.8	36.9	19.3	75.3
	2013年	44.3	35.9	19.8	75.2
	2012年	43.5	44.6	11.9	75.7
制造业总体	2016年	56.0	28.9	15.2	70.0
	2015年	57.9	31.0	11.1	69.0
	2014年	45.7	38.2	16.1	74.5
	2013年	47.0	36.5	16.5	74.1
	2012年	45.5	44.9	9.6	75.0
食品、酒及饮料制造业		61.2	24.5	14.3	65.4
纺织业		44.2	32.9	22.9	76.1
纺织服装、服饰业		71.1	10.5	18.4	69.3
造纸及纸制品业		82.3	11.8	5.9	66.2
化学原料及化学制品制造业		55.0	27.0	18.0	71.2
医药制造业		43.9	26.8	29.3	74.8
化学纤维制造业		40.0	40.0	20.0	69.8
橡胶及塑料制品业		55.1	31.9	13.0	69.9
非金属矿物制品业		70.8	18.1	11.1	60.4
黑色金属冶炼及压延加工业		47.3	31.6	21.1	73.2
有色金属冶炼及压延加工业		53.4	33.3	13.3	76.1
金属制品业		57.9	35.1	7.0	67.9

续表

	75%及以下	75%～90%	90%以上	平均设备利用率
通用设备制造业	60.8	27.5	11.7	66.1
专用设备制造业	54.5	32.8	12.7	71.5
汽车制造业	50.0	25.0	25.0	75.5
铁路、船舶、航空航天及其他运输设备制造业	33.3	44.5	22.2	79.6
电气机械及器材制造业	60.0	24.0	16.0	69.9
计算机、通信及其他电子设备制造业	27.8	61.1	11.1	78.5
仪器仪表制造业	66.7	14.3	19.0	70.7

7.3.2 人工成本上升、社保税费负担过重是企业面临的首要困难

关于“当前企业经营发展中遇到的最主要困难”，调查结果显示，企业家选择比重最高的八项依次是：“人工成本上升”（68.4%）、“社保、税费负担过重”（50.2%）、“企业利润率太低”（43.4%）、“整个行业产能过剩”（38.2%）、“资金紧张”（35.1%）、“缺乏人才”（33.2%）、“国内需求不足”（24%）和“未来影响企业发展的不确定因素太多”（22%）。调查发现，近年来成本上升（包括“人工成本上升”和“社保、税费负担过重”）一直是企业发展面临的最主要困难。此外，选择产能过剩的比重也较高，这进一步说明当前产能过剩的现象依然十分严重（见表7.40）。

值得注意的是，不同地区企业面临的主要困难存在一定差异，其中，“珠三角”地区企业选择“人工成本上升”、“社保、税费负担过重”、“整个行业产能过剩”和“企业招工困难”的比重高于其他地区企业，“长三角”地区企业选择“人工成本上升”、“企业利润率太低”、“缺乏人才”的比重高于其他地区企业，“京津冀”地区企业选择“资金紧张”、“缺乏创新能力”和“能源、原材料成本上升”的比重高于其他地区企业（见表7.40）。

表7.40 当前企业经营发展中遇到的最主要困难（%）

	总体					地区		
	2016	2015	2014	2013	2012	“长三角”地区	“珠三角”地区	京津冀地区
人工成本上升	68.4	71.9	76.0	79.2	75.3	75.7	75.0	55.0
社保、税费负担过重	50.2	54.7	54.5	51.3	51.8	53.3	71.3	47.0

续表

	总体					地区		
	2016	2015	2014	2013	2012	“长三角”地区	“珠三角”地区	京津冀地区
企业利润率太低	43.4	40.8	40.8	41.1	44.8	46.5	37.5	41.6
整个行业产能过剩	38.2	41.2	41.4	36.9	30.9	38.2	48.8	35.6
资金紧张	35.1	37.9	35.6	36.6	35.0	23.8	22.5	40.9
缺乏人才	33.2	32.8	30.4	28.4	29.7	34.2	28.8	30.9
国内需求不足	24.0	29.4	23.7	28.9	25.5	24.8	30.0	26.8
未来影响企业发展的不确定因素太多	22.0	22.7	18.5	27.6	27.4	22.8	25.0	20.8
缺乏创新能力	16.5	14.8	13.8	11.4	13.8	16.7	12.5	21.5
能源、原材料成本上升	16.1	13.7	19.9	25.3	31.3	13.8	3.8	16.8
企业招工困难	15.0	13.2	20.1	19.4	22.3	16.7	20.0	14.8
资源、环境约束较大	12.1	10.5	9.4	9.8	8.4	12.7	10.0	11.4
企业领导人发展动力不足	9.9	7.7	8.3	7.0	7.8	8.5	16.3	10.1
遭受侵权等不正当竞争	9.8	9.7	8.3	7.4	6.0	8.2	15.0	12.1
地方政府干预较多	8.8	7.2	8.8	11.0	6.4	8.2	8.8	8.7
出口需求不足	7.6	9.9	8.0	9.5	11.6	12.3	16.3	4.7
缺乏投资机会	3.8	3.5	3.3	3.6	3.2	2.7	6.3	7.4
人民币升值过快	3.5	5.5	8.9	13.4	7.9	7.2	6.3	2.7
电力供应不足	0.4	0.5	0.6	1.4	1.1		1.3	

受到产能过剩的影响，企业面临的市场竞争压力也明显加大。调查结果显示，与去年同期相比，认为今年以来市场竞争压力“明显增加”的企业家占37.4%，“有所增加”的占45.7%，“基本未变”的占14.8%，“明显减少”或“有所减少”的占2.1%。这表明，与去年同期相比，今年以来企业面临的市场竞争压力进一步加大。从不同行业看，采矿业、交通运输仓储和邮政业以及制造业中的化工、化纤、非金属制品、钢铁、通用设备、专用设备等行业企业的竞争压力增加较多（见表7.41）。

表7.41　与去年同期相比，今年以来不同行业企业在“市场竞争压力”方面的变化情况（%）

		明显减少	有所减少	基本未变	有所增加	明显增加
总体	2016年	0.3	1.8	14.8	45.7	37.4
	2015年	0.5	1.9	15.7	43.6	38.3
	2014年	0.5	1.5	16.4	48.2	33.4
农林牧渔业				30.4	54.4	15.2
采矿业				14.3	35.7	50.0
制造业		0.3	1.0	13.4	45.0	40.3
电力、热力、燃气及水的生产和供应业				23.5	53.0	23.5
建筑业		1.0	2.0	14.3	44.9	37.8
交通运输、仓储和邮政业				2.9	35.3	61.8
信息传输、软件和信息技术服务业		2.9	5.7	8.6	54.2	28.6
批发和零售业			1.2	15.7	42.7	40.4
住宿和餐饮业			2.1	8.5	61.7	27.7
房地产业			5.5	23.6	43.6	27.3
租赁和商务服务业			5.2	27.6	46.5	20.7
食品、酒及饮料制造业		1.0	3.0	18.0	44.0	34.0
纺织业			1.5	7.4	51.4	39.7
纺织服装、服饰业				26.3	47.4	26.3
造纸及纸制品业				27.8	44.4	27.8
化学原料及化学制品制造业			1.9	8.5	41.5	48.1
医药制造业				18.2	38.6	43.2
化学纤维制造业				9.1	45.5	45.4
橡胶及塑料制品业			4.3	17.1	34.3	44.3
非金属矿物制品业			1.3	9.3	42.7	46.7
黑色金属冶炼及压延加工业				11.1	38.9	50.0
有色金属冶炼及压延加工业				18.8	43.7	37.5
金属制品业				8.5	54.2	37.3
通用设备制造业				9.9	44.6	45.5
专用设备制造业		0.7		8.6	40.3	50.4
汽车制造业				6.5	61.2	32.3
铁路、船舶、航空航天及其他运输设备制造业				31.6	26.3	42.1
电气机械及器材制造业				11.7	62.3	26.0
计算机、通信及其他电子设备制造业				19.4	47.3	33.3
仪器仪表制造业		4.5		22.7	41.0	31.8

本次调查了解了企业的人工成本、环保支出及社保税费负担等各项成本的具体变化情况。调查结果显示，认为目前企业人工成本比去年同期“增加”的企业家占81.3%，其中“明显增加”的占22.1%，“有所增加”的占59.2%；“基本未变”的占15%；“减少”的占3.7%；认为“增加”的比“减少”的多77.6个百分点，与2015年的调查结果大致相当。其中，东部地区企业和小型企业人工成本上升幅度相对较大（见表7.42）。

表7.42　与去年同期相比，今年以来企业在“人工成本”方面的变化情况（%）

		明显减少	有所减少	基本未变	有所增加	明显增加	增加－减少
总体	2016年	0.3	3.4	15.0	59.2	22.1	77.6
	2015年	0.5	2.7	14.5	57.8	24.5	79.1
	2014年	0.4	1.4	8.2	61.1	28.9	88.2
东部地区企业		0.2	2.4	14.0	59.8	23.6	80.8
中部地区企业		0.7	4.0	17.9	58.8	18.6	72.7
西部地区企业		0.3	5.6	14.6	57.5	22.0	73.6
大型企业		1.1	5.6	10.6	64.8	17.9	76.0
中型企业		0.4	3.1	16.7	56.4	23.4	76.3
小型企业		0.2	3.2	15.0	59.3	22.3	78.2

注：“增加”包括“有所增加”和“明显增加”；“减少”包括“明显减少”和“有所减少”。

企业的原材料成本也有所上升。调查结果显示，认为目前物料采购价格“上升”的企业家占35.5%，“持平”的占47.6%，“下降”的占16.9%；认为“上升”的比“下降”的多18.6个百分点，为近5年来的最高值。其中，中西部地区企业和中型企业物料采购价格上升较多。从不同行业看，农林牧渔业、信息传输软件和信息技术服务业、住宿和餐饮业以及制造业中的仪器仪表等行业物料采购价格上涨较多（见表7.43）。

表7.43　相对于去年，企业目前的物料采购价格情况（%）

		上升	持平	下降	上升－下降
总体	2016年	35.5	47.6	16.9	18.6
	2015年	20.9	38.2	40.9	－20.0
	2014年	31.2	44.7	24.1	7.1
	2013年	38.6	36.2	25.2	13.4
	2012年	39.8	29.6	30.6	9.2

续表

	上升	持平	下降	上升 - 下降
东部地区企业	34.2	48.9	16.9	17.3
中部地区企业	37.6	45.9	16.5	21.1
西部地区企业	37.3	45.7	17.0	20.3
大型企业	37.1	43.5	19.4	17.7
中型企业	35.3	50.0	14.7	20.6
小型企业	35.2	47.5	17.3	17.9
农林牧渔业	51.1	42.2	6.7	44.4
采矿业	21.4	57.2	21.4	0.0
制造业	34.7	47.3	18.0	16.7
电力、热力、燃气及水的生产和供应业	46.1	38.5	15.4	30.7
建筑业	35.7	50.0	14.3	21.4
交通运输、仓储和邮政业	50.0	25.0	25.0	25.0
信息传输、软件和信息技术服务业	54.8	38.7	6.5	48.3
批发和零售业	28.0	56.5	15.5	12.5
住宿和餐饮业	59.5	26.2	14.3	45.2
房地产业	38.3	46.8	14.9	23.4
租赁和商务服务业	27.7	57.4	14.9	12.8
食品、酒及饮料制造业	43.3	39.2	17.5	25.8
纺织业	47.0	34.8	18.2	28.8
纺织服装、服饰业	35.0	57.5	7.5	27.5
造纸及纸制品业	41.2	52.9	5.9	35.3
化学原料及化学制品制造业	30.4	47.1	22.5	7.9
医药制造业	52.3	31.8	15.9	36.4
化学纤维制造业	27.3	27.3	45.4	-18.1
橡胶及塑料制品业	27.5	45.0	27.5	0.0
非金属矿物制品业	37.0	46.6	16.4	20.6
黑色金属冶炼及压延加工业	47.1	23.5	29.4	17.7
有色金属冶炼及压延加工业	42.9	42.8	14.3	28.6
金属制品业	46.6	37.9	15.5	31.1
通用设备制造业	30.8	50.4	18.8	12.0
专用设备制造业	28.1	52.5	19.4	8.7
汽车制造业	35.5	45.1	19.4	16.1
铁路、船舶、航空航天及其他运输设备制造业	10.5	79.0	10.5	0.0
电气机械及器材制造业	36.6	45.1	18.3	18.3
计算机、通信及其他电子设备制造业	27.0	48.7	24.3	2.7
仪器仪表制造业	50.0	50.0		50.0

本次调查还了解了企业今年的环保支出情况。调查结果显示，认为今年企业环保支出比去年同期“明显增加”或“有所增加”的企业家占62.8%，“基本未变”的占34.9%，“明显减少”或“有所减少”的仅占2.3%。这表明，与去年同期相比，今年以来企业的环保支出增加较多。其中，东部地区企业、大型企业、外资企业环保支出增加相对较多（见表7.44）。

表7.44　与云年同期相比，今年以来企业在“环保支出”方面的变化情况（%）

		明显减少	有所减少	基本未变	有所增加	明显增加
总体	2016年	0.6	1.7	34.9	44.3	18.5
	2015年	0.5	1.3	37.4	42.8	18.0
	2014年	0.4	0.7	37.9	44.7	16.3
东部地区企业		0.4	1.1	32.2	45.6	20.7
中部地区企业		0.9	1.8	36.7	43.5	17.1
西部地区企业		0.9	3.4	41.2	41.1	13.4
大型企业		1.1		19.8	49.2	29.9
中型企业		0.4	1.9	30.3	46.3	21.1
小型企业		0.6	1.9	38.9	42.8	15.8
国有及国有控股公司		2.2		38.0	43.7	16.1
外资企业		1.4		27.4	49.3	21.9
民营企业		0.3	1.9	34.9	44.1	18.8

从不同行业看，采矿业以及制造业中的化工、钢铁、有色金属、金属制品、汽车等行业企业环保支出增加相对较多（见表7.45）。

表7.45　与去年同期相比，今年以来不同行业企业在“环保支出”方面的变化情况（%）

		明显减少	有所减少	基本未变	有所增加	明显增加
总体	2016年	0.6	1.7	34.9	44.3	18.5
	2015年	0.5	1.3	37.4	42.8	18.0
	2014年	0.4	0.7	37.9	44.7	16.3
农林牧渔业		6.7		37.8	44.4	11.1
采矿业				21.4	42.9	35.7
制造业		0.3	0.9	27.2	46.8	24.8
电力、热力、燃气及水的生产和供应业				35.3	41.2	23.5

续表

	明显减少	有所减少	基本未变	有所增加	明显增加
建筑业		3.2	39.4	44.6	12.8
交通运输、仓储和邮政业			27.3	57.5	15.2
信息传输、软件和信息技术服务业		3.0	60.6	36.4	
批发和零售业		3.0	49.4	42.7	4.9
住宿和餐饮业	2.1	2.1	34.0	53.3	8.5
房地产业	3.6	5.5	43.7	43.6	3.6
租赁和商务服务业		3.8	69.8	18.9	7.5
食品、酒及饮料制造业		3.0	28.7	43.5	24.8
纺织业	1.4		25.4	50.7	22.5
纺织服装、服饰业			43.6	43.6	12.8
造纸及纸制品业			23.5	53.0	23.5
化学原料及化学制品制造业		1.9	14.4	41.3	42.4
医药制造业			27.3	43.2	29.5
化学纤维制造业			20.0	50.0	30.0
橡胶及塑料制品业		2.8	23.9	42.3	31.0
非金属矿物制品业			28.4	39.2	32.4
黑色金属冶炼及压延加工业			5.3	52.6	42.1
有色金属冶炼及压延加工业			18.8	37.5	43.7
金属制品业			28.8	37.3	33.9
通用设备制造业	1.7	0.8	25.2	56.3	16.0
专用设备制造业		1.4	27.9	49.3	21.4
汽车制造业			18.8	49.9	31.3
铁路、船舶、航空航天及其他运输设备制造业			42.1	36.8	21.1
电气机械及器材制造业			37.3	44.0	18.7
计算机、通信及其他电子设备制造业			18.9	64.9	16.2
仪器仪表制造业			38.1	57.1	4.8

在成本持续上升的同时，企业的经营负担也有所加重。本次调查了解了今

年以来企业的税收负担和非税费用的变化情况，调查结果显示，与去年相比，认为税收负担“基本未变”的企业家占54.4%，“有所增加”或“明显增加”的占22.5%，“有所减少”或“明显减少”的占23.1%。这表明，与去年同期相比，今年以来企业的税收负担未见减少。其中，西部地区企业、中型企业、民营企业今年以来税收负担增加相对较多（见表7.46）。

从不同行业看，建筑业以及制造业中的医药、非金属制品、专用设备、仪器仪表等行业企业今年以来税收负担增加相对较多（见表7.46）。

表7.46 与去年同期相比，今年以来不同行业企业在“税收负担”方面的变化情况（%）

		明显减少	有所减少	基本未变	有所增加	明显增加
总体	2016年	2.9	20.2	54.4	17.8	4.7
	2015年	2.3	12.2	59.3	20.0	6.2
	2014年	1.3	8.7	60.1	25.0	4.9
东部地区企业		2.1	17.9	58.2	17.6	4.2
中部地区企业		3.8	22.7	51.9	16.0	5.6
西部地区企业		4.5	24.5	45.1	20.3	5.6
大型企业		3.4	16.8	55.7	20.7	3.4
中型企业		2.3	19.8	52.0	20.5	5.4
小型企业		3.0	20.9	55.0	16.4	4.7
国有及国有控股公司		2.2	19.4	56.1	18.7	3.6
外资企业			15.1	67.1	16.4	1.4
民营企业		3.0	20.4	53.4	17.8	5.4
农林牧渔业		4.3	30.4	43.6	15.2	6.5
采矿业			35.7	50.1	7.1	7.1
制造业		1.6	17.0	59.9	16.3	5.2
电力、热力、燃气及水的生产和供应业			23.5	53.0	23.5	
建筑业		1.0	18.4	33.7	35.7	11.2
交通运输、仓储和邮政业		5.9	11.8	58.8	20.6	2.9
信息传输、软件和信息技术服务业		5.7	31.4	40.0	20.0	2.9
批发和零售业		3.6	22.0	52.9	17.3	4.2
住宿和餐饮业		16.3	40.8	32.7	6.1	4.1

续表

	明显减少	有所减少	基本未变	有所增加	明显增加
房地产业	5.4	32.1	42.9	19.6	
租赁和商务服务业	1.7	22.0	56.0	16.9	3.4
食品、酒及饮料制造业	3.9	22.5	54.0	13.7	5.9
纺织业	2.9	25.7	55.7	14.3	1.4
纺织服装、服饰业	2.6	20.5	61.5	12.8	2.6
造纸及纸制品业		16.7	66.6	16.7	
化学原料及化学制品制造业	2.8	17.0	55.7	17.0	7.5
医药制造业	2.3	20.5	40.9	29.5	6.8
化学纤维制造业		9.1	81.8	9.1	
橡胶及塑料制品业	1.4	16.7	62.4	15.3	4.2
非金属矿物制品业	2.7	13.3	50.6	18.7	14.7
黑色金属冶炼及压延加工业		26.3	57.9	15.8	
有色金属冶炼及压延加工业		31.3	56.2	12.5	
金属制品业		20.3	55.9	15.3	8.5
通用设备制造业	0.8	16.5	68.6	9.1	5.0
专用设备制造业		13.5	61.0	22.7	2.8
汽车制造业		3.1	75.0	15.6	6.3
铁路、船舶、航空航天及其他运输设备制造业		5.3	78.9	15.8	
电气机械及器材制造业		15.8	60.5	15.8	7.9
计算机、通信及其他电子设备制造业		16.2	64.9	16.2	2.7
仪器仪表制造业		4.5	68.2	18.2	9.1

关于企业非税费用的变化情况，调查结果显示，与去年相比，认为今年以来非税费用“基本未变”的企业家占54.4%，“有所增加”或“明显增加”的占24%，比“有所减少”或“明显减少”的多2.4个百分点。这表明，与去年同期相比，今年以来企业的非税费用有所增加。其中，西部地区企业、大型企业和民营企业今年以来非税费用增加相对较多（见表7.47）。

从不同行业看，农林牧渔业、采矿业、电力热力燃气及水的生产和供应业、建筑业以及制造业中的医药、非金属制品、金属制品等行业企业今年以来非税费用增加相对较多（见表7.47）。

表7.47　与去年同期相比，今年以来企业在“非税费用”方面的变化情况（%）

		明显减少	有所减少	基本未变	有所增加	明显增加
总体	2016年	2.3	19.3	54.4	19.3	4.7
	2015年	2.2	14.7	51.2	26.2	5.7
	2014年	1.3	11.9	52.5	29.1	5.2
东部地区企业		1.3	17.2	57.5	19.2	4.8
中部地区企业		3.6	20.5	54.7	17.3	3.9
西部地区企业		3.5	24.7	43.9	22.1	5.8
大型企业		2.3	16.4	55.9	20.3	5.1
中型企业		1.9	19.7	53.6	20.1	4.7
小型企业		2.3	19.6	54.5	18.9	4.7
国有及国有控股公司		3.0	19.3	57.7	16.3	3.7
外资企业			15.5	62.0	22.5	
民营企业		2.3	19.5	53.8	19.2	5.2
农林牧渔业		6.7	31.1	31.1	24.4	6.7
采矿业			14.3	50.0	28.6	7.1
制造业		1.4	20.4	55.9	17.3	5.0
电力、热力、燃气及水的生产和供应业			11.8	41.1	35.3	11.8
建筑业		2.1	12.5	53.1	26.0	6.3
交通运输、仓储和邮政业		2.9	8.8	64.8	23.5	
信息传输、软件和信息技术服务业		5.9	14.7	55.9	23.5	
批发和零售业		2.4	18.1	53.6	21.1	4.8
住宿和餐饮业		6.5	28.3	41.3	17.4	6.5
房地产业		7.4	16.7	57.4	18.5	
租赁和商务服务业		1.8	17.9	60.6	17.9	1.8
食品、酒及饮料制造业		2.0	27.7	50.5	11.9	7.9
纺织业			21.7	61.0	13.0	4.3
纺织服装、服饰业		2.6	20.5	64.0	10.3	2.6

续表

	明显减少	有所减少	基本未变	有所增加	明显增加
造纸及纸制品业		17.6	58.9	23.5	
化学原料及化学制品制造业	3.8	20.8	53.7	16.0	5.7
医药制造业		20.9	39.5	32.6	7.0
化学纤维制造业		30.0	60.0	10.0	
橡胶及塑料制品业	2.8	16.9	64.8	8.5	7.0
非金属矿物制品业		26.7	39.9	26.7	6.7
黑色金属冶炼及压延加工业		38.9	44.4	11.1	5.6
有色金属冶炼及压延加工业		18.8	62.4	18.8	
金属制品业		15.5	51.8	29.3	3.4
通用设备制造业	0.8	17.6	58.1	17.6	5.9
专用设备制造业	1.4	17.9	55.7	20.0	5.0
汽车制造业		12.5	65.6	18.8	3.1
铁路、船舶、航空航天及其他运输设备制造业	5.3	15.8	57.8	15.8	5.3
电气机械及器材制造业	1.3	22.4	54.0	18.4	3.9
计算机、通信及其他电子设备制造业	2.7	10.8	56.8	24.3	5.4
仪器仪表制造业		9.1	68.2	13.6	9.1

7.3.3 中小企业融资依然困难

调查发现，目前我国企业尤其是中小企业融资依然困难。关于“当前企业经营发展中遇到的最主要困难”的调查显示，选择“资金紧张”的企业家占35.1%，排在所有十九个选项的第五位（见表7.40）。本次调查还了解了企业目前的流动资金情况。调查结果显示，认为目前资金“紧张”的企业家占41.6%，“正常”的占50.8%，“宽裕”的占7.6%。其中，中西部地区企业、中小企业和民营企业资金“紧张”的比重相对较高（见表7.48）。

表 7.48　　企业目前的流动资金情况（%）

	宽裕	正常	紧张	宽裕－紧张				
				2016	2015	2014	2013	2012
总体	7.6	50.8	41.6	－34.0	－36.3	－36.6	－36.5	－36.2
东部地区企业	8.3	55.8	35.9	－27.6	－28.9	－31.8	－31.5	－32.0
中部地区企业	8.1	42.4	49.5	－41.4	－50.8	－48.6	－49.1	－44.6
西部地区企业	4.9	45.3	49.8	－44.9	－43.2	－44.1	－41.2	－44.9
大型企业	14	57.5	28.5	－14.5	－18.8	－29.7	－22.6	－16.7
中型企业	9.9	51.9	38.2	－28.3	－31.7	－31.6	－32.0	－32.1
小型企业	5.9	49.3	44.8	－38.9	－40.6	－40.4	－41.8	－42.1
国有及国有控股公司	17.3	48.1	34.6	－17.3	－32.2	－32.8	－24.9	－29.6
外资企业	11	64.3	24.7	－13.7	－5.4	－6.6	－18.5	－22.2
民营企业	6.2	49.7	44.1	－37.9	－40.5	－40.6	－40.6	－39.1

应收账款也反映了目前企业的资金情况。调查结果显示，认为应收账款“高于正常”的企业家占24.9%，“正常”的占54.3%，“低于正常”的占20.8%。其中，西部地区企业、小型企业、民营企业和国有及国有控股公司应收账款“高于正常”的比重相对较高（见表7.49）。

表 7.49　　企业目前的应收账款情况（%）

		高于正常	正常	低于正常	高于正常－低于正常
总体	2016 年	24.9	54.3	20.8	4.1
	2015 年	28.5	51.3	20.2	8.3
	2014 年	29.7	54.5	15.8	13.9
	2013 年	28.5	55.3	16.2	12.3
	2012 年	28.6	54.7	16.7	11.9
东部地区企业		25.3	57.3	17.4	7.9
中部地区企业		21.3	53.6	25.1	－3.8
西部地区企业		28.2	45.7	26.1	2.1
大型企业		24.9	60.1	15.0	9.9
中型企业		24.2	58.0	17.8	6.4
小型企业		25.2	52.2	22.6	2.6
国有及国有控股公司		26.5	59.1	14.4	12.1
外资企业		14.1	73.2	12.7	1.4
民营企业		25.5	53.5	21.0	4.5

在资金紧张的影响下，企业的融资成本也居高不下。调查结果显示，认为企业平均融资成本在“6%及以下”的企业家仅占38.3%，认为“6%～8%”的占21.5%，认为“8%～10%”的占21.7%，认为“10%以上”的占18.5%；总体来看，企业的平均融资成本高达8.33%。其中，中西部地区企业、小型企业、民营企业的平均融资成本相对更高（见表7.50）。

从不同行业看，农林牧渔业、采矿业、建筑业、信息传输软件和信息技术服务业、批发和零售业、房地产业以及制造业中的医药、非金属制品等行业平均融资成本相对更高，超过9%（见表7.50）。

表7.50　企业的平均融资成本（折算成年利率）（%）

	6%及以下	6%～8%	8%～10%	10%以上	均值
总体	38.3	21.5	21.7	18.5	8.33
东部地区企业	40.3	24.5	22.0	13.2	7.61
中部地区企业	38.8	16.0	19.5	25.7	9.08
西部地区企业	31.1	18.9	23.8	26.2	9.68
大型企业	56.6	24.7	8.0	10.7	6.83
中型企业	38.4	25.9	21.1	14.6	7.80
小型企业	35.4	19.4	24.0	21.2	8.75
国有及国有控股公司	62.6	21.7	7.0	8.7	6.35
外资企业	55.9	15.3	20.3	8.5	6.02
民营企业	35.0	22.5	22.8	19.7	8.62
农林牧渔业	38.9	27.8	13.9	19.4	9.33
采矿业	30.0	30.0	20.0	20.0	9.36
制造业	41.0	23.6	20.5	14.9	7.85
电力、热力、燃气及水的生产和供应业	71.5	14.3	7.1	7.1	5.00
建筑业	20.0	16.3	23.8	39.9	12.15
交通运输、仓储和邮政业	36.6	16.7	30.0	16.7	8.60
信息传输、软件和信息技术服务业	32.0	12.0	32.0	24.0	9.10
批发和零售业	31.6	19.4	24.5	24.5	9.36
住宿和餐饮业	42.8	17.9	14.3	25.0	7.69
房地产业	31.8	25.0	20.5	22.7	9.20
租赁和商务服务业	45.0	7.5	30.0	17.5	7.00

续表

	6%及以下	6%～8%	8%～10%	10%以上	均值
食品、酒及饮料制造业	45.3	19.8	18.6	16.3	7.74
纺织业	46.9	23.4	17.2	12.5	7.00
纺织服装、服饰业	41.2	32.4	17.6	8.8	6.72
造纸及纸制品业	13.3	60.0	6.7	20.0	8.47
化学原料及化学制品制造业	43.0	17.2	28.0	11.8	7.49
医药制造业	23.5	26.5	32.4	17.6	9.27
化学纤维制造业	40.0		50.0	10.0	8.35
橡胶及塑料制品业	43.3	21.7	23.3	11.7	7.14
非金属矿物制品业	37.9	18.2	19.7	24.2	9.38
黑色金属冶炼及压延加工业	46.6	20.0	6.7	26.7	7.77
有色金属冶炼及压延加工业	57.2	14.3	7.1	21.4	7.21
金属制品业	31.4	31.4	19.6	17.6	7.93
通用设备制造业	36.5	29.9	16.8	16.8	8.35
专用设备制造业	36.3	21.8	26.4	15.5	7.87
汽车制造业	60.7	14.3	17.9	7.1	5.85
铁路、船舶、航空航天及其他运输设备制造业	49.9	12.5	31.3	6.3	6.88
电气机械及器材制造业	37.5	35.9	12.5	14.1	7.65
计算机、通信及其他电子设备制造业	53.4	33.3	13.3		5.73
仪器仪表制造业	44.4	16.7	22.2	16.7	8.42

7.3.4 房地产局部泡沫比较明显

本次调查了解了企业家对当前房地产价格总体水平的判断。调查结果显示，认为目前企业所在地区房价“较高”或“过高”的企业家占62.4%，认为“正常”的占32.5%，认为“较低”或“过低”的占5.1%，总体评价值为3.76（5分制），明显高于中值3，也高于2015年的调查结果，这表明企业家认为目前房价总体偏高，且比去年有所回升。值得注意的是，不同城市的房价分化现象较为明显，一线城市的企业家对房价的总体评价值为4.43，处于近5年来的较高水平，而二线城市和其他城市的总体评价值分别为3.81和3.66，要显著低于一线城市，并且与2015年相比变化不大（见表7.51）。

表7.51　　对企业所在地区房价总体水平的判断（%）

	年份	过高	较高	正常	较低	过低	评价值
总体	2016	19.0	43.4	32.5	4.8	0.3	3.76
	2015	12.6	45.6	35.2	6.1	0.5	3.64
	2014	18.7	49.4	27.9	3.7	0.3	3.83
	2013	25.4	48.9	23.7	1.9	0.1	3.98
	2012	20.7	51.3	25.8	2.2	0.0	3.91
一线城市	2016	57.2	29.5	12.7	0.6		4.43
	2015	33.1	45.4	20.9	0.6		4.11
	2014	39.5	46.1	13.5	0.9		4.24
	2013	53.6	36.6	9.6	0.2		4.44
	2012	39.6	40.7	19.3	0.4		4.20
二线城市	2016	20.1	45.0	31.1	3.8		3.81
	2015	8.4	52.0	36.2	3.4		3.65
	2014	14.8	48.3	32.5	4.0	0.4	3.73
	2013	21.0	51.0	26.2	1.8		3.91
	2012	17.7	53.4	26.9	2.0		3.87
其他城市（地区）	2016	13.8	44.5	35.6	5.7	0.4	3.66
	2015	10.0	43.3	37.8	8.1	0.8	3.54
	2014	15.5	50.3	29.5	4.3	0.4	3.76
	2013	20.6	50.9	26.0	2.3	0.2	3.89
	2012	18.2	52.6	26.6	2.5	0.0	3.86

注：①一线城市包括：北京、上海、广州、深圳、杭州。②二线城市包括：天津、重庆、各省会城市（除广州、杭州外）及大连、苏州、宁波、青岛。以下同。③评价值的计算方法为：（过高×5+较高×4+正常×3+较低×2+很低）/100。分值越高，说明企业家认为当地房价越高，反之则认为当地房价越低。

关于对今年房价走势的预计，调查结果显示，预计上涨的企业家占41%，为近3年来的最高值，其中预计“上涨10%以上”的占20.2%，“上涨10%以内”的占20.8%；预计持平的占45.2%；预计下降的占13.8%，其中“下降10%以内”的占9.4%，“下降10%以上”的占4.4%。调查发现，不同城市的房价走势也呈现明显的分化趋势，其中，一线城市预计上涨的占79.7%；

二线城市预计上涨的占50.7%；其他城市预计上涨的占32.6%（见表7.52）。

表7.52 相比去年底，对今年底本地区房地产价格的预计（%）

		上涨10%以上	上涨10%以内	持平	下降10%以内	下降10%以上
总体	2016年	20.2	20.8	45.2	9.4	4.4
	2015年	8.3	15.7	42.1	20.1	13.8
	2014年	3.3	15.2	39.0	33.6	8.9
	2013年	18.8	52.8	23.4	4.2	0.8
	2012年	9.7	35.4	38.1	13.8	3.0
一线城市		52.9	26.8	16.7	1.2	2.4
二线城市		24.2	26.5	37.4	7.2	4.7
其他城市（地区）		14.6	18.0	51.5	11.3	4.6

在房价不断上涨的刺激下，房地产行业未来投资也大幅上升。调查显示，房地产业明年计划投资额“增长”的企业占40.9%，明显高于其他行业（见表7.35）。调查表明，企业家认为，目前房价尤其是一二线城市房价明显偏高，而房价上涨预期又明显增强，这说明房地产局部泡沫比较明显，可能对未来经济和企业发展带来较大风险。

值得注意的是，在较多企业家预计房价上涨的同时，相对较多的企业家认为目前房地产库存过大，因此目前房地产市场的主要任务依然是去库存。调查结果显示，认为目前房地产库存“过大”的企业家占68.8%，“适度”的占26.7%，“不足”的仅占4.5%。其中，认为一线城市房地产库存“过大”的占37.7%，明显低于二线城市和其他城市（见表7.53）。

表7.53 对企业所在地区房地产库存的判断（%）

	过大	适度	不足
总体	68.8	26.7	4.5
一线城市	37.7	42.5	19.8
二线城市	60.9	33.3	5.8
其他城市（地区）	75.6	22.3	2.1
东部地区企业	63.8	30.5	5.7
中部地区企业	73.9	22.3	3.8
西部地区企业	77.6	20.5	1.9

7.4 结构变化及增长动力转换

7.4.1 企业产品和产业结构优化

调查发现，目前产业结构呈现明显的优化趋势，主要表现为以信息传输软件和信息技术服务业、租赁和商务服务业以及制造业中的医药、电子设备、仪器仪表等行业为代表的高技术企业和现代服务业，在订货、盈利、用工和未来投资额等指标上均明显好于全行业平均水平，更大幅好于采矿业以及制造业中的造纸、化纤、非金属制品、钢铁、通用设备等资源密集型行业，而这种产业结构的优化是在创新的推动下逐步实现的。

本次调查了解了企业的创新成效。调查结果显示，认为今年新产品销售比重“增加”的企业家占31.3%，“持平”的占46.9%，“减少”的占21.8%；“增加”的比“减少”的多9.5个百分点，比2015年的调查结果高了3.5个百分点。其中，东部地区企业、大型企业、国有及国有控股公司的新产品销售比重增长相对较多（见表7.54）。

表7.54　　相对于去年，企业今年的新产品销售比重情况（%）

	增加	持平	减少	增加-减少				
				2016	2015	2014	2013	2012
总体	31.3	46.9	21.8	9.5	6.0	14.2	20.8	14.5
东部地区企业	33.0	46.7	20.3	12.7	9.8	16.8	22.3	14.6
中部地区企业	31.1	46.4	22.5	8.6	3.4	11.3	19.8	14.3
西部地区企业	25.8	48.1	26.1	-0.3	-4.3	3.6	15.2	14.2
大型企业	41.9	43.7	14.4	27.5	21.9	22.3	35.2	30.0
中型企业	34.6	45.9	19.5	15.1	11.9	17.7	28.2	22.0
小型企业	28.6	47.6	23.8	4.8	1.2	11.0	14.0	7.4
国有及国有控股公司	32.3	47.5	20.2	12.1	10.0	14.9	19.6	12.4
外资企业	27.4	52.1	20.5	6.9	19.3	23.1	29.9	23.5
民营企业	31.3	47.0	21.7	9.6	3.9	13.2	19.6	12.4

从新产品销售收入占企业年销售额的比重来看，调查结果显示，2015 年企业新产品销售收入占年销售额的比重平均为 24.2%，与 2013 年和 2014 年基本持平。其中，东部地区企业、中型企业和外资企业 2015 年新产品销售收入占比相对较高（见表 7.55）。

表 7.55　企业新产品销售占比情况（均值，%）

		新产品销售收入占年销售额的比重
总体	2015 年占比情况	24.2
	2014 年占比情况	24.1
	2013 年占比情况	24.1
东部地区企业		25.4
中部地区企业		24.6
西部地区企业		19.1
大型企业		23.8
中型企业		25.1
小型企业		23.9
国有及国有控股公司		20.1
外资企业		26.8
民营企业		23.7

本次调查还了解了 2015 年以来，创新对于企业各方面的作用。调查结果显示，企业家认为创新对于企业八个方面的作用都较为显著，这也说明我国企业的创新成效逐渐显现。其中，企业家认为创新对于企业在“提高了产品或服务质量”和“提高了对健康和安全的影响”方面的作用最为显著，评价值在 3.7 左右（5 分制），其次是“提高了生产或服务在业务流程上的灵活性”、“进入了新市场或提高了市场份额”、“增加了产品或服务的类别”和“降低了对环境的负面影响”，评价值在 3.5 左右，其他依次是“降低了单位产出的材料和能源的消耗”和“降低了单位产出的劳动力成本”，评价值在 3.3 左右（见表 7.56）。

表 7.56　　2015 年以来，创新在企业以下各方面表现起到的作用（%）

	没有作用	作用较小	中等	作用较大	作用很大	评价值
提高了产品或服务质量	1.2	4.6	23.9	56.8	13.5	3.77
提高了对健康和安全的影响	2.7	6.4	31.4	44.0	15.5	3.63
提高了生产或服务在业务流程上的灵活性	1.7	7.1	38.4	44.0	8.8	3.51
进入了新市场或提高了市场份额	2.6	11.1	30.7	45.7	9.9	3.49
增加了产品或服务的类别	2.6	10.6	32.8	45.4	8.6	3.47
降低了对环境的负面影响	3.2	10.3	36.0	39.1	11.4	3.45
降低了单位产出的材料和能源的消耗	2.9	15.1	38.8	35.7	7.5	3.30
降低了单位产出的劳动力成本	2.9	16.2	37.7	35.8	7.4	3.29

注：评价值是由（“作用很大”×5＋“作用较大”×4＋“中等”×3＋“作用较小”×2＋“没有作用”）/100 计算得出的，最高为 5 分，最低为 1 分，分值越高，表示该项作用越大，反之则越小。

7.4.2　企业创新和转型意愿增强

关于“为了企业更好地发展，企业未来一年应着重采取的措施”，调查结果显示，企业家选择比重最高的三项分别是：“加强管理降低成本”（66.7%）、“增加创新投入”（64.6%）、“引进人才”（56.8%），其中“增加创新投入”、“引进人才”都反映了企业的创新意愿，均为近 5 年来的最高值。这表明，面对当前企业发展中的困难和挑战，企业将通过加强创新来积极应对。此外，选择比重较高的选项还包括“更新设备”、“加强企业文化建设”、“开拓国内市场”、“减少用工”、“改变经营模式”、“开拓国际市场”（见表 7.57）。

表 7.57　　为了企业更好地发展，企业未来一年将采取的措施（%）

	2016	2015	2014	2013	2012
加强管理降低成本	66.7	64.5	73.8	73.9	72.8
增加创新投入	64.6	58.4	58.8	61.5	60.8
引进人才	56.8	50.0	47.2	52.2	46.9
更新设备	33.4	33.1	39.0	35.4	34.9
加强企业文化建设	31.9	28.2	30.7	34.3	34.4
开拓国内市场	31.7	35.7	44.6	46.0	45.9
减少用工	28.0	26.9	22.1	24.1	21.9
改变经营模式	27.6	27.2	27.4	30.9	26.4

续表

	2016	2015	2014	2013	2012
开拓国际市场	26.7	28.7	29.1	27.3	27.0
股权投资或并购	13.1	15.0	8.5	8.1	7.0
投资其他行业	11.0	11.4	12.2	16.5	15.3
寻求上市	8.0	11.9	6.0	6.4	7.7
投资其他地区	4.1	3.6	4.0	5.4	5.5

企业家创新动力的增强还体现在他们对于企业创新工作的重视上。调查了解了企业中负责创新工作的人员/部门情况。调查结果显示，97%的企业有专人或部门负责创新工作，其中，由“董事长/CEO”直接负责的占51.3%，由“高管”负责的占51.3%，由“专职部门”和“专职人员”负责的分别占47.4%和41.3%。其中，东部和中部地区企业、大型企业和民营企业选择“董事长/CEO”的比重相对较高（见表7.58）。

表7.58　企业中负责创新工作的人员/部门情况（%）

		董事长/CEO	高管	专职部门	专职人员	没有
总体	2016年	51.3	51.3	47.4	41.3	3.0
	2015年	54.6	51.5	40.0	33.3	3.2
东部地区企业		53.0	51.0	51.0	42.2	2.1
中部地区企业		55.5	51.7	45.0	42.3	2.6
西部地区企业		40.9	52.0	38.9	37.1	6.4
大型企业		56.6	72.3	68.2	45.7	
中型企业		51.4	58.2	51.4	41.1	1.5
小型企业		50.6	45.7	42.8	40.6	4.1
国有及国有控股公司		48.5	68.7	59.0	39.6	2.2
外资企业		42.0	52.2	52.2	37.7	1.4
民营企业		52.1	49.4	47.5	42.4	3.2

从企业家对“经济在未来一个时期将呈L型走势的应对策略”的选择，也能看出企业转型意愿的增强。调查结果显示，当问及“经济在未来一个时期将呈L型走势的应对策略”这一问题时，打算“加快创新转型”的企业家占56.3%，明显高于其他选项；打算“收缩战线，等待机会”

的占28.1%，“看不清方向，迷茫徘徊”的占6.9%，“兼并重组，快速扩张”的占4.7%，“退出江湖不干了”的仅占1.6%。其中，中部地区企业、大中型企业、国有及国有控股公司选择“加快创新转型”的比重相对较高（见表7.59）。

表7.59　企业对经济在未来一个时期将呈L型走势的应对策略（%）

	加快创新转型	兼并重组，快速扩张	收缩战线，等待机会	看不清方向，迷茫徘徊	退出江湖不干了	其他
总体	56.3	4.7	28.1	6.9	1.6	2.4
东部地区企业	54.8	3.5	29.8	7.9	1.1	2.9
中部地区企业	60.9	7.0	23.5	4.1	1.8	2.7
西部地区企业	55.1	5.8	28.5	7.4	2.7	0.5
大型企业	66.7	5.6	21.5	3.4		2.8
中型企业	64.5	5.5	23.3	4.4	0.8	1.5
小型企业	51.6	4.4	30.8	8.4	2.1	2.7
国有及国有控股公司	64.2	8.6	20.0	4.3		2.9
外资企业	44.4	1.4	36.1	9.7	2.8	5.6
民营企业	55.9	4.5	28.9	6.8	1.7	2.2

7.4.3　企业创新投入持续增长

在创新动力增强的同时，企业的创新投入也持续增长。调查结果显示，与去年同期相比，认为今年以来企业在研发投入方面“明显增加”的企业家占12.4%，“有所增加”的占44.7%；认为“基本未变”的占36.8%，“有所减少”或“明显减少”的仅占6.1%；认为“增加”的比“减少”的多51个百分点，比2015年高了2个百分点。其中，东部地区企业、大型企业和外资企业研发投入增长较多（见表7.60）。

从不同行业看，今年以来研发投入增长较多的行业包括：信息传输软件和信息技术服务业以及制造业中的化纤、汽车、电子设备等，研发投入“增加”的企业比“减少”的多70个百分点以上（见表7.60）。

表 7.60　与去年同期相比，今年以来企业在“研发投入”方面的变化情况（%）

		明显减少	有所减少	基本未变	有所增加	明显增加	增加－减少
总体	2016 年	1.5	4.6	36.8	44.7	12.4	51.0
	2015 年	1.5	4.7	38.6	43.2	12.0	49.0
	2014 年	1.1	3.9	37.8	46.3	10.9	52.2
东部地区企业		1.0	4.2	36.5	45.1	13.2	53.1
中部地区企业		1.6	4.4	36.9	44.7	12.4	51.1
西部地区企业		2.7	6.0	38.0	43.4	9.9	44.6
大型企业		1.8	1.2	22.8	59.0	15.2	71.2
中型企业		0.6	3.7	33.0	48.9	13.8	58.4
小型企业		1.7	5.4	40.1	41.3	11.5	45.7
国有及国有控股公司		2.9	4.4	34.6	47.1	11.0	50.8
外资企业		2.8	2.8	34.7	45.8	13.9	54.1
民营企业		1.4	4.4	37.7	44.2	12.3	50.7
农林牧渔业			6.5	28.3	58.7	6.5	58.7
采矿业			15.4	69.2	15.4		0.0
制造业		1.3	4.2	29.7	49.0	15.8	59.3
电力、热力、燃气及水的生产和供应业				37.5	56.2	6.3	62.5
建筑业		2.2	6.7	45.0	38.2	7.9	37.2
交通运输、仓储和邮政业				50.0	46.9	3.1	50.0
信息传输、软件和信息技术服务业				17.1	57.2	25.7	82.9
批发和零售业		0.6	4.5	57.7	32.7	4.5	32.1
住宿和餐饮业			9.3	46.5	34.9	9.3	34.9
房地产业		5.7	5.7	58.4	28.3	1.9	18.8
租赁和商务服务业			2.0	66.6	25.5	5.9	29.4
食品、酒及饮料制造业			8.1	25.3	52.5	14.1	58.5
纺织业		2.9	2.9	45.7	39.7	8.8	42.7
纺织服装、服饰业		2.6	2.6	61.5	25.6	7.7	28.1
造纸及纸制品业				37.5	50.0	12.5	62.5
化学原料及化学制品制造业		2.8	4.7	19.8	57.6	15.1	65.2
医药制造业		2.3	6.8	18.2	47.7	25.0	63.6
化学纤维制造业				20.0	60.0	20.0	80.0

续表

	明显减少	有所减少	基本未变	有所增加	明显增加	增加－减少
橡胶及塑料制品业		4.3	24.6	46.5	24.6	66.8
非金属矿物制品业		4.1	46.6	39.7	9.6	45.2
黑色金属冶炼及压延加工业		5.3	36.8	57.9		52.6
有色金属冶炼及压延加工业			37.5	43.7	18.8	62.5
金属制品业	1.7	6.8	25.4	45.8	20.3	57.6
通用设备制造业	1.7	3.4	31.6	50.5	12.8	58.2
专用设备制造业	1.4	4.3	18.8	56.7	18.8	69.8
汽车制造业			12.9	54.8	32.3	87.1
铁路、船舶、航空航天及其他运输设备制造业	5.3	5.3	36.8	42.1	10.5	42.0
电气机械及器材制造业		2.6	32.9	51.3	13.2	61.9
计算机、通信及其他电子设备制造业		2.7	21.6	43.3	32.4	73.0
仪器仪表制造业	9.1		40.9	40.9	9.1	40.9

注："增加"包括"有所增加"和"明显增加"；"减少"包括"明显减少"和"有所减少"。

从未来创新投入的计划来看，调查结果显示，计划明年在总体创新投入方面"大幅增加"的企业家占29.6%，"小幅增加"的占26.8%，"不变"的占35.8%，"小幅削减"或"大幅削减"的仅占7.8%。其中，大型企业和国有及国有控股公司计划明年总体创新投入大幅增加的比重相对较高（见表7.61）。

具体来看，关于研发投入占销售收入比重的增减情况，调查结果显示，"大幅增加"的企业家占23.5%，"小幅增加"的占29.8%，两者合计比重比2015年的调查结果上升了2.8个百分点；"不变"的占40%，"小幅削减"或"大幅削减"的仅占6.7%。其中，东部地区企业、大型企业、外资企业计划明年研发投入占销售收入比重增加较多（见表7.62）。

表7.61　企业计划未来一年在"总体创新投入"方面的增减情况（%）

		大幅削减	小幅削减	不变	小幅增加	大幅增加
总体	2016年	2.9	4.9	35.8	26.8	29.6
	2015年	2.2	2.9	39.8	28.4	26.7
东部地区企业		2.4	5.0	37.2	25.9	29.5
中部地区企业		3.4	3.9	37.5	24.3	30.9
西部地区企业		4.0	6.1	29.3	32.6	28.0

续表

	大幅削减	小幅削减	不变	小幅增加	大幅增加
大型企业	1.2	3.0	24.1	25.3	46.4
中型企业	3.1	4.8	34.6	23.8	33.7
小型企业	3.1	5.2	37.9	28.2	25.6
国有及国有控股公司	1.5	2.3	36.7	28.2	31.3
外资企业	1.4	1.4	41.5	27.1	28.6
民营企业	3.3	5.0	35.5	27.5	28.7

表 7.62　企业计划未来一年在“研发投入占销售收入的比重”方面的增减情况（%）

		大幅削减	小幅削减	不变	小幅增加	大幅增加
总体	2016 年	2.6	4.1	40.0	29.8	23.5
	2015 年	2.2	3.7	43.6	28.6	21.9
	2014 年	2.0	4.1	41.2	31.6	21.1
东部地区企业		2.3	3.9	38.9	31.3	23.6
中部地区企业		2.0	4.5	42.6	25.2	25.7
西部地区企业		4.6	4.3	39.8	30.7	20.6
大型企业		1.8	1.2	30.7	35.0	31.3
中型企业		2.7	4.7	36.6	28.0	28.0
小型企业		2.7	4.3	42.5	29.8	20.7
国有及国有控股公司		0.8	0.8	40.7	30.8	26.9
外资企业		1.5	1.5	36.7	30.9	29.4
民营企业		3.1	4.2	40.7	29.6	22.4

关于人员培训投入占销售收入比重的增减情况，调查结果显示，“大幅增加”的企业家占 26.4%，“小幅增加”的占 29.8%，两者合计比重比 2015 年上升了 2.7 个百分点；“不变”的占 38%，“小幅削减”或“大幅削减”的仅占 5.8%。其中，西部地区企业、大型企业和国有及国有控股公司计划明年人员培训投入占销售收入比重增加较多（见表 7.63）。

表 7.63　企业计划未来一年在“人员培训投入占销售收入的比重”方面的增减情况（%）

		大幅削减	小幅削减	不变	小幅增加	大幅增加
总体	2016 年	2.1	3.7	38.0	29.8	26.4
	2015 年	1.9	4.2	40.4	29.9	23.6
东部地区企业		1.7	3.7	39.8	30.4	24.4
中部地区企业		2.2	2.4	39.0	26.0	30.4
西部地区企业		3.3	5.1	31.3	32.6	27.7
大型企业		1.8	1.8	25.3	32.4	38.7
中型企业		2.4	3.3	32.5	31.7	30.1
小型企业		2.0	4.1	42.0	28.7	23.2
国有及国有控股公司		1.5	0.8	33.8	30.8	33.1
外资企业		1.4		44.3	31.4	22.9
民营企业		2.1	4.0	38.0	29.7	26.2

在创新投入持续增长的同时，我国企业更加注重以企业内部研发为主的自主创新。调查结果显示，近一年内认为本企业内部研发“非常多”或“比较多”的企业家占56.7%，总体评价值为3.4（5分制），排在所有八种研发方式的第一位，其他选择评价值较高的还有“购买先进仪器或设备”（3.23）、“与客户合作研发”（2.92）、“与供应商合作研发”（2.74）和“与高校院所合作研发”（2.59）（见表7.64）。

表 7.64　近一年内，企业是否有新产品/服务、新流程或新商业模式等活动（%）

		没有	非常少	比较少	比较多	非常多	评价值
本企业内部研发	2016 年	8.5	9.3	25.5	47.2	9.5	3.40
	2015 年	16.4	11.5	24.8	39.8	7.5	3.11
购买先进仪器或设备	2016 年	11.2	9.8	29.7	43.9	5.4	3.23
	2015 年	19.5	11.8	31.0	34.9	2.8	2.90
与客户合作研发	2016 年	19.7	12.1	28.9	34.7	4.6	2.92
	2015 年	34.9	14.2	24.2	24.9	1.8	2.45
与供应商合作研发	2016 年	23.2	15.3	29.4	29.0	3.1	2.74
	2015 年	42.7	15.5	24.5	15.8	1.5	2.18

续表

		没有	非常少	比较少	比较多	非常多	评价值
与高校院所合作研发	2016 年	29. 9	15. 2	24. 9	26. 2	3. 8	2. 59
	2015 年	45. 0	12. 4	22. 2	18. 9	1. 5	2. 20
与同行业企业合作研发	2016 年	33. 3	19. 3	30. 2	15. 2	2. 0	2. 33
	2015 年	52. 9	15. 2	21. 2	10. 1	0. 6	1. 90
购买其他企业或机构研究成果	2016 年	36. 6	17. 2	31. 7	13. 2	1. 3	2. 25
	2015 年	57. 3	13. 1	21. 4	7. 8	0. 4	1. 81
购买专利或非专利发明	2016 年	49. 9	16. 3	25. 4	7. 5	0. 9	1. 93
	2015 年	71. 5	11. 4	13. 2	3. 5	0. 4	1. 50

注：评价值是由（“非常多”×5 + “比较多”×4 + “比较少”×3 + “非常少”×2 + “没有”）/100 计算得出的，最高为 5 分，最低为 1 分，分值越高，表示该项活动越多，反之则越少。

企业创新意愿和创新投入的增强与政府的支持是分不开的。本次调查还了解了地方政府落实相关创新支持政策的情况。调查结果显示，总体来看，企业家对所在地政府在创新支持方面给予了比较积极的评价。其中，认为研发费用税收减免的效果“很好”或“较好”的企业家占 57. 7%，认为创新人才支持系统“很好”或“较好”的占 57. 4%，认为推动产学研结合的效果“很好”或“较好”的占 54. 8%，均超过半数，并且地区之间差异较小。认为提供土地使用等优惠的效果“很好”或“较好”的企业家也接近半数，占 46. 9%（见表 7. 65）。

表 7. 65　　对企业所在地政府落实相关政策的评价（%）

		很差	较差	较好	很好
研发费用税收减免	总体	7. 3	35. 0	53. 3	4. 4
	东部地区企业	6. 9	36. 1	53. 1	3. 9
	中部地区企业	6. 5	32. 3	56. 6	4. 6
	西部地区企业	9. 7	34. 9	49. 8	5. 6
提供土地使用等优惠	总体	12. 1	41. 0	43. 7	3. 2
	东部地区企业	13. 7	42. 5	41. 5	2. 3
	中部地区企业	9. 7	39. 8	46. 1	4. 4
	西部地区企业	10. 4	37. 6	47. 4	4. 6

续表

		很差	较差	较好	很好
推动产学研结合	总体	6.7	38.5	50.0	4.8
	东部地区企业	6.7	37.7	51.2	4.4
	中部地区企业	6.5	40.5	47.7	5.3
	西部地区企业	6.8	38.5	49.4	5.3
创新人才支持系统	总体	7.1	35.5	51.4	6.0
	东部地区企业	6.6	34.2	53.8	5.4
	中部地区企业	7.4	36.6	48.9	7.1
	西部地区企业	8.5	38.1	46.9	6.5

关于企业所在地知识产权保护法规的完善情况，调查结果显示，认为“不够完善”的企业家占46.8%，“很不完善”的占5.6%，两者合计比重比2015年高了1个百分点；认为“比较完善”的占46.9%，“十分完善”的占0.7%。其中，中西部地区企业、国有及国有控股公司认为“不够完善”的比重相对较高，东部地区企业和民营企业认为“比较完善”的比重相对较高（见表7.66）。

表7.66　对企业所在地知识产权保护法规的完善情况的判断（%）

		十分完善	比较完善	不够完善	很不完善
总体	2016年	0.7	46.9	46.8	5.6
	2015年	1.4	47.2	46.9	4.5
东部地区企业		0.6	49.7	44.3	5.4
中部地区企业		1.3	42.5	51.7	4.5
西部地区企业		0.3	43.9	48.0	7.8
大型企业		1.7	46.0	46.6	5.7
中型企业		1.0	47.3	46.5	5.2
小型企业		0.5	46.9	46.9	5.7
国有及国有控股公司		0.7	39.7	52.5	7.1
外资企业			43.1	48.6	8.3
民营企业		0.6	47.5	46.6	5.3

关于企业所在地知识产权保护法规的执行情况，调查结果显示，认为“不够严格”的企业家占49.9%，“很不严格”的占6%，两者合计比重比2015年高了1.9个百分点；认为“比较严格”的占42.5%，“十分严格”的占1.6%。其中，中部地区企业、小型企业、国有及国有控股公司认为“不够严格”的比重相对较高（见表7.67）。

调查表明，企业家对地方政府的创新支持政策的评价总体比较积极，同时也期待能进一步加强创新支持政策的力度，尤其是对知识产权的保护力度。

表7.67　对企业所在地知识产权保护法规的执行情况的判断（%）

		十分严格	比较严格	不够严格	很不严格
总体	2016年	1.6	42.5	49.9	6.0
	2015年	1.5	44.5	49.0	5.0
东部地区企业		1.2	45.3	48.0	5.5
中部地区企业		1.6	38.9	54.1	5.4
西部地区企业		2.8	38.5	50.3	8.4
大型企业		2.3	45.7	48.0	4.0
中型企业		3.0	42.7	47.3	7.0
小型企业		1.0	42.0	51.0	6.0
国有及国有控股公司		2.1	32.1	60.1	5.7
外资企业		2.8	39.4	53.6	4.2
民营企业		1.3	43.8	48.6	6.3

7.5　政策评价及相关建议

7.5.1　保持宏观政策的稳定性和连续性

关于对近年来政府采取的宏观调控政策松紧程度的判断，调查结果显示，认为“过紧”的企业家占3.2%，“偏紧”的占31.8%，两者合计比重比2015年下降了4.8个百分点；认为“合适”的占46.7%，与2015年的调查结果大体相当；认为“偏松”的占16.9%，认为“过松”的占1.4%。调查表明，总体来看，企业家认为目前宏观调控政策总体合适，比 2015 年略有放松（见表 7.68）。

表 7.68　对近年来政府采取的宏观调控政策松紧程度的判断（%）

年份	过紧	偏紧	合适	偏松	过松
2016	3.2	31.8	46.7	16.9	1.4
2015	3.2	36.6	48.1	11.8	0.3
2014	3.0	37.3	51.8	7.3	0.6
2013	3.3	38.5	46.5	11.2	0.5
2012	4.5	43.4	38.9	12.7	0.5
2011	8.4	46.5	28.4	15.7	1.0

基于认为宏观政策偏紧的企业家比重有所下降，建议财政政策进一步放松的企业家的比重也同样有所下降。关于对未来 6 个月政府宏观经济政策的建议，调查结果显示，建议财政政策“适度扩张”的企业家占 46.9%，比 2015 年下降了 9.1 个百分点，与 2014 年大体相当；建议“基本不变”的占 40.8%，“适度收紧”的占 12.3%。建议货币政策“适度放松”的占 48.1%，比 2015 年下降了 15.3 个百分点，“基本不变”的占 34.8%，“适度收紧”的占 17.1%。调查表明，企业家总体上期望政府保持宏观政策的稳定性和连续性（见表 7.69）。

表 7.69　对未来 6 个月政府宏观经济政策的建议（%）

		适度收紧	基本不变	适度扩张
财政政策	2016 年	12.3	40.8	46.9
	2015 年	9.3	34.7	56.0
	2014 年	12.0	43.3	44.7
	2013 年	23.1	38.5	38.4
	2012 年	10.6	35.1	54.3
		适度收紧	基本不变	适度放松
货币政策	2016 年	17.1	34.8	48.1
	2015 年	9.8	26.8	63.4
	2014 年	13.2	35.4	51.4
	2013 年	21.0	33.1	45.9

7.5.2　地方发展要适应新常态，加快发展方式的转变

为了更好地推动企业转型发展，近年来政府相继推出了一系列相关政策和措施。本次调查了解了这些政策措施的执行情况。关于对地方政府的产业园区开发的实际成效，调查结果显示，认为成效“不太好”的企业家占48.8%，“很不好”的占18.1%，与2015年的调查结果大体相当；认为成效“很好”或“较好”的占21.8%，“不清楚”的占11.3%。其中，西部地区企业、大型企业、国有及国有控股公司认为成效“很不好”的比重相对较高（见表7.70）。

表7.70　对近年来地方政府的产业园区开发的实际成效的评价（%）

		很好	较好	不太好	很不好	不清楚
总体	2016年	1.4	20.4	48.8	18.1	11.3
	2015年	1.1	21.7	49.2	19.7	8.3
东部地区企业		1.2	21.5	48.7	17.1	11.5
中部地区企业		2.4	18.4	50.8	17.1	11.3
西部地区企业		0.8	19.7	46.4	22.4	10.7
大型企业		1.1	25.3	44.4	19.1	10.1
中型企业		1.9	23.3	48.6	17.7	8.5
小型企业		1.3	18.7	49.2	18.2	12.6
国有及国有控股公司		0.7	13.6	55.0	20.0	10.7
外资企业			13.9	56.9	12.5	16.7
民营企业		1.4	20.8	48.1	18.6	11.1

关于对今年以来企业所在地政府的招商引资力度的评价，调查结果显示，认为“力度减弱”的企业家占30.5%，比2015年高3.5个百分点；认为力度“没什么变化”的占31.9%，“有所加大”或“明显加大”的占26.8%，“不清楚”的占10.8%。其中，东中部地区企业、大型企业、国有及国有控股公司认为“力度减弱”的比重相对较高（见表7.71）。

调查表明，企业家认为目前地方政府单纯依靠产业园区开发和招商引资拉动地方经济发展等传统的以规模扩张为主的发展模式值得反思。

表 7.71　　对今年以来企业所在地政府的招商引资力度的判断（%）

		明显加大	有所加大	没什么变化	力度减弱	不清楚
总体	2016 年	3.2	23.6	31.9	30.5	10.8
	2015 年	6.6	16.2	31.4	27.0	18.8
东部地区企业		2.0	20.7	34.9	31.4	11.0
中部地区企业		4.9	22.7	29.1	32.4	10.9
西部地区企业		4.6	33.3	26.6	25.2	10.3
大型企业		2.2	23.5	24.6	44.1	5.6
中型企业		2.9	26.6	30.5	31.5	8.5
小型企业		3.4	22.4	33.6	28.1	12.5
国有及国有控股公司		2.9	20.0	30.7	42.1	4.3
外资企业		1.4	9.7	40.3	37.5	11.1
民营企业		3.2	24.7	31.1	29.9	11.1

7.5.3　相关改革取得一定成效，实现预期目标尚需努力

调查发现，一方面企业家主动转型和创新，应对当前发展中的困难与挑战，另一方面企业家也期待政府进一步深化改革，鼓励和推动企业转型升级。本次调查了解了企业家对今年以来政府推动的各项改革成效的评价。调查结果显示，认为近两年来的简政放权对企业的积极影响“较小”的企业家占48.4%，“没有影响”的占24.2%，积极影响“很大”或“较大”的占24.8%，有“负面影响”的占2.6%。其中，东部地区企业、大型企业、国有及国有控股公司受到的积极影响相对较小（见表7.72）。

表 7.72　　近两年来简政放权对企业产生的积极影响（%）

	很大	较大	较小	没有影响	负面影响
总体	3.3	21.5	48.4	24.2	2.6
东部地区企业	2.4	18.6	51.0	25.5	2.5
中部地区企业	3.8	23.3	44.5	25.3	3.1
西部地区企业	5.7	28.1	45.1	18.6	2.5
大型企业	3.4	15.6	58.7	18.4	3.9
中型企业	2.9	22.8	48.4	23.2	2.7
小型企业	3.5	21.8	46.9	25.4	2.4

续表

	很大	较大	较小	没有影响	负面影响
国有及国有控股公司	3.6	16.4	54.3	20.0	5.7
外资企业	1.4	9.6	50.7	35.6	2.7
民营企业	3.5	22.2	48.2	23.6	2.5

调查发现，企业家认为今年以来“三去一降一补”相关改革取得了一定成效，但离预期目标还有一段距离。调查结果显示，七成左右的企业家认为去产能、去库存、补短板取得了一定成效，超过半数的认为去杠杆、降成本取得了一定成效。不过调查也显示，认为“三去一降一补”“成效很大”或“成效较大”的企业家不到20%（见表7.73）。

表7.73　　对今年以来“三去一降一补”相关改革成效的评价（%）

	成效很大	成效较大	有些效果	不太有效	成效很大+成效较大
去产能	3.4	15.2	57.5	23.9	18.6
去库存	2.1	13.7	53.4	30.8	15.8
去杠杆	1.8	10.6	48.6	39.0	12.4
降成本	1.5	9.4	44.0	45.1	10.9
补短板	2.3	14.4	51.7	31.6	16.7

调查还发现，与去年同期相比，今年以来企业与政府打交道的时间有所减少，同时企业获得政府支持的程度未见增强。调查结果显示，与去年同期相比，认为今年以来企业与政府打交道的时间“明显减少”或“有所减少”的企业家占33.1%，“基本未变”的占45%，“有所增加”或“明显增加”的占21.9%（见表7.74）。

表7.74　与去年同期相比，今年以来企业在“与政府打交道时间”方面的变化情况（%）

		明显减少	有所减少	基本未变	有所增加	明显增加
总体	2016年	6.1	27.0	45.0	16.2	5.7
	2015年	8.9	27.6	42.9	15.0	5.6
	2014年	7.3	28.4	46.4	13.8	4.1
东部地区企业		5.9	28.1	48.0	13.0	5.0
中部地区企业		5.0	25.0	42.1	20.0	7.9
西部地区企业		8.0	25.9	39.3	21.6	5.2

续表

	明显减少	有所减少	基本未变	有所增加	明显增加
大型企业	5.1	23.2	45.7	17.5	8.5
中型企业	5.9	24.3	46.3	18.0	5.5
小型企业	6.3	28.5	44.5	15.4	5.3
国有及国有控股公司	5.1	21.9	43.1	19.0	10.9
外资企业	5.6	28.2	53.5	11.3	1.4
民营企业	6.2	27.3	45.2	15.8	5.5

同时，与去年同期相比，认为今年以来企业获得政府支持的程度“明显减少”或“有所减少”的企业家占24.3%，“基本未变”的占55.2%，“有所增加”或“明显增加”的占20.5%（见表7.75）。这表明，与去年同期相比，今年以来企业获得政府支持的程度变化不大。

表7.75　与去年同期相比，今年以来企业在“获得政府支持的程度”方面的变化情况（%）

		明显减少	有所减少	基本未变	有所增加	明显增加
总体	2016年	10.1	14.2	55.2	18.0	2.5
	2015年	10.4	13.6	57.7	16.1	2.2
	2014年	9.9	14.1	62.0	12.2	1.8
东部地区企业		10.7	14.7	57.6	15.2	1.8
中部地区企业		9.9	11.5	54.8	19.8	4.0
西部地区企业		8.1	16.1	48.0	24.7	3.1
大型企业		6.2	20.8	51.1	19.1	2.8
中型企业		7.1	15.4	55.1	19.7	2.7
小型企业		11.7	12.9	55.7	17.3	2.4
国有及国有控股公司		3.6	18.7	55.4	20.1	2.2
外资企业		12.5	16.7	59.7	9.7	1.4
民营企业		10.9	13.6	54.9	18.2	2.4

关于对未来一年在改革和转型方面亟待取得的突破，调查显示，企业家选择比重最高的四项依次是：“显著减税降费”（61%）、“提高政府办事效率”（51.3%）、“诚信体系建设”（49.4%）和“房地产去库存”（40.9%）。其他选择比重较高的还有：“处置僵尸企业”、“完善法治环境”、“有效改善创新环

境”、“加强资源环境保护”、“进一步简政放权”、“国企改革”（见表 7.76）。

表 7.76 未来一年在改革和转型方面亟待取得突破的领域（%）

	%
显著减税降费	61.0
提高政府办事效率	51.3
诚信体系建设	49.4
房地产去库存	40.9
处置僵尸企业	35.9
完善法治环境	33.9
有效改善创新环境	33.8
加强资源环境保护	32.7
进一步简政放权	28.5
国企改革	21.5
脱贫攻坚	12.7
遏制金融机构坏账攀升	12.6
户籍制度改革	12.4
推进土地制度改革	12.1
打破理财类金融产品的刚性兑付	5.8

（注：凡引用此报告者均需注明引自中国企业家调查系统
——《2016·中国企业经营者问卷跟踪调查报告》）

执笔：李兰

参考文献

[1] ZAHRA SA，NEUBAUM DO，HUSE M. Entrepreneurship in medium－sized companies，exploring the effects of ownership and govern－ance systems［J］. Journal of Management，2000，26（5）：947－970.

[2] Zenger，T. R.（1994）'Explaining Organizational Diseconomies of Scale in R&D：Agency Problems and the Allocation of Engineering Talent，Ideas，and Effort by Firm Size'，Management Science，Vol. 40，No. 6，pp708－729.

[3] 辜胜阻，庄芹芹，曹誉波. 构建服务实体经济多层次资本市场的路径选择. 管理世界，2016（4）：1－9

[4] 马富萍. 高管持股与技术创新的相关性研究：基于文献综述，科技管理研究，2009（11）

[5] 夏冬. 我国企业技术创新中所有权结构作用的实证研究. 科技进步与对策，2008（11）：121－124

[6] 袁东明，周健奇，马淑萍，廖博. 我国制造业上市企业创新投入强度评价. 国务院发展研究中心《调查研究报告》，第12号（总4895号），2016年2月26日

[7] 张承惠，田辉，朱明方. 中国场外股权交易市场发展与创新. 北京：中国发展出版社，2013